guide des
GOLFS
*de France,
de Belgique
et de Suisse*

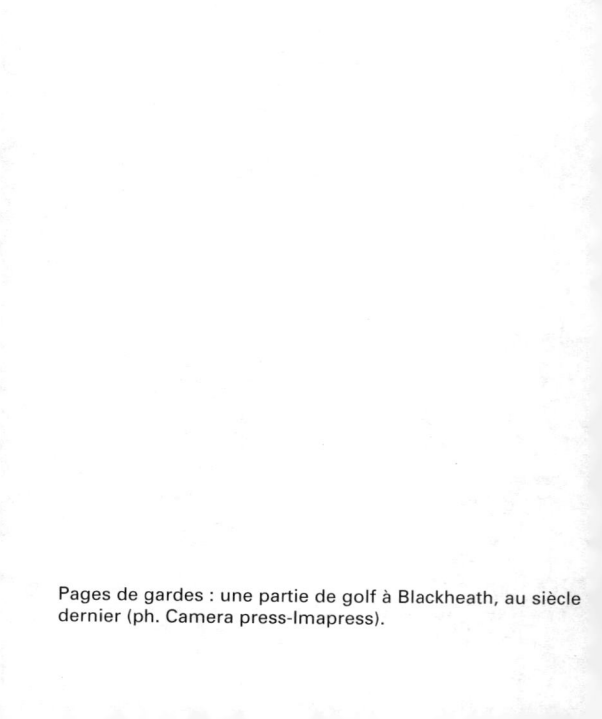

Pages de gardes : une partie de golf à Blackheath, au siècle dernier (ph. Camera press-Imapress).

Nelson Monfort

guide des GOLFS de France, de Belgique et de Suisse

Avec la collaboration de
Sébastien Boyelle

*Tous les parcours
de France et d'outre-mer,
de Belgique et de Suisse,
répertoriés, annotés
et commentés.*

Sand

I.S.B.N. 2-7107-0562-1
© Editions Sand, Paris, MCMXCVII.
6, rue du Mail 75002 Paris.

SOMMAIRE

Avant-propos à la cinquième édition 7
Comment utiliser ce guide 9
Les golfs de France de A à Z 11
Les golfs d'outre-mer 286
Les golfs de Belgique 291
Les golfs de Suisse 319
Index 343

Avant-propos
à la cinquième édition

SOYONS HEUREUX

Près de 250 000 joueurs, allons, nous connaissons bien des disciplines sportives qui aimeraient vivre de telles « crises ». Et pourtant il est vrai que depuis deux ou trois ans, les affaires du golf sont allées cahin-caha.

Après une folle période d'expansion, ce sport s'est, disons, stabilisé. Les gros investisseurs, soucieux de rentabilité à court terme, ont déserté les greens pour laisser la place à ceux, moins hardis mais plus patients, qui savent qu'assurer le bogey vaut souvent mieux que tenter un éventuel birdie se transformant en triple bogey ou plus !

Voilà pourquoi, à l'heure où nous publions la cinquième édition de ce Guide, nous demeurons confiants. Les « purs » demeurent, et c'est tant mieux. C'est aussi vrai en ce qui concerne les clubs que les joueurs. Chez les premiers nommés, on a assisté – et c'est une première ! - à quelques « changements de direction »... à tous les sens du mot. Quant aux seconds, leur évolution a été plus lente mais nullement moins tenace !

Car c'est bien là le paradoxe que connaît notre sport : ses pratiquants, nous tous probablement au fond de nous-mêmes, ne souhaitons pas qu'il se développe inconsidérément. Qui veut réellement patienter de longues minutes avant de prendre le départ... avant de se retrouver coincé derrière une partie de campagne plus que de golf !

Avouons que, sur ce plan, les perspectives d'aujourd'hui sont, en un sens, plus encourageantes. Ceux qui, il y a peu, étaient venus vers le golf par désir d'ascension sociale davantage que par amour du sport, ont aussi été les premiers à quitter un navire dont ils n'imaginaient pas qu'il puisse voguer aussi en eaux troubles...

Et puis, n'y a-t-il pas une autre raison à ces quelques abandons en cours de route ou de fairways ? Ne tient-elle pas tout simplement au fait que le golf est un sport extrêmement difficile... tant dans la pratique que dans la tête. Tant dans le swing que dans le comportement. Nous sommes d'ailleurs sûrs que, lorsque vous jouez pour la première fois avec quelqu'un, vous vous souviendrez bien plus de sa manière d'être que de son score, si bon soit-il. En cela, oui, le fameux slogan : « le golf, sport de toute une vie », est exact. On pourrait même le raccourcir et dire que c'est La Vie. Tout simplement. Et souvenons-nous de la devise d'un des champions les plus illustres, l'américain Arnold Palmer : un golfeur heureux est un homme heureux...

Comment utiliser ce guide

Le golfeur, qui on le sait, est complètement fou mais très organisé se pose trois questions : où ? quand ? comment ? Sa prochaine partie, il en rêve à longueur de journée... Mais, au fait, où jouera-t-il demain ? Le nombre de golfs ne cesse d'augmenter. Pas question de se risquer à l'aventure. Fou mais organisé ! Adresses, numéros de téléphone, tarifs, jours de fermeture et particularités du parcours : tous ces renseignements indispensables ont été soigneusement répertoriés et testés avant de figurer dans ce guide d'un nouveau style.

Ce n'est pas un simple annuaire. Afin de faciliter votre choix, l'auteur a croisé les fers... Il a résumé son appréciation de chaque club par une note générale de 1 à 5 symbolisée par des « fers croisés » :

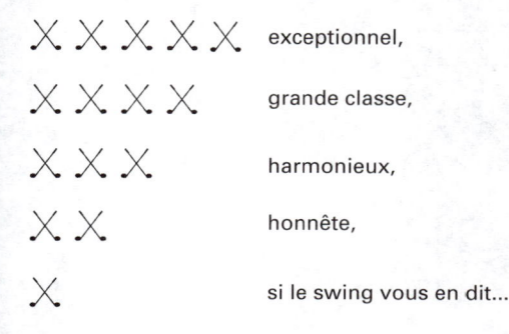

✗ ✗ ✗ ✗ ✗	exceptionnel,
✗ ✗ ✗ ✗	grande classe,
✗ ✗ ✗	harmonieux,
✗ ✗	honnête,
✗	si le swing vous en dit...

Tout compte : la beauté et les difficultés du parcours, l'ambiance du club et la chaleur de l'accueil participent à la réussite d'une journée de golf. Bref, une bonne partie se prépare à l'avance. Ce guide vous y aidera.

Pour la plupart, vous savez déjà que le golf a transformé votre vie en destin. Ce livre est pour vous. Quant aux autres, ceux qui ignorent encore tout des méfaits du golf, du triple-bogey et de la socket, allez, il n'est peut-être pas trop tard. Reposez sagement ce guide. Passez votre chemin. On vous conseille un sport qui rende heureux et sûr de soi, par exemple, la gondole ou le bilboquet.

LES GOLFS DE FRANCE de A à Z

Agen
A.S. Golf-Club d'Agen
Bon-Encontre
✕ ✕

Adresse : route de Saint-Ferréol,
47240 Bon-Encontre.
Tél. : 05.53.96.95.78.
Accès : d'Agen, par la commune de Bon-Encontre sur la route de Toulouse R. N. 113.
Ouverture : tous les jours.
Parcours : 9 trous - 2 820 m - Par 35.
Tarifs : 80 F en semaine et 100 F le week-end.
Accueil : club house, bar, restaurant.
Hcp* : non exigé.
Stages : contacter le golf.

> Ce club, l'un des plus anciens de la région, pemettra de passer un agréable moment sur un pacours vallonné et boisé. Golf rustique charmant.

Aiguillon-sur-Vie
Golf des Fontenelles
✕ ✕

Adresse : 85220 Aiguillon-sur-Vie.
Tél. : 02.51.54.13.94.
Accès : de Saint-Gilles-Croix-de-Vie, prendre la direction Coex sur la D. 6.
Ouverture : tous les jours sauf le lundi hors saison.
Parcours : 18 trous - 6 205 m - Par 72.
Tarifs : *Haute saison :* 230 F. *Moyenne saison :* 165 F. *Basse saison :* 105 F.
Accueil : club-house, bar, restaurant, pro-shop.
Hcp : Carte verte ou 35.
Stages : à la demande, contacter le golf.

> La variété des paysages et le rythme qu'ils donnent au parcours vous obligeront à rester concentré sur votre-

---

* Hcp : *handicap*

jeu, afin de ne pas subir une grosse désillusion lors de la lecture de votre carte de score. Sachant qu'évidemment, ici comme ailleurs, le club le plus important du sac est... le crayon.

Aix-en-Provence
Golf international de Château l'Arc
X X X

Adresse : 13710 Fuveau.
Tél. : 04.42.53.28.38.
Accès : d'Aix, A7 vers Nice, sortie Le Canet, Toulon, Trets, Labarque, ZI du Rousset, Trets, Allée du Château de l'Arc. Fléché jusqu'au golf.
Ouverture : tous les jours.
Parcours : 18 trous - 6 186 m - Par 72.
Tarifs : 250 F en semaine et 290 F le week-end.
Accueil : club-house, bar, restaurant, pro-shop.
Hcp : 35 exigé.
Stages : contacter le golf.

Additionnez un parcours vallonné, de nombreux obstacles d'eau, des bunkers imposants, une végétation de pins et de garrigue, ainsi qu'une vue magnifique sur la montagne Sainte-Victoire si chère au peintre Cézanne, et vous obtiendrez le secret de la réussite.

Aix-en-Provence
Set Golf
X X

Adresse : Le Pays blanc,
chemin de Granet,
13090 Aix-en-Provence.
Tél. : 04.42.64.11.82.
Accès : autoroute A6, sortie Aix-Ouest, prendre direction route de Berre/les-Granettes.

Ouverture : tous les jours.
Parcours : 9 trous - 2 632 trous - Par 36.
Tarifs : 100 F en semaine et 140 F le week-end.
Accueil : club-house, bar, restaurant (tél. : 04.42.20.03.42.), pro-shop.
Hcp : 35 ou carte verte.
Stages : pendant les vacances scolaires, contacter le golf.

Situé dans une région où la concurrence est sévère, le Set Golf vous proposera un cadre et un parcours agréables pour y passer un bon moment.

Aix-en-Provence-Marseille
Golf des Milles
✕ ✕

Adresse : Domaine de Riquetti,
13290 Les Milles.
Tél. : 04.42.24.20.41.
Accès : autoroute Aix-Marseille, sortie Les Milles C. D. 9 vers Marignane.
Ouverture : tous les jours sauf le mardi.
Parcours : 18 trous - 6 291 m - Par 72.
Tarifs : 150 F le lundi, 220 F en semaine et 300 F le week-end ; 200 F en juillet et août.
Accueil : club-house, bar, restaurant, pro-shop.
Hcp : 28 pour les femmes et 24 pour les hommes.
Stage : en été, contacter le golf.

Ce parcours, où quelques améliorations ont été apportées, reste tout de même assez plat, et ne vous proposera pas beaucoup de difficultés pour y réussir un bon score. C'est souvent le cas de parcours anciens et « les Milles » en est le prototype.

Aix-les-Bains
Association sportive
Golf-Club d'Aix-les-Bains

X X X

Adresse : avenue du Golf,
73100 Aix-les-Bains.
Tél. : 04.79.61.23.35.
Accès : R. N. 491 vers Chambéry ; autoroute A43 Lyon, Aix-les-Bains, Genève ; A41 Grenoble, Aix-les-Bains, Genève.
Ouverture : tous les jours.
Parcours : 18 trous - 5 597 m - Par 71.
Tarifs : 200 F en semaine et 300 F le week-end ; 250 F en juillet et août.
Accueil : club-house, bar, restaurant.
Hcp : 28 pour les femmes et 24 pour les hommes.
Stages : contacter le pro-shop (04.79.88.10.05).

> Club très attachant par la formidable « vie » que l'on y trouve. Une ambiance qui trouve son apogée lors de la semaine internationale, organisée tous les étés par Jean-Louis Sevez, et qui réunit mille participants ! Parfaite osmose entre le Club et les autorités touristiques pour le bien-être de tous.

Albi
Golf d'Albi-Lasbordes

X X X

Adresse : Château de Lasbordes,
81000 Albi.
Tél. : 05.63.54.98.07.
Accès : suivre les panneaux « centre-ville ».
Ouverture : tous les jours.
Parcours : 18 trous - 6 200 m - Par 72.
Tarifs : 170 F en semaine et 230 F le week-end.
Accueil : club-house, bar, restaurant, pro-shop.
Hcp : 35 ou carte verte.
Stages : contacter le golf.

Voir liste des golfs p. 343

Albon
Albon Golf-Club

X X X

Adresse : Domaine de Senaud, Albon,
26140 Saint-Rambert-d'Albon.
Tél. : 04.75.03.18.76.
Accès : autoroute A7 sortie Chanas, puis R. N. 7 direction Albon.
Ouverture : tous les jours.
Parcours : 18 trous - 6 109 m - Par 72 + 9 trous - 1 260 m - Par 29.
Tarifs : *Haute saison :* 150 F en semaine et 200 F le week-end. *Basse saison :* 130 F en semaine et 160 F le week-end.
Accueil : club-house, bar, restaurant, pro-shop.
Hcp : 35 ou carte verte.
Stages : de mars à novembre, contacter le golf.

Situé autour du château de Senaud, ce parcours permet aux joueurs de tous les niveaux, même les plus expérimentés, de pouvoir se faire plaisir et suscite l'envie d'y revenir ! Golf rustique, agréable à la vue comme au « toucher ».

Allauch
Golf d'Allauch

X X

Adresse : route des Quatre-Saisons,
13190 Allauch.
Tél. : 04.91.07.28.22.
Accès : de Marseille autoroute A50 vers Toulon, sortie La Valentine, puis direction Allauch.
Ouverture : tous les jours.
Parcours : 9 trous - 2 234 m - Par 34.
Tarifs : 130 F en semaine et le week-end.
Accueil : club-house, bar, restaurant, pro-shop.
Hcp : carte verte ou 35.
Stages : contacter le golf.

Amiens
Golf d'Amiens

✕ ✕

Adresse : route d'Albert,
Bois de Querrieu,
80115 Querrieu.
Tél. : 03.22.93.04.26.
Accès : par la R. N. 29 Amiens, Albert, Cambrai.
Ouverture : tous les jours, sauf le mardi.
Parcours : 18 trous - 6 114 m - Par 72.
Tarifs : *Haute saison :* 150 F en semaine et 250 F le week-end. *Basse saison :* 130 F la semaine et 200 F le week-end.
Accueil : club-house, bar, restaurant, pro-shop.
Hcp : carte verte ou 35.
Stages : contacter le golf.

> Ce parcours légèrement vallonné ne présente pas de réel danger, sauf lorsque le vent vient se mêler à la partie.
> Dans un club-house moderne, dominant le parcours, vous serez toujours accueilli à bras ouverts, selon la tradition nordiste.

Ammaschwihr
Golf d'Ammaschwihr Trois Epis

✕ ✕

Adresse : route des Trois-Epis,
68770 Ammaschwihr.
Tél. : 04389.47.17.30.
Accès : N. 83 direction Saint-Dié-Nancy à partir de Colmar, tourner à gauche direction les Trois-Epis à Ammaschwihr.
Ouverture : tous les jours.
Parcours : 18 trous - 5 795 m - Par 70 ; 9 trous compact.
Tarifs : 18 trous : 195 F en semaine et 250 F le week-end. *Compact :* 100 F en semaine et 120 F le week-end.
Accueil : club-house, bar, restaurant, pro-shop.
Hcp : carte verte.
Stages : contacter le golf.

> La célébrité de l'Alsace et de sa gastronomie n'est plus à faire ! En revanche, ses parcours de golf méritent de le devenir ! A commencer par ce club des Trois-Epis, tracé entre vignes et forêts, qui vous charmera par son paysage et la chaleur de son accueil.

Amnéville
Golf d'Amnéville

X X

Adresse : 57360 Amnéville.
Tél. : 03.87.71.30.13.
Accès : de Paris autoroute A 4, sortie Mondelange, puis direction Amnéville. De Metz, autoroute A 31, sortie Mondelange puis direction Amnéville.
Ouverture : tous les jours, sauf le lundi de novembre à février.
Parcours : 18 trous - 5 985 m - Par 71.
Tarifs : *Haute saison :* 160 F en semaine et 220 F le week-end. *Basse saison :* 110 F en semaine et 140 F le week-end.
Accueil : club-house, bar, restaurant (fermé le lundi), pro-shop.
Hcp : carte verte ou 35.
Stages : contacter le golf.

Angers
Golf d'Angers

X X

Adresse : Moulin de Pistrait,
Saint-Jean-de-Mauvrets,
49320 Brissac-Quincé.
Tél. : 02.41.91.96.56.
Accès : Angers-sud route de Cholet ; R. N. 160 rive gauche de la Loire.
Ouverture : tous les jours.
Parcours : 18 trous - 5 460 m - Par 70.

Tarifs : 170 F en semaine, 220 F samedi, dimanche et jours fériés.
Accueil : club-house, bar, restaurant, pro-shop.
Hcp : 35 ou carte verte.
Stages : contacter le golf.

Ce golf a pour principale particularité d'avoir son club-house situé dans un vieux moulin. Le parcours reste quant à lui accessible à tous, mais méfiez-vous toutefois de l'eau qui dort !

Angers-Avrillé
Golf du Château de la Perrière

✕ ✕ ✕

Adresse : Château de la Perrière,
49240 Avrillé.
Tél. : 02.41.69.22.50.
Accès : d'Angers, prendre la direction du Lion d'Angers, puis Avrillé - fléchage.
Ouverture : tous les jours.
Parcours : 18 trous - 6 120 m - Par 71 - 9 trous compacts.
Tarifs : *9 trous compacts :* 75 F la semaine et 100 F le week-end. *18 trous : Haute saison :* 180 F la semaine et 230 F le week-end. *Basse saison :* 120 F la semaine et 150 F le week-end (accès aussi au compact).
Accueil : club-house, bar, restaurant, pro-shop.
Hcp : carte verte.
Stages : contacter le golf.

Un accueil chaleureux, un cadre magnifique, représenté par un château du XVIIe siècle, et un parcours vallonné, parsemé d'obstacles d'eau, vous permettront de passer un très agréable moment, tout en vous donnant l'envie d'y revenir le plus vite possible. Belle évolution depuis quelques années.

Anglet
Golf de Chiberta

✗ ✗ ✗

Adresse : 104, boulevard des Plages,
64600 Anglet.
Tél. : 05.59.63.83.20.
Accès : 3 km de Biarritz, 12 km de Saint-Jean-de-Luz,
5 km de Bayonne.
Ouverture : tous les jours, sauf le jeudi (hors saison).
Parcours : 18 trous - 5 650 m - Par 71.
Tarifs : *Haute saison :* 320 F. *Basse saison :* 240 F en semaine et le week-end.
Accueil : club-house, bar, restaurant, pro-shop.
Hcp : carte verte ou 35.
Stages : contacter le golf.

> La conjugaison des links avec la pinède vous offrira un parcours agréable, technique et parfois difficile. Vous y passerez un moment inoubliable, car sur la côte basque, le golf est une religion ! Et ici, à Chiberta, la foi est absolue.

Angoulême
Golf de l'Hirondelle

✗ ✗

Adresse : Champfleury,
16000 Angoulême.
Tél. : 05.45.61.16.94.
Accès : sortie d'Angoulême vers Bordeaux, direction usine Leroy-Sommer. Sortie ville.
Ouverture : tous les jours.
Parcours : 9 trous - 2 285 m - Par 34.
Tarifs : 150 F en semaine et 170 F le week-end.
Accueil : club-house, restauration rapide, bar, pro-shop.
Hcp : carte verte.
Stages : non.

Voir liste des golfs p. 343

Annecy
Golf du lac d'Annecy

✕ ✕

Adresse : Echarvines,
74290 Talloires.
Tél. : 04.50.60.12.89.
Accès : d'Annecy, route rive droite du lac, direction Talloires.
Ouverture : tous les jours (sauf en cas d'enneigement).
Parcours : 18 trous - 5 076 m - Par 69.
Tarifs : 200 F en semaine, 250 F le week-end.
Accueil : club-house, bar, restaurant, pro-shop.
Hcp : carte verte ou 35.
Stages : contacter le golf.

> A un parcours déjà fort sympathique, s'ajoute un paysage magnifique, où la chaîne du Mont-Blanc domine le lac d'Annecy.

Annonay
Golf de Gourdan

✕ ✕

Adresse : Domaine de Gourdan,
07100 Saint-Clair.
Tél. : 04.75.67.03.84.
Accès : autoroute A7, 50 km de Lyon sortie Chanas, direction Annonay R. N. 82.
Ouverture : tous les jours.
Parcours : 18 trous - 5 900 m - Par 72.
Tarifs : 180 F en semaine et 230 F le dimanche et les jours fériés.
Accueil : club-house, restaurant, pro-shop, snack, bar.
Hcp : carte verte ou 35.
Stages : contacter le golf.

> Situé en pays ardéchois, ce golf, où règne une vie de club riche, semble somme toute assez dynamique. Il vous proposera un parcours ondulé aux arbres centenaires. Un peu isolé cependant. Mais une fois parvenu sur les lieux, après de multiples lacets, une heureuse découverte est au rendez-vous.

Antibes
Association sportive du Golf de la Bastide-du-Roy
✗ ✗

Adresse : 06410 Biot.
Tél. : 04.93.65.08.48.
Accès : Nice, Antibes, Biot.
Ouverture : tous les jours.
Parcours : 18 trous - 5 064 m - Par 70.
Tarifs : 200 F en semaine et le week-end. *Forfaits à la semaine :* 7 green fees : 1100 F.
Accueil : club-house, bar, restaurant, pro-shop.
Hcp : carte verte ou 35.
Stages : non.

Apremont
Golf d'Apremont
✗ ✗ ✗

Adresse : 60300 Apremont.
Tél. : 03.44.25.61.11.
Accès : de Paris prendre l'autoroute de Lille, sortie Senlis, puis direction Apremont.
Ouverture : fermé le lundi de fin octobre à fin mars.
Parcours : 18 trous - 6 436 m - Par 73.
Tarifs : *Haute saison :* 280 F en semaine et 480 F le week-end. *Basse saison :* 250 F en semaine et 380 F le week-end.
Accueil : club-house, bar, restaurant, pro-shop, bains japonais, saunas, jacuzzi, salle de cartes.
Hcp : carte verte.
Stages : contacter le golf.

Apremont est une référence pour le luxe de son club-house et pour la qualité de l'entretien de son parcours, qui pourrait faire pâlir de jalousie quelques jardiniers anglais. Le 18 trous est relativement facile, et son environnement forestier est superbe. Dommage que ce parcours manque un peu de rythme.

Voir liste des golfs p. 343

Arcachon
Golf d'Arcachon

X X X

Adresse : 35, boulevard d'Arcachon, 33260 La Testé-de-Buch.
Tél. : 05.56.54.44.00.
Accès : voie rapide Bordeaux-Arcachon.
Ouverture : tous les jours.
Parcours : 18 trous - 6 014 m - Par 72.
Tarifs : *Haute saison :* 270 F. *Basse saison :* 185 F en semaine et 280 F le week-end.
Accueil : club-house, bar, restaurant (sauf le mardi hors saison), pro-shop.
Hcp : 35 ou carte verte.
Stages : contacter le golf.

Situé non loin de la station de villégiature des Bordelais, ce parcours, aux odeurs de sable et de pins, exigera de votre part une grande précision dans vos coups. Grands frappeurs s'abstenir !
Un club-house, où il fait bon vivre, vous accueillera à bras ouverts pour votre 19e trou. Beaucoup de charme intérieur et extérieur.

Arcangues
Golf d'Arcangues

X X

Adresse : 64200 Arcangues.
Tél. : 05.59.43.10.56.
Accès : de Biarritz, prendre direction Arcangues.
Ouverture : fermé le lundi du 1er novembre au 31 mars.
Parcours : 18 trous - 6 092 m - Par 72.
Tarifs : *Basse saison :* 230 F. *Vacances scolaires :* 300 F.
Accueil : club-house, bar, restaurant, pro-shop.
Hcp : 35.
Stages : contacter le golf.

Sur un site accidenté, où les trous en forêt succèdent aux trous dégagés, agrémentés de greens et de bunkers très travaillés, ce parcours vous obligera à être raisonnable dans vos choix de club.

Le paysage vous offrira, quant à lui, un magnifique point de vue sur la campagne du pays basque, ainsi que sur les Pyrénées. Reste que, mystérieusement, ce club tarde à « décoller » véritablement.

Arc-en-Barrois
Golf-club d'Arc-en-Barrois

✕ ✕

Adresse : 52210 Arc-en-Barrois.
Tél. : 03.25.01.54.54.
Accès : autoroute A26 Dijon-Troyes, sortie Chaumont ; puis direction Arc-en-Barrois.
Ouverture : tous les jours. club-house fermé le mardi.
Parcours : 9 trous - 3 089 m - Par 36.
Tarifs : *Haute saison :* 120 F en semaine et 170 F le week-end. *Basse saison :* 80 F en semaine et 100 F le week-end.
Accueil : club-house, bar, restaurant, pro-shop, tennis, équitation.
Hcp : non exigé.
Stages : non.

Arçonnay
Golf d'Alençon en Arçonnay

✕ ✕

Adresse : rue des Fonderies,
Le Petit Maleffre,
72610 Arçonnay.
Tél. : 02.33.28.56.67.
Accès : d'Alençon, prendre la direction du Mans par la R.N. 138, puis direction Arçonnay.
Ouverture : tous les jours, sauf le mardi matin.
Parcours : 9 trous - 2 961 m - Par 36.
Tarifs : 110 F en semaine et 130 F le week-end.

Accueil : club-house, bar, restauration rapide, pro-shop restreint.
Hcp : licence.
Stages : contacter le golf.

Arras
Golf d'Arras
✕ ✕

Adresse : rue Briguet-Tallandier,
62223 Auzin-Saint-Aubin.
Tél. : 03.21.50.24.24.
Accès : d'Arras, prendre direction Saint-Paul-Le-Touquet, puis Auzin-Saint-Aubin.
Ouverture : tous les jours.
Parcours : 18 trous - 6 161 m - Par 72.
Tarifs : 180 F en semaine et 230 F le week-end.
Accueil : club-house, bar, restaurant, pro-shop.
Hcp : non exigé.
Stages : vacances scolaires, contacter le golf.

> Une heureuse surprise que ce jeune golf ! Arras, ville dure, ville triste ? Que nenni !
> Ce club respire la joie de vivre, il pratique des tarifs très raisonnables et offre nombre de facilités aux visiteurs extérieurs. Les gens du Nord ont dans le swing le bleu qu'il manque à leur décor, comme le dit la chanson.

Aubazine
Golf d'Aubazine
✕ ✕

Adresse : Parc de loisirs du Coiroux,
19190 Beynat.
Tél. : 05.55.27.25.66.
Accès : de Brive, prendre la direction d'Aubazine par R. N. 89. Itinéraire fléché de la gare d'Aubazine et

de Cornil de Tulle, prendre la direction de Sainte-Fortunade par R. D. 490, puis la direction Le Chastang-Aubazine.
Ouverture : tous les jours.
Parcours : 18 trous - 5 400 m - Par 70 + 9 trous compacts – 2 100 m – Par 27.
Tarifs : *Haute saison :* 210 F en semaine et 230 F le week-end. *Moyenne saison :* 190 F en semaine et 210 F le week-end. *Basse saison :* 120 F en semaine et 170 F le week-end.
Accueil : club-house, bar, restaurant, pro-shop, tennis.
Hcp : non exigé et carte verte en juillet et août.
Stages : contacter le golf.

Le charme du Massif central au service d'un golf où l'harmonie d'un parcours se conjugue parfaitement avec un accueil chaleureux. A noter qu'un peu à l'image du Lubéron, cette région et donc ce golf sont devenus très prisés par le show-business (médias, etc.).

Auch
Golf des Embats

X. X.

Adresse : route de Montesquiou,
32000 Auch.
Tél. : 05.62.05.20.80.
Accès : depuis Auch, prendre direction Mont-de-Marsan, puis le golf est fléché.
Ouverture : tous les jours.
Parcours : 18 trous - 4 751 m - Par 67.
Tarifs : 150 F en semaine et le samedi, 170 F le dimanche.
Accueil : club-house, bar, restaurant, pro-shop.
Hcp : non exigé.
Stages : à la demande, contacter le golf.

Dessiné à travers cinq vallons et entouré de forêts, ce parcours vous demandera une certaine précision dans votre jeu de fer.
Pour accéder au green du 18ᵉ trou, situé 30 mètres au-dessus du départ, il vous faudra emprunter un remonte-pente, celui-là même qui vous « tirera » ensuite

> jusqu'au club-house, situé une trentaine de mètres encore au-dessus du green.
> Vous pourrez alors profiter d'une vue panoramique sur la vallée du Gers, et, par beau temps, apercevoir la chaîne des Pyrénées.

Augerville-la-Rivière
Golf du Château d'Augerville

X X

Adresse : place du Château,
45330 Augerville-la-Rivière.
Tél. : 02.38.32.12.07.
Accès : de Fontainebleau, prendre la direction de Malesherbes, par la R.N. 152, puis prendre la direction de Puiseaux par la D. 948, ensuite le golf est fléché.
Ouverture : tous les jours.
Parcours : 18 trous - 6 268 m - par 72.
Tarifs : 180 F en semaine et 280 F le week-end.
Accueil : club-house, bar, restaurant, pro-shop.
Hcp : carte verte ou 35.
Stages : contacter le golf.

Autun
Golf d'Autun

X X

Adresse : Le Plan d'eau du Vallon,
71400 Autun.
Tél. : 03.85.52.09.28.
Accès : autoroute A6, sortie Pouilly-en-Auxois, puis direction Arnay-Autun.
Ouverture : tous les jours.
Parcours : 9 trous - 2 216 m - Par 33.
Tarif : 100 F.
Accueil : club-house, bar, pro-shop, restaurant.
Hcp : carte verte.
Stages : contacter le golf.

La richesse des parcours de golf en Bourgogne ne fera peut-être pas de celui-ci le plus spectaculaire de tous, mais vous y passerez un agréable moment.

Avignon
Golf de Châteaublanc

Adresse : Les Plans,
84310 Morières-lès-Avignon.
Tél. : 04.90.33.39.08.
Accès : autoroute A7, sortie Avignon-sud, direction Avignon par R. N. 7, à l'aéroport, prendre à droite, direction Morières.
Ouverture : toute l'année.
Parcours : 18 trous - 6 141 m - Par 72 + 9 trous - 1 267 m - Par 28.
Tarifs : le 18 trous, 150 F en semaine et 190 F le week-end ; le 9 trous, 80 F en semaine et 100 F le week-end.
Accueil : club-house, bar, restaurant, pro-shop.
Hcp : 35 ou carte verte sur le 18 trous, non exigé sur le 9 trous.
Stages : toute l'année, contacter le golf.

Ce tracé large au relief peu accidenté offre toutefois des greens bien défendus, dus à la présence de nombreux bunkers et obstacles d'eau.
Les joueurs de tous niveaux pourront trouver plaisir à jouer sur ce parcours, à condition qu'Eole ne soit pas trop de la partie, car il s'agit d'un invité surprise dont on se passe bien ici !

Baden
Golf de Baden (Cise ouest)

Adresse : Kernic,
56870 Baden.
Tél. : 02.97.57.18.96.
Accès : voie express Nantes-Vannes, sortie Vannes ou Auray puis suivre la D. 101.
Ouverture : tous les jours.
Parcours : 18 trous - 6 110 m + 3 t école - Par 72.
Tarifs : *Haute saison :* 240 F. *Moyenne saison :* 200 F. *Basse saison :* 155 F.
Accueil : club-house, bar, snack, pro-shop.
Hcp : 35 ou carte verte.
Stages : contacter le golf.

> Dans une région déjà pourvue de nombreux golfs, Baden s'inscrit parfaitement dans l'optique d'un golf permettant aux joueurs de tous niveaux de passer un agréable moment, au milieu d'un paysage varié alliant la mer, la campagne et une forêt de pins.

Bagnères-de-Bigorre
Golf de la Bigorre

Adresse : Pouzac,
65200 Pouzac.
Tél. : 05.62.91.06.20.
Accès : de Tarbes, prendre la direction de Bagnères-de-Bigorre, puis le golf est fléché.
Ouverture : tous les jours.
Parcours : 18 trous - 5 909 m - par 72.
Tarifs : 130 F en semaine, 160 F le week-end et vacances. *Juillet-août :* 180 F.
Accueil : club-house, bar, restaurant, pro-shop.
Hcp : non exigé.
Stages : contacter le golf.

Voir liste des golfs p. 343

Bagnoles-de-l'Orne
Andaines Golf-Club
X X X

Adresse : route de Domfront,
61140 Bagnoles-de-l'Orne.
Tél. : 02.33.37.81.42.
Accès : de Paris : La Ferté-Macé, route de Domfront D. 335.
Ouverture : tous les jours.
Parcours : 9 trous - 2 399 m - Par 33 ; 9 trous supplémentaires en construction.
Tarifs : *Haute saison :* 150 F. *Basse saison :* 120 F en semaine et 150 F le week-end.
Accueil : club-house, bar, restaurant.
Hcp : non exigé.
Stages : contacter le golf.

> Situé dans une clairière de 15 hectares au milieu de la forêt d'Andaine, ce parcours vous demandera une certaine prudence dans vos coups de départ, car l'étroitesse des fairways pourrait représenter un danger pour votre carte de score.

Baillargues
Golf de Massane
X X X

Adresse : Domaine de Massane,
34670 Baillargues.
Tél. : 04.67.87.87.87.
Accès : par l'autoroute A9, prendre la sortie Vendargues, puis la direction Baillargues par la R. N. 113. Tourner au premier feu à droite.
Ouverture : tous les jours.
Parcours : 18 trous - 6 650 m - Par 72 + 9 trous compact.
Tarifs : *Compact :* 80 F en semaine et 120 F le week-end. *18 trous :* 190 F en semaine et 240 F le week-end (accès au compact).
Accueil : club-house, bar-restaurant, pro-shop, piscine, tennis.
Hcp : carte verte ou 35.
Stages : contacter le golf.

« Parcours-siège », de l'Académie des Métiers du Golf, ce tracé a la chance d'être contrôlé en permanence par ceux qui seront les green-keepers et autres directeurs de demain. Un gage de qualité pour ce club géré par le groupe Golfy. Le golf accueille les qualifications du Circuit européen chaque automne. Gage de qualité s'il en est.

Baillet-en-France
Paris International Golf-Club

× × ×

Adresse : 18, route du Golf,
95560 Baillet-en-France.
Tél. : 01.34.69.90.00.
Accès : autoroute A1 sortie n° 3 direction Beauvais jusqu'à La Croix-Verte, prendre la D. 3 direction Cergy-Pontoise, puis à la hauteur de Baillet-en-France prendre à gauche direction Bouffémont ; le golf se trouve sur la droite à 1 km.
Ouverture : fermé le lundi.
Parcours : 18 trous - 6 319 m - Par 72.
Tarifs : 450 F en semaine et 700 F le week-end sur invitation. 315 F en semaine et 490 F le week-end avec un membre.
Accueil : club-house, bar, restaurant, piscine couverte, 5 courts de tennis, sauna, jacuzzi, salle de massage.
Hcp : carte verte ou 35.
Touring-pro : Marc-Antoine Farry.
Stages : contacter le golf.

La réussite est au rendez-vous du Paris International Club !
Les Japonais ne se sont pas trompés en faisant appel au coup de crayon de Jack Nicklaus pour dessiner ce parcours.
Tout y est présent, forêt, vallonnement, obstacles d'eau... au milieu d'un environnement magnifique.
De surcroît, le Paris International Club allie la flore et la faune, et il n'est pas rare d'y croiser chevreuils et biches gambadant en liberté !

Bâle
Golf de Bâle-Mulhouse
✕ ✕ ✕

Adresse : route de Wentzwiller,
68220 Hagenthal-le-Bas.
Tél. : 03.89.68.50.91.
Accès : de Mulhouse direction Bâle par R. N. 66, puis D. 473 vers Fenette, ensuite le golf est fléché.
Ouverture : tous les jours.
Parcours : 18 trous - 6 255 m - Par 72.
Tarifs : 320 F en semaine et 360 F le week-end.
Accueil : club-house, bar, restaurant, pro-shop.
Hcp : 32.
Stages : non.

Tracé au milieu de la campagne et des bois, le plus helvétique des parcours français ne semble pas présenter de grandes difficultés.
Mais attention quand même, sa longueur, la défense de certains greens et le relief parfois plus accentué devraient pouvoir poser quelques problèmes.
Vous pourrez ensuite profiter du club-house, où un accueil chaleureux vous sera réservé... à condition toutefois d'y être bien introduit, car ce club passe pour être l'un des plus « privés » qui soient !

Bar-le-Duc
Golf de Combles
✕ ✕

Adresse : 55000 Combles-en-Barrois.
Tél. : 03.29.45.16.03.
Accès : de Bar-le-Duc vers Saint-Dizier. La route jusqu'à Combles est indiquée.
Ouverture : tous les jours.
Parcours : 18 trous - 6 100 m - Par 72.
Tarifs : *Haute saison :* 170 F en semaine et 190 F le week-end. *Basse saison :* 150 F en semaine et 170 le week-end.
Accueil : club-house, bar, restaurant, pro-shop.
Hcp : 36.
Stages : contacter le golf.

Bassussarry
Makila Golf Club

Adresse : Route de Cambo,
64200 Bassussarry.
Tél. : 05.59.58.42.42
Accès : autoroute A 63 sortie n° 5 Bayonne-sud, puis prendre la D. 932 vers Cambo.
Ouverture : tous les jours.
Parcours : 18 trous - 6 176 m - Par 72.
Tarifs : *Haute saison :* 300 F. *Basse saison :* 220 F.
Accueil : club-house, bar, restaurant, pro-shop.
Hcp : carte verte ou 35.
Stages : contacter le golf.

Bastia
Golf de Bastia

Adresse : Castellarèse,
route de l'Aéroport,
20290 Burgo.
Tél. : 04.95.38.33.99.
Accès : de Bastia, prendre la direction d'Ajaccio et de l'aéroport, puis le golf est fléché.
Ouverture : fermé le mardi, sauf en juillet et août.
Parcours : 9 trous - 2 065 m - Par 33.
Tarifs : 120 F en semaine et 150 F le week-end. *Juillet-août-septembre :* 150 F.
Accueil : club-house, bar, restaurant, pro-shop.
Hcp : carte verte ou 35.
Stages : contacter le golf.

Baugé
Golf de Baugé-Pontigné
✕ ✕

Adresse : Domaine des Bordes,
route de Tours,
49150 Baugé.
Tél. : 02.41.89.05.50.
Ouverture : tous les jours.
Parcours : 18 trous - 6 287 m - Par 72 + 3 trous école.
Tarifs : 110 F en semaine et 160 F le week-end. 3 trous : 30 F.
Accueil : club-house, bar.
Hcp : licence ou 36.
Stages : contacter le golf.

Bayeux
Omaha Beach Golf Club
✕ ✕ ✕

Adresse : Ferme Saint-Sauveur
14520 Port-en-Bessin.
Tél. : 02.31.21.72.94.
Accès : A13 vers Caen. De Caen, périphérique vers Bayeux, puis Port-en-Bessin.
Ouverture : tous les jours, sauf mardi en basse saison.
Parcours : « L'Étang » : 9 trous - 2 875 m - Par 35 ;
« La mer et le Bocage » : 18 trous - 6 229 m - Par 72.
Tarifs : *Haute saison :* 18 trous : 250 F. 9 trous : 160 F. *Moyenne saison :* 18 trous : 215 F. 9 trous : 150 F. *Basse saison :* 18 trous : 150 F. 9 trous : 100 F.
Accueil : club-house, restaurant gastronomique (sur la mer), bar, piscine, tennis, garderie (sur réservation).
Hcp : carte verte.
Stages : contacter le golf (juillet et août).

Situé le long d'une des plages les plus célèbres de notre histoire, Omaha Beach, ce golf vous propose deux parcours aussi différents que les paysages qu'ils traversent. La Mer, construit dans le plus pur style écossais, où les bunkers et le vent seront les principales difficultés que vous rencontrerez, et Les Etangs tracé au milieu des bocages, où les obstacles d'eau représenteront vos principaux soucis tout au long de votre parcours. L'histoire du 6 juin 1944 est partout présente, chaque trou portant le nom d'un militaire allié, héros du débarquement (Eisenhower, Montgomery, Bradley, etc.).

Beaune
Golf de Beaune-Levernois

✕ ✕

Adresse : Levernois,
21200 Beaune.
Tél. : 03.80.24.10.29.
Accès : autoroute A6 sortie Beaune puis prendre la D. 970 direction Verdun-sur-le-Doubs et à gauche vers Levernoy.
Ouverture : tous les jours.
Parcours : 18 trous - 6 484 m - Par 72 + 9 trous - 1 481 m - Par 29.
Tarifs : 18 trous : 160 F en semaine et 220 F le week-end.
Accueil : club-house, bar, snack, pro-shop.
Hcp : non exigé.
Stages : contacter le golf.

Beauvais
Golf du Vivier

✕ ✕

Adresse : R. N. 31
60650 Le Vivier-d'Anger.
Tél. : 03.44.84.24.11.
Accès : de Beauvais, prendre la R. N. 31 vers Rouen.
Ouverture : tous les jours, sauf le mardi.
Parcours : 9 trous - 2 350 m - Par 33.
Tarifs : *Haute saison :* 70 F en semaine et 120 F le week-end. *Basse saison :* 50 F en semaine et 100 F le week-end.

Accueil : club-house, bar, restaurant.
Hcp : non exigé.
Stages : contacter le golf.

Bellefontaine
Golf de Bellefontaine

Adresse : 95270 Bellefontaine.
Tél. : 05.34.71.05.02.
Accès : de Paris, prendre l'autoroute A 1, sortie n° 7, puis direction Fosseset ensuite Bellefontaine, par la D. 922, golf fléché.
Ouverture : tous les jours.
Parcours : trois 9 trous : - *Rouge :* 2 970 m - Par 36. *Blanc :* 3 128 m - Par 36. *Jaune :* 3 178 m - Par 36.
Tarifs : *Haute saison :* 200 F en semaine et 350 F le week-end. *Basse saison :* 160 F en semaine et 280 F le week-end.
Accueil : club-house, bar, restaurant, pro-shop, tennis, piscine, garderie, billard.
Hcp : non exigé.
Stages : contacter le golf.

Belle-Ile-en-Mer
Golf de Belle-Ile

Adresse : Pointe des Poulains,
56360 Belle-Ile – Sauzon.
Tél. : 02.97.31.64.65.
Accès : Quiberon-Sauzon par bateau. Liaison Sauzon-golf par minibus.
Ouverture : tous les jours.
Parcours : 18 trous - 5 680 m - Par 72.
Tarif : *Haute saison :* 200 F. *Basse saison :* 120 F.
Accueil : club-house, bar, restaurant, pro-shop.
Hcp : carte verte.
Stages : contacter le golf en été.

> Ce golf de bord de mer, où certains trous tracés au sommet de falaises vous procureront de belles sensations, est un atout supplémentaire, s'il en est besoin, pour cette île déjà pourvue de beaucoup de charme.

Bellême
Golf de Bellême-Saint-Martin

✕ ✕ ✕

Adresse : Les Sablons,
61130 Bellême.
Tél. : 02.33.73.00.07.
Accès : autoroute de l'Ouest sortie Luigny.
Ouverture : tous les jours.
Parcours : 18 trous - 6 011 m - Par 72.
Tarifs : *Haute saison :* 170 F en semaine et 250 F le week-end. *Basse saison :* 100 F en semaine et 170 F le week-end.
Accueil : club-house, bar, restaurant, pro-shop.
Hcp : non exigé.
Stages : contacter le golf.

> Situé en plein cœur du Perche, le golf de Saint-Martin vous proposera un parcours physique, mais qui ne vous posera pas trop de problèmes techniques si vous restez sur les fairways... ce qui, direz-vous, est l'essence même de notre sport si diabolique par moments.

Bénodet
Golf de l'Odet

✕ ✕

Adresse : Clohars-Fouesnant,
29950 Bénodet.
Tél. : 02.98.54.87.88.
Accès : de Quimper direction Bénodet puis D. 34 vers Clohars-Fouesnant.
Ouverture : tous les jours.

Parcours : 18 trous - 6 200 m - Par 72 + 9 trous compact.
Tarifs : *Haute saison :* 240 F. *Moyenne saison :* 200 F. *Basse saison :* 155 F.
Accueil : club-house, bar, restaurant, pro-shop, tennis.
Hcp : carte verte ou 35 pour le 18 trous.
Stages : contacter le golf ; ils sont organisés dès le printemps.

Besançon
Golf de Besançon

Adresse : La Chevillotte,
25620 Mamirolle.
Tél. : 03.81.55.73.54.
Accès : route de Pontarlier-Lausanne. Tunnel du Trou-au-Loup vers la Saône, puis à gauche sur la route de Naisey.
Ouverture : tous les jours, du 1er mars au 30 novembre.
Parcours : 18 trous - 6 070 m - Par 72.
Tarifs : 190 F en semaine et 250 F le week-end.
Accueil : club-house, bar, restaurant, pro-shop.
Hcp : carte verte.
Stages : contacter le golf.

Beychac-et-Caillau
Golf de Teynac

Adresse : Domaine de Teynac,
33750 Beychac-et-Caillau.
Tél. : 05.56.72.85.62.
Accès : de Bordeaux, prendre la R.N. 89, sortie n° 5, puis prendre la direction du golf de Teynac.
Ouverture : tous les jours.
Parcours : 9 trous - 2 720 m - Par 35.
Tarif : 75 F semaine et week-end.
Accueil : club-house, bar restaurant (fermé le lundi midi), pro-shop.

Hcp : carte verte ou 35.
Stages : contacter le golf.

Béziers
Golf de Saint-Thomas

✕ ✕

Adresse : Domaine de Bel-Ail, route de Pézenas 34500 Béziers.
Tél. : 04.67.98.62.01.
Accès : à 10 km de Béziers, prendre la N. 113, à droite avant la Maison Occitane. Pézenas à 15 km.
Ouverture : tous les jours.
Parcours : 18 trous - 6 130 m - Par 72.
Tarifs : 200 F en semaine et 240 F le week-end.
Accueil : club-house, bar, restaurant, pro-shop, piscine.
Hcp : carte verte ou 35.
Stages : contacter le golf.

Biarritz
Golf de Biarritz-Le Phare

✕ ✕ ✕

Adresse : Le Phare, avenue Édith-Cavell,
64200 Biarritz.
Tél. : 05.59.03.71.80.
Accès : dans Biarritz même.
Ouverture : tous les jours, sauf le mardi (hors saison).
Parcours : 18 trous - 5 376 m - Par 69.
Tarifs : *Haute saison :* 300 F. *Basse saison :* 220 F.
Accueil : club-house, bar, restaurant, pro-shop.
Hcp : 35 hors saison.
Stages : contacter le golf.

Situé dans la ville même, ce golf n'est pas un monstre de difficultés, malgré la présence importante de bunkers et la rapidité des greens qui peuvent vous empêcher de réaliser une bonne carte. Biarritz-Le Phare reste toutefois le symbole des origines du golf dans le Pays Basque.

Biarritz-Bidart
Centre international de Golf d'Ilbarritz
✕ ✕ ✕

Adresse : avenue du Château,
64210 Bidart.
Tél. : 05.59.23.74.65.
Accès : à 4 km de l'aéroport de Biarritz.
Ouverture : tous les jours.
Parcours : 9 trous - 2 176 m - Par 32.
Tarif : *Haute saison :* 150 F. *Basse saison :* 100 F.
Accueil : club-house, bar, pro-shop, restaurant (tél. : 05.59.23.87.03).
Hcp : licence obligatoire.
Stages : toute l'année, contacter le golf.

La réputation de ce golf tient à la présence du centre d'entraînement, tenu de main de maître par son créateur, Philippe Mendiburu. Vous pourrez travailler tous les coups du golf, grâce à une quinzaine d'ateliers répartis tout autour d'un practice, l'un des plus spectaculaires d'Europe.
Le 9 trous, quant à lui, vous permettra de mettre en pratique vos progrès avant de vous lancer sur des parcours réputés plus difficiles.

Bieuzy-les-Eaux
Golf de Rimaison
✕

Adresse : 56310 Bieuzy-les-Eaux.
Tél. : 02.97.27.74.03.
Accès : de Pontivy, prendre la R.D. 768, puis à Talvern Neneze, prendre la direction de Rimaison et ensuite le golf est fléché.
Ouverture : tous les jours, sauf le 25 décembre et le 1er janvier.
Parcours : 9 trous - 2 582 m - Par 35.
Tarifs : *Haute saison :* 120 F en semaine et 140 F le week-end. *Basse saison :* 100 F en semaine et 120 F le week-end
Accueil : club-house, bar, pro-shop.

Hcp : non exigé.
Stages : contacter le golf.

Biéville-Beuville
Golf de Caen

✕ ✕

Adresse : Le Vallon,
14112 Biéville-Beuville.
Tél. : 02.31.94.72.09.
Accès : prendre la route de Lion-sur-Mer, direction Ouistreham.
Ouverture : tous les jours, sauf le mardi en basse saison.
Parcours : 18 trous - 6 053 m - Par 72 + 9 trous – 2 983 m – Par 36.
Tarifs : *Haute saison :* 18 trous : 210 F en semaine et 260 F le week-end. 9 trous 135 F en semaine et 160 F le week-end. *Basse saison :* 18 trous : 160 F en semaine et 210 F le week-end. 9 trous : 105 F en semaine et 135 F le week-end.
Accueil : club-house, pro-shop, bar, restaurant (midi seulement).
Hcp : licence ou 36.
Stages : nombreux stages d'avril à septembre.

La basse Normandie concurrence sa très proche et « haute » voisine. Caen donne l'exemple. Ce golf est bien situé, car proche d'une ville qui développe beaucoup son tourisme à travers l'histoire du débarquement notamment. Pour un week-end ou plus, entre deux visites, ce club vous changera les idées d'heureuse façon.

Biscarosse
Golf de Biscarosse

✕ ✕

Adresse : Yspes,
40600 Biscarosse.

Tél. : 05.58.09.84.93.
Accès : de Bordeaux, suivre Arcachon puis Biscarosse.
Ouverture : tous les jours.
Parcours : 2 x 9 trous - 2 172 / 3 030 m - Par 32 / 36.
Tarifs : *Haute saison :* 18 trous : 250 F. 9 trous : 150 F. *Basse saison :* 18 trous : 160 F en semaine et 200 F le week-end. 9 trous : 100F en semaine et 130 F le week-end.
Accueil : club-house, bar, restauration rapide, pro-shop.
Hcp : non exigé.
Stages : en mai et juin, contacter le golf.

Bitche
Golf de Bitche

Adresse : rue des Prés,
57230 Bitche.
Tél. : 03.87.96.15.30.
Accès : Haguenau, puis R. N. 62 dir. Niederhom.
Ouverture : tous les jours.
Parcours : 18 trous - 6 074 m - Par 72 + 9 trous - 2 293 m - Par 34.
Tarifs : *18 trous :* 180 F en semaine et 260 F le week-end. *9 trous :* 130 F en semaine et 160 F le week-end.
Accueil : club-house, bar, pro-shop, restaurant (fermé le mardi).
Hcp : 35 sur le 18 trous.
Stages : contacter le golf.

Bois-le-Roi
Golf de Bois-le-Roi

Adresse : Base de Loisirs,
77590 Bois-le-Roi.
Tél. : 01.64.87.83.31.
Accès : autoroute du Sud sortie Melun-Ponthierry,

direction La Table-du-Roi, Bois-le-Roi vers base de plein air UCPA.
Ouverture : tous les jours, de mars à novembre, fermé le jeudi.
Parcours : 9 trous - 2 400 m - Par 31.
Tarifs : 46 F en semaine et 62 F le week-end.
Accueil : club-house, cafétéria, tennis.
Hcp : non exigé.
Stages : de mars à octobre, contacter le golf.

Bonifacio
Golf de Sperone

✗ ✗ ✗ ✗

Adresse : Domaine de Sperone
20169 Bonifacio.
Tél. : 04.95.73.17.13.
Accès : de Bonifacio, prendre direction Piantarella, ensuite le golf est fléché.
Ouverture : tous les jours, sauf le jeudi après-midi et jeudi en hors-saison.
Parcours : 18 trous - 6 130 m - Par 72.
Tarifs : *Haute saison :* 390 F. *Basse saison :* 330 F.
Accueil : club-house, restaurant, bar, pro-shop.
Hcp : 28.
Stages : toute l'année, contacter le golf.

La Corse est surnommée l'île de Beauté, ce parcours en est certainement son plus beau fleuron. Une harmonie parfaite se dégage entre ses trous de bord de mer, d'inland et de montagne.
Même si les bons résultats ne sont pas à l'arrivée, vous garderez tout de même le souvenir d'avoir joué sur un des plus beaux parcours de France. Grande classe !

Voir liste des golfs p. 343

Bordeaux
Golf Bordelais
X X X

Adresse : rue de Kater,
Domaine de Kater,
33200 Bordeaux.
Tél. : 05.56.28.56.04.
Accès : place Tourny, rue Fondaudège, rue Ulysse-Gayon, avenue d'Eysines. Golf indiqué.
Ouverture : tous les jours, sauf le lundi.
Parcours : 18 trous - 4 727 m - Par 67.
Tarifs : 190 F en semaine et 250 F le week-end.
Accueil : club-house, bar, restaurant, pro-shop, garderie week-end de compétition.
Hcp : carte verte ou 35.
Stages : contacter le golf.

Ce golf situé pratiquement en ville vous proposera un parcours exigeant dû à sa technicité et son étroitesse ainsi que la présence de nombreux fossés jalonnant le terrain.
Dans une région où les golfs ne manquent pas, celui-ci vous laissera un bon souvenir, d'autant qu'il s'agit d'un des plus anciens de France..

Bordeaux-Cameyrac
Sporting-Club de Cameyrac

Adresse : 33450 Saint-Loubès.
Tél. : 05.56.72.96.79.
Accès : à 17 km par R. N. 89 Bordeaux-Libourne. Golf fléché depuis le carrefour Beychac-Sallebœuf.
Ouverture : sauf le lundi.
Parcours : 18 trous - 5 927 m - Par 72 + 9 trous compact.
Tarifs : non communiqués
Accueil : club-house, bar, restaurant (sauf lundi).
Hcp : non communiqué.
Stages : non communiqué.

Que vous dire de ce parcours ! Si ce n'est le refus de la direction de communiquer les informations ayant trait à ce golf.

> Les tarifs de green fees relèvent du secret défense, dommage pour un golf qui se dit commercial !

Bordeaux-Lac
Golf municipal de Bordeaux

X X X

Adresse : avenue de Pernon,
33300 Bordeaux.
Tél. : 05.56.50.92.72.
Accès : autoroute Paris-Bordeaux, zone hôtelière de Bordeaux, golf fléché.
Ouverture : tous les jours.
Parcours : 18 trous - 6 159 m - Par 72 ; 18 trous - 6 156 m - Par 72.
Tarif : 180 F en semaine et 220 F le week-end.
Accueil : club-house, bar, restaurant, pro-shop.
Hcp : carte verte ou 35.
Stages : contacter le golf.

> A la question : Quel fut le premier golf public français ? La réponse est Bordeaux-Lac !
> Deux parcours seront à votre disposition, La Jalle où les amateurs de drives pourront s'exprimer, en faisant attention tout de même à ne pas trop s'écarter des fairways car les roughs sont difficiles, et Les Etangs, où les obstacles d'eau et le vallonnement du terrain vous obligeront à une certaine réserve dans vos coups, et à vous munir de quelques réserves de... balles dans votre sac.

Bosc-Guérard
Golf de la Forêt Verte

X X

Adresse : 76710 Bosc-Guérard.
Tél. : 02.35.33.62.94.

Accès : de Rouen, prendre la route d'Amiens puis dir. Bois-Guillaume et ensuite dir. Bosc-Guérard.
Ouverture : tous les jours.
Parcours : 18 trous - 5 968 m - Par 72.
Tarifs : 120 F en semaine et 200 F le week-end (- 20% pour les membres de la Ligue normande).
Accueil : club-house, bar, restaurant, pro-shop.
Hcp : carte verte.
Stages : toute l'année, consulter le golf.

Bossey
Golf Country-Club de Bossey

X X X

Adresse : Château de Crévin,
74160 Bossey.
Tél. : 04.50.43.75.25.
Accès : R. N. 206 - Collonges, Bossey, château de Crévin.
Ouverture : fermé de décembre à février.
Parcours : 18 trous - 6 022 m - Par 71.
Tarifs : 300 F, en semaine uniquement, 220 F invité.
Accueil : club-house, bar, restaurant, pro-shop, tennis, squash, piscine.
Hcp : hommes 24 - femmes 28.
Stages : réservés aux membres.

La difficulté est présente tout au long de ce parcours ! Pourquoi, nous direz-vous ? Tout simplement parce que chaque trou se différencie de l'autre et vous oblige à ne jamais jouer les mêmes coups. Le responsable en est Robert Trent-Jones, qui vous a concocté un terrain au relief marqué avec une présence importante de bunkers et d'obstacles d'eau.
Pour jouer ce parcours, il vous faudra venir en semaine, car le week-end est réservé aux membres de nationalité helvétique principalement, ou aux invités de sang bleu !

Bourg-en-Bresse
Golf de Bourg-en-Bresse

✕ ✕

Adresse : parc de loisirs de Bouvent,
01000 Bourg-en-Bresse.
Tél. : 04.74.24.65.17.
Accès : de Bourg-en-Bresse, prendre l'avenue de Pont-d'Ain, puis route de Ceyzériat en direction du parc de loisirs de Bouvent.
Ouverture : fermé le mardi de novembre à mars.
Parcours : 9 trous - 3 069 m - Par 36.
Tarifs : journée : 60 F en semaine et 90 F le week-end.
Accueil : club-house, bar.
Hcp : carte verte.
Stages : contacter le golf.

Bourg-lès-Valence
Golf de Valence-Chanalets

✕ ✕

Adresse : route de Châteauneuf,
26500 Bourg-lès-Valence.
Tél. : 04.75.83.16.23.
Accès : autoroute A7, sortie Valence-Nord, suivre la route de Châteauneuf.
Ouverture : tous les jours.
Parcours : 9 trous - 2 771 m - Par 35.
Tarifs : 110 F en semaine et 130 F le week-end.
Accueil : club-house, bar, restaurant, pro-shop.
Hcp : non exigé.
Stages : toute l'année, consulter le golf.

Ce parcours vallonné, parsemé d'obstacles d'eau, permet de passer un agréable moment tout en profitant d'une vue magnifique sur le Vercors et le Vivarais.

Bourges
Golf de Bourges

Adresse : Route de Lazenay,
18000 Bourges.
Tél. : 02.48.20.11.08.
Accès : autoroute A71 sortie Bourges.
Ouverture : tous les jours sauf le mardi.
Parcours : 9 trous - 3 035 m - Par 36 + 9 trous compact.
Tarifs : *9 trous :* 130 F en semaine et 180 F le week-end. *Compact :* 42 F en semaine et 68 F le week-end.
Accueil : club-house, bar, restaurant.
Hcp : 35 ou carte verte.
Stages : contacter le golf.

Boutigny-sur-Essonne
Golf du domaine de Belesbat

Adresse : Domaine de Belesbat,
91820 Boutigny-sur-Essonne.
Tél. : 01.69.23.19.10.
Accès : autoroute A6 sortie Gély ou Milly-la-Forêt, direction Milly, puis Boutigny.
Ouverture : tous les jours, sauf le mercredi. Fermeture du golf en septembre 96.
Parcours : 18 trous - 6 039 m - Par 72.
Tarifs : 200 F en semaine et 400 F le week-end.
Accueil : club-house, bar, brasserie, pro-shop.
Hcp : 35 en semaine et 30 le week-end.
Stages : non.

Un magnifique golf qui gagnerait à être joué toute l'année, et non pas simplement au rythme des ouvertures et fermetures de ce club, qui, apparemment, n'a pas encore trouvé son identité. A vous de l'y aider.

Bréhal
Golf municipal de Bréhal

Adresse : 50290 Bréhal.
Tél. : 02.33.51.58.88.
Accès : R. N. 171 vers Bréhal, route de la Plage. Golf au nord de la plage de Saint-Martin-de-Bréhal.
Ouverture : tous les jours.
Parcours : 9 trous - 2 056 m - Par 31.
Tarifs : 100 F (licence Manche 60 F).
Accueil : club-house, bar, pro-shop.
Hcp : non.
Stages : contacter le golf.

Brest-Iroise
Golf de Brest-Iroise

Adresse : Parc de Lann-Rohou, Saint-Urbain 29800 Landerneau.
Tél. : 02.98.85.16.17.
Accès : de Brest : voie express Quimper, sortie Landerneau ou Dirinon puis fléchage.
Ouverture : tous les jours.
Parcours : 18 trous - 5 672 m - Par 71 ; 9 trous - 3 329 m - Par 37 + 3 trous école.
Tarifs : *Haute saison* : 18 trous : 220 F en semaine et 240 F le week-end. 9 trous : 120 F en semaine et 140 F le week-end. *Basse saison :* 18 trous : 160 F en semaine et 200 F le week-end. 9 trous : 100 F en semaine et 120 F le week-end. 3 trous école : 45 F.
Accueil : club-house, bar, restaurant, pro-shop.
Hcp exigé : non exigé.
Stages : contacter le golf.

Voir liste des golfs p. 343

Brignoles
Domaine de Barbaroux

✕ ✕ ✕

Adresse : route de Cabasse,
83170 Brignoles.
Tél. : 04.94.69.63.63.
Accès : péage de Brignoles ou Cannet-des-Maures puis fléchage.
Ouverture : tous les jours.
Parcours : 18 trous - 6 068 m - Par 72.
Tarif : 260 F.
Accueil : club-house, bar-restaurant, pro-shop, tennis.
Hcp : non exigé.
Stages : contacter le golf.

La beauté du paysage varois ajoutée à la difficulté du parcours vous donnera l'envie de revenir faire un tour dans un golf où tout est étudié pour bien vous recevoir, avec un club-house moderne et un hôtel confortable. A éviter peut-être sous les très fortes températures de l'été !

Brive
Golf Club de Brive

✕ ✕

Adresse : vallée de Planchetorte,
19100 Brive.
Tél. : 05.55.87.57.57.
Accès : de Brive, autoroute A 20, sortie Brive-sud ou centre, puis direction Plan d'eau du Causse et golf fléché.
Ouverture : tous les jours, sauf mardi en basse saison.
Parcours : 18 trous - 5 790 m - Par 72.
Tarifs : 150 F en semaine et 180 F le week-end.
Accueil : club-house, bar, restaurant, pro-shop.
Hcp : non exigé.
Stages : contacter le golf.

Bruz
Golf de Cicé-Blossac
✗ ✗ ✗

Adresse : Domaine de Cicé-Blossac,
35170 Bruz.
Tél. : 02.99.52.79.79.
Accès : sur la route Redon-Saint-Nazaire N. 177, sortie Cicé-Blossac.
Ouverture : tous les jours.
Parcours : 18 trous - 6 304 m - Par 72 + 9 trous – 3 152 m.
Tarifs : *Haute saison :* 200 F en semaine et 240 F le week-end. *Basse saison :* 130 F en semaine et 200 F le week-end. 9 trous : *Haute saison :* 140 F en semaine et 150 F le week-end. *Basse saison :* 120 F en semaine et 140 F le week-end.
Accueil : club-house, bar, restaurant, pro-shop.
Hcp : carte verte.
Stages : contacter le golf.

> La présence fréquente d'obstacles d'eau et d'arbres vous permettra d'apprécier d'autant plus la largeur des fairways ainsi que celle des greens.
> Même si la concurrence régionale est importante, ce parcours vaut le détour !

Bussy-Saint-Georges
Golf de Bussy-Saint-Georges
✗ ✗ ✗

Adresse : promenade des Golfeurs,
77500 Bussy-Saint-Georges.
Tél. : 01.64.66.00.00.
Accès : autoroute A4, sortie : deuxième sortie Melun, direction Val Gondorre vers Melun R. N. 371, puis fléchage.
Ouverture : tous les jours.
Parcours : 18 trous - 5 851 m - Par 72.
Tarifs : *Haute saison :* 170 F en semaine et 290 F le week-end. *Basse saison* : 160 F la semaine et 270 F le week-end. Le mardi : *Basse saison :* 130 F. *Haute saison :* 140 F.
Accueil : club-house, bar, restaurant, garderie.

Hcp : 35 ou carte verte.
Stages : contacter le golf.

> Un parcours dessiné à des fins d'immobilier dans lequel l'harmonie du tracé n'est pas oubliée. Des greens surélevés et des obstacles d'eau viennent jalonner le parcours serpentant au milieu des maisons.

Cabourg
Golf public de Cabourg
X X

Adresse : avenue d'Ornano,
14390 Cabourg.
Tél. : 02.31.91.70.53.
Accès : autoroute A13, sortie Dozulé.
Ouverture : tous les jours.
Parcours : 9 trous - 2 980 m - Par 36 + 3 trous école.
Tarifs : *Haute saison :* 130 F en semaine et 150 F le week-end. *Basse saison :* 90 F en semaine et 110 F le week-end. 9 trous seulement : *Haute saison :* 100 F et 120 F le week-end. *Basse saison* : 80 F et 100 F le week-end.
Accueil : club-house, bar, restaurant, pro-shop.
Hcp : non exigé.
Stages : contacter le golf.

Cabourg
Golf de Cabourg-Le Home
X X X

Adresse : 38, avenue du Président-René Coty,
14390 Le Home-Varaville.
Tél. : 02.31.91.25.56.
Accès : autoroute A13, sortie Dozulé avec bretelle par Cabourg.
Ouverture : tous les jours.
Parcours : 18 trous - 5 234 m - Par 68.

Tarifs : *Haute saison :* 180 F en semaine et 230 F le week-end. *Basse saison :* 130 F en semaine et 180 F le week-end.
Accueil : club-house, bar, restaurant, pro-shop.
Hcp : 35.
Stages : contacter le golf.

Ce parcours normand alterne les trous de bord de mer et de plaine tout en vous permettant de ne jamais perdre de vue la mer. Le vent, les obstacles d'eau obligent à faire attention au placement de sa balle, car certains trous peuvent réserver de très mauvaises surprises.
Quant au club-house où cent ans d'histoire vous attendent, un accueil chaleureux vous y sera réservé. Bravo !

Caen
Golf de Caen

Adresse : Le Vallon,
14112 Bieville-Beuville.
Tél. : 02.31.94.72.09.
Accès : de Caen, prendre la direction de Bayeux, puis le golf est fléché.
Ouverture : tous les jours, sauf le mardi du 15 novembre au 15 mars.
Parcours : 18 trous - 6 053 m - Par 72 + 9 trous - 2 983 m - Par 36.
Tarifs : *Haute saison :* 18 trous : 210 F en semaine semaine et 260 F le week-end ; 9 trous : 135 F en semaine et 160 F le week-end. *Basse saison :* 18 trous : 160 F en semaine et 210 F le week-end ; 9 trous : 105 F en semaine et 135 F le week-end.
Accueil : club-house, bar, restaurant (le midi uniquement), pro-shop.
Hcp : licence ou 36.
Stages : contacter le golf (été).

Situé à 5 kilomètres du centre-ville et de la mer, le golf de Caen vous proposera un parcours tracé dans un environnement vallonné et boisé. Quelques pièces d'eau viendront se mettre en travers de votre partie et amèneront un peu de piment à un parcours qui pourrait être un tantinet fade.

Calvi
Golf de Spano

Adresse : Cocody Village,
20260 Calvi.
Tél. : 04.95.60.75.52.
Accès : de Calvi, prendre la direction de Cocody Village, puis le golf est indiqué.
Ouverture : tous les jours.
Parcours : 6 trous - 870 m - Par 18.
Tarif : 100 F la journée.
Accueil : petit club-house, bar, restauration rapide.
Hcp : non exigé.
Stages : oui, contacter le golf.

Cannes
Golf-Club de Cannes-Mandelieu

Adresse : route du Golf,
06210 Mandelieu.
Tél. : 04.93.49.55.39.
Accès : ouest de Cannes R. N. 559 et R. N. 7, autoroute A8.
Ouverture : tous les jours, sauf le mardi.
Parcours : 18 trous - 5 676 m - Par 71 + 9 trous – 2 118 m - Par 31.
Tarifs : 260 F en semaine et 300 F le week-end. Il existe des tarifs à la semaine et au mois. 180 F pour 9 trous.
Accueil : club-house, bar, restaurant, pro-shop.
Hcp : 24 pour les hommes et 28 pour les femmes, le week-end.
Stages : contacter le golf.

Dans la périphérie de Cannes, les parcours de golf sont nombreux, mais celui-là a la particularité d'être l'un des doyens des golfs français avec plus de cent ans d'existence. Le grand duc de Russie y venait en 1890 ! Ses pins parasols et sa rivière vous tiendront compagnie tout au long de votre parcours.
Venir y jouer en haute saison n'est peut-être pas le meilleur moment, car nombre de golfeurs de toutes

nationalités affluent pour venir y pratiquer leur sport préféré. Ce golf a la réputation d'être le « roi des green fees »... ce qui peut être diversement interprété. Vive la basse saison !

Cannes
Association sportive du Golf de Cannes-Mougins
✕ ✕ ✕ ✕

Adresse : 175, route d'Antibes,
06250 Mougins.
Tél. : 04.93.75.79.13.
Accès : Cannes-bretelle autoroute, route de Mougins-carrefour Saint-Basile.
Ouverture : tous les jours.
Parcours : 18 trous - 6 263 m - Par 72.
Tarifs : 340 F en semaine et 380 F le week-end.
Accueil : bar, restaurant (sauf lundi), salons, télévision, back gammon, sauna, pro-shop.
Hcp : 28 pour les femmes, 24 pour les hommes.
Stages : contacter le pro-shop : 04.93.75.53.32.

Ce haut lieu du golf cannois a accueilli durant de nombreuses années des Opens du circuit européen, et a permis à de grands joueurs tels Ballesteros ou Woosnam de venir s'y illustrer. Ce parcours vous demandera une concentration constante, si vous ne voulez pas que vos balles finissent hors limites ou dans l'eau.
L'accueil chaleureux qui vous sera réservé au club-house complétera de belle manière votre journée golfique.

Voir liste des golfs p. 343

Cap-d'Agde
Golf de Saint-Martin
XXX

Adresse : 4, avenue des Alizés,
34300 Cap-d'Agde.
Tél. : 04.67.26.54.40.
Accès : fléché depuis la ville.
Ouverture : tous les jours.
Parcours : 18 trous - 6 279 m - Par 72 + 9 trous compact.
Tarifs : *Haute saison :* 18 trous : 235 F. 9 trous compact : 115 F. *Basse saison :* 18 trous : 195 F en semaine et 235 F le week-end. 9 trous compact : 85 F en semaine et 115 F le week-end.
Accueil : club-house, bar, restaurant, salons, pro-shop.
Hcp : non.
Stages : contacter le golf.

> Le département de l'Hérault compte quelques superbes parcours de golf à son actif dont celui du Cap-d'Agde. Il vous sera proposé un 18 trous au relief varié, les traditionnels obstacles d'eau ainsi que l'invité de dernière heure, cher à tous les golfeurs : le vent !

Carantec
Golf de Carantec
XX

Adresse : rue de Kergist,
29660 Carantec.
Tél. : 02.98.67.09.14.
Accès : prendre la R.N. 12 en direction de Morlaix, puis la R.D. 58 vers Carantec.
Ouverture : fermé le mardi en basse saison.
Parcours : 9 trous - 2 425 m - Par 34.
Tarifs : *Haute saison :* 125 F en semaine et 155 F le week-end. *Basse saison :* 100 F en semaine et 125 F le week-end.
Accueil : club-house, bar, restauration rapide.
Hcp : carte verte ou 35.
Stages : contacter le golf.

Carcassonne
Golf de Carcassone
X X

Adresse : domaine d'Auriac,
route de Saint-Hilaire,
11000 Carcassonne.
Tél. : 04.68.72.57.30.
Accès : autoroute A61, sortie Carcassonne ouest, direction centre-ville, Saint Hilaire.
Ouverture : tous les jours.
Parcours : 9 trous - 2 929 m - Par 36.
Tarifs : 160 F en semaine et 180 F le week-end.
Accueil : club-house, bar, restaurant, pro-shop.
Hcp : 35 ou carte verte.
Stages : contacter le golf.

Carnac
Golf de Saint-Laurent-Ploëmel
X X X

Adresse : 56400 Auray.
Tél. : 02.97.56.85.18.
Accès : de la R. N. 165 direction Auray, puis Ploëmel (ensuite le golf est indiqué). De Carnac, direction Ploëmel.
Ouverture : tous les jours.
Parcours : 18 trous - 6 112 m - Par 72 + 9 trous - 2 665 m - Par 35.
Tarifs : *Haute saison :* 9 trous : 155 F ; 18 trous : 250 F. *Moyenne saison* : 9 trous : 130 F ; 18 trous : 200 F. *Basse saison :* 9 trous : 105 F ; 18 trous : 155 F.
Accueil : club-house, bar, restaurant, pro-shop, tennis.
Hcp : 35 pour le 18 trous ou carte verte.
Stages : contacter le golf.

Les stations balnéaires attirent chaque été un grand nombre d'estivants, qui viennent surtout pour goûter aux joies de la mer. Cependant le golf de Saint-Laurent mérite lui aussi le détour, car ce parcours sélectif au relief varié, entouré de pins et de chênes, laisse un souvenir golfique très agréable. L'océan ne serait-il plus le maître des lieux ?

Carquefou
Golf de l'Epinay

X X

Adresse : boulevard de l'Epinay,
44470 Carquefou.
Tél. : 02.40.52.73.74.
Accès : de Nantes, prendre la R.N.23 en direction de Angers-Paris, sortie Carquefou, puis le golf est fléché.
Ouverture : tous les jours.
Parcours : 18 trous - 5 790 m - Par 72 + 3 trous pitch and putt.
Tarifs : 18 trous : 160 F en semaine et 220 F le week-end. 3 trous pitch and putt : 50 F en semaine et 70 F le week-end. Green fee réduit après 16 heures.
Accueil : club-house, bar, restaurant, pro-shop.
Hcp : carte verte.
Stages : contacter le golf.

Casteljaloux
Golf de Casteljaloux

X X X

Adresse : route de Mont-de-Marsan,
47700 Casteljaloux.
Tél. : 05.53.93.51.60.
Accès : au sud de l'axe Bordeaux-Toulouse A62, direction Mont-de-Marsan sur la R. D. 933.
Ouverture : tous les jours.
Parcours : 18 trous - 5 916 m - Par 72.
Tarifs : *Haute saison :* 200 F. *Basse saison :* 160 F.
Accueil : club-house, bar, restaurant, pro-shop, tennis.
Hcp : non exigé.
Stages : contacter le golf.

Tout semble réuni pour une bonne partie ! Greens techniques, relief ondulé, trous permettant aux joueurs puissants de s'exprimer, d'autres où la finesse est de mise, une végétation de pins et de chênes et une vue dominante sur le lac de Clarens sont au programme de votre 18 trous. Après quelques années « hésitantes », Casteljaloux semble avoir trouvé sa voie.

Castelsarrasin
Golf du Château de Terrides

✕ ✕

Adresse : Château de Terrides,
82100 Labourgade.
Tél. : 05.63.95.61.07.
Accès : autoroute Toulouse-Bordeaux, sortie : Castelsarrasin, direction Lafitte puis Beaumont-de-Lomagne.
Ouverture : tous les jours.
Parcours : 18 trous - 6 420 m - Par 74.
Tarifs : 100 F en semaine et 150 F le week-end.
Accueil : club-house, bar-restaurant, pro-shop.
Hcp : non exigé.
Stages : contacter le golf.

Castres
Golf de Castres-Gourjade

✕ ✕

Adresse : Domaine de Gourjade,
81100 Castres.
Tél. : 05.63.72.27.06.
Accès : de Castres, prendre l'avenue de Roquecourbe, puis le golf est fléché.
Ouverture : tous les jours.
Parcours : 9 trous - 2 964 m - Par 39 + 3 trous école.
Tarifs : 80 F en semaine et 100 F le week-end. 3 trous : 30 F
Accueil : bar, restaurant.
Hcp : carte verte.
Stages : contacter le golf.

Voir liste des golfs p. 343

Cély-en-Bière
Cély Golf-Club

X X X

Adresse : Golf du château de Cély,
Route de Saint-Germain
77930 Cély-en-Bière
Tél. : 01.64.38.03.07.
Accès : à 50 km de Paris par l'autoroute du Sud sortie : Fontainebleau, puis N. 372.
Ouverture : tous les jours.
Parcours : 18 trous – 6 026 m – Par 72.
Tarifs : 300 F en semaine et 400 F le week-end.
Accueil : club-house, bar, restaurant, pro-shop, sauna.
Hcp : 24 pour les hommes, 28 pour les femmes.
Stages : non.

> Le golf de Cély peut être comparé à un jardin, non pas à l'anglaise mais à la japonaise. Son parcours, tracé à travers une forêt de chênes, propose des trous très variés, avec des greens pas toujours évidents à approcher et de nombreux obstacles d'eau. Mais il est possible d'y réaliser de bon scores. L'entretien n'est peut-être plus ce qu'il a été mais reste tout de même une référence dans la région.

Cergy
Golf d'Ableiges

X X X

Adresse : chaussée Jules-César,
95450 Ableiges.
Tél. : 01.34.66.06.05.
Accès : autoroute A15 sortie Meulan/Ableiges, prendre la D. 28, puis à droite à 2 km et prendre direction Haras de Montgeroult.
Ouverture : tous les jours.
Parcours : 9 trous - 2 137 m - Par 33. 18 trous - 6 261 m - Par 72.
Tarifs : *18 trous :* 150 F en semaine et 250 F le week-end. *9 trous :* 100 F en semaine et 150 F le week-end.
Accueil : club-house, bar, restaurant, tennis, garderie.
Hcp : sur le 18 carte verte ou 35.
Stages : contacter le golf.

Les mouvements de terrain en font un parcours très physique. La technique y est aussi importante, car les greens sont extrêmement bien défendus par des bunkers ou des obstacles d'eau. Comme si cela ne suffisait pas, quelques greens se jouent à l'aveugle dû au relief et à la présence de quelques arbres. De belles émotions en perspective !

Cergy-Pontoise
Golf de Cergy-Pontoise

X X

Adresse : 2, allée de l'Obstacle-d'Eau, 95000 Vauréal.
Tél. : 01.34.21.03.48.
Accès : à 30 km de Paris par l'autoroute A15, sortie n° 12 + fléchage.
Ouverture : tous les jours sauf le mardi en Basse saison.
Parcours : 18 trous - 6 200 m - Par 72 + 5 trous école.
Tarifs : 160 F en semaine et 260 F le week-end.
Accueil : club-house, bar, restaurant, pro-shop, tennis.
Hcp : 35 ou carte verte le week-end.
Stages : contacter le golf.

Céron-Marcigny
Golf de la Frédière

X X

Adresse : La Frédière, 71110 Céron-Marcigny.
Tél. : 01.85.25.27.40.
Accès : Marcigny sur la D. 982 entre Roanne et Paray-le-Monial, suivre Chambilly puis le golf est indiqué.
Ouverture : tous les jours sauf mercredi.
Parcours : 18 trous - 4 897 m - Par 65.
Tarifs : *Haute saison :* 180 F. *Basse saison :* 150 F.

Accueil : club-house, bar, restaurant, pro-shop, piscine.
Hébergement : hôtel du golf, tél. : 01.85.25.19.67.
Hcp : non exigé.
Stages : consulter le golf.

> Pour un parcours certes vallonné, mais guère long, on ne peut s'empêcher de trouver les green fees un peu chers ! Reste que la région est agréable, qu'elle comporte d'excellentes tables et que le golf peut bien, également, céder la vedette de temps en temps...

Cesson-Sévigné
Golf de Cesson-Sévigné

Adresse : 35510 Cesson-Sévigné.
Tél. : 99.83.26.74.
Accès : de Rennes, prendre la rocade, sortie Cesson-Rennes-centre.
Ouverture : tous les jours.
Parcours : 9 trous - 2 703 m - Par 35.
Tarif : 60 F.
Accueil : club-house.
Hcp : carte verte ou 35.
Stages : contacter le golf.

> Ce parcours se veut ouvert à tous avec notamment une politique de prix des green fees très attractive : 60 francs ! Qui dit mieux ! Il doit certainement s'agir du club le moins cher de France !

Chalon-sur-Saône
Golf public de Chalon-sur-Saône
Golf Saint-Nicolas

X X

Adresse : Parc de loisirs Saint-Nicolas, 71380 Chatenoy-en-Bresse.
Tél. : 03.85.93.49.65.
Accès : de la R. N. 78, tourner à droite avant Pont-des-Chavannes.
Ouverture : tous les jours.
Parcours : 18 trous - 5 859 m - Par 71.
Tarif : 140 F.
Accueil : club-house, bar, restaurant, pro-shop, tennis.
Hcp : 35 ou carte verte.
Stages : contacter le golf

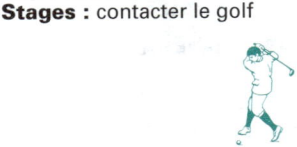

Chambourcy
Golf de Joyenval

X X X

Adresse : chemin de la Thuillerie, 78240 Chambourcy.
Tél. : 39.22.27.50.
Accès : de Paris, prendre la direction de Saint-Germain-en-Laye, puis la R.N. 13 en direction de Chambourcy, ensuite le golf est fléché.
Ouverture : tous les jours, sauf le lundi.
Parcours : 18 trous - 6 340 m - Par 72 ; 18 trous - 6 220 m - Par 72.
Tarif : réservé uniquement aux membres.
Accueil : club-house, bar, restaurant, pro-shop, tennis, piscine, garderie, salles de billard et de bridge.
Hcp : hommes : 24 ; femmes : 28.
Stages : non.

Très belle réussite sous forme de deux « grands » parcours vallonnés, aux pièges extrêmement nombreux. Un majestueux club-house surplombe l'ensemble. Très privé certes mais également très accueillant pour qui a la chance de franchir ce sésame...

Chamonix
Golf-Club de Chamonix

X X X X

Adresse : 74400 Les Praz-de-Chamonix.
Tél. : 04.50.53.06.28.
Accès : à 2 km de Chamonix au nord-est. Frontière suisse par R. N. 506.
Ouverture : tous les jours de mai à novembre.
Parcours : 18 trous - 6 076 m - Par 72.
Tarifs : *Haute-saison :* 300 F. *Basse saison :* 200 F en semaine et 250 F le week-end.
Accueil : club-house, bar, restaurant, pro-shop.
Hcp : 35 ou carte verte.
Stages : contacter le golf.

Ce parcours, né du trait de crayon de Robert Trent Jones, est dessiné au milieu d'une forêt de pins, entouré d'un décor majestueux, au pied du Mont Blanc.
Paradoxalement, la difficulté de ce 18 trous ne réside pas dans son relief, mais dans la défense de ses greens. Le nombre important de bunkers ainsi que la présence fréquente d'obstacles d'eau naturels, alimentés par un torrent prenant sa source dans les glaciers, viennent jalonner un parcours déjà très exigeant.
La qualité des greens et des fairways montre avec quel soin le personnel du golf entretient son parcours, afin qu'il soit en harmonie avec le paysage, pour permettre l'organisation de Pro-Ams très prisés durant la saison estivale.

Champigné
Anjou Golf & Country-Club

X X

Adresse : Route de Cheffes,
49330 Champigné.
Tél. : 02.41.42.01.01.
Accès : autoroute A11, sortie Durtal, puis direction Châteauneuf-sur-Sarthe en venant de Paris et Beaucouzé, puis direction Montreuil-Juigné en venant de Nantes.

Ouverture : tous les jours.
Parcours : 18 trous - 6 227 m - Par 72 + 6 trous compact - 730 m - Par 19.
Tarifs : *Haute saison :* 180 F en semaine et 220 F le week-end. *Basse saison :* 140 F en semaine et 180 f le week-end. 6 trous : 50 F.
Accueil : club-house, bar, restaurant, pro-shop, billard, piscine, garderie.
Hcp : 35 ou carte verte.
Stages : contacter le golf.

> Ce golf relate parfaitement la douceur angevine... On y ressent, avant tout, un réel bonheur d'y être, d'autant que le parcours n'est pas un monstre de difficultés, et que l'on peut espérer pouvoir y scorer. Que demander de plus ?

Chantilly
Golf de Chantilly

X X X X

Adresse : Allée de la Ménagerie, 60500 Chantilly.
Tél. : 03.44.57.04.43.
Accès : par l'autoroute du Nord jusqu'à Survilliers, prendre la R. N. 17 jusqu'à La Chapelle-en-Serval et la R. N. 324 jusqu'à Chantilly.
Ouverture : tous les jours, sauf le jeudi.
Parcours : 2 x 18 trous : Vineuil : 6 396 m – Par 71. Lougère : 6 338 m – Par 71.
Tarifs : 350 F en semaine et 380 F le week-end (sur invitation uniquement).
Accueil : club-house, bar, restaurant, pro-shop, tennis, garderie.
Hcp : 28 femmes, 24 hommes.
Stages : réservés aux enfants des membres.

> Nonagénaire, ce golf reste le nec plus ultra, la crème du golf ! Classé parmi les plus beaux golfs d'Europe, et hôte de nombreux Opens de France, il propose un parcours sélectif où la précision, la longueur et la modestie sont de rigueur. Une expérience golfique unique qui, si elle vous est offerte, ne se refuse pas. Seul problème : parvenir à y entrer si l'on n'est pas membre.

Chantilly
Golf du Domaine de Chantilly

Adresse : route d'Apremont,
60500 Vineuil-Saint-Firmin.
Tél. : 03.44.58.47.74.
Accès : de Paris, prendre l'autoroute A 4, sortie Senlis, puis direction Vineuil-Saint-Firmin, par la R.D.924, ensuite le golf est fléché.
Ouverture : tous les jours.
Parcours : 18 trous - 6 209 m - Par 72.
Tarifs : 150 F en semaine et 280 F le week-end.
Juillet-août : 100 F en semaine et 200 F le week-end.
Accueil : club-house, bar, restaurant, pro-shop.
Hcp : non exigé.
Stages : contacter le golf.

Charleville-Mézières
Golf-Club de l'abbaye de Sept-Fontaines

Adresse : Fagnon,
08090 Fagnon.
Tél. : 03.24.37.77.27 ou 03.24.37.38.24.
Accès : sortie voie rapide Charleville ouest, fléchage abbaye de Sept-Fontaines.
Ouverture : tous les jours.
Parcours : 9 trous - 2 887 m - Par 36.
Tarifs : 18 trous, 120 F en semaine et 170 F le week-end. 9 trous : 120 F en semaine et 170 F le week-end.
Accueil : club-house, bar, pro-shop.
Hcp : 35 ou carte verte.
Stages : contacter le golf.

Le cadre enchanteur du château-abbaye des Sept Fontaines offre aux amateurs de calme un endroit rêvé pour venir goûter aux joies de la nature, tout en jouant un parcours au relief ondulé, bordé d'arbres centenaires. Très heureuse découverte.

Voir liste des golfs p. 343

Château-Thierry
Golf du Val Secret

× ×

Adresse : Ferme de Faisay-Brasles,
02400 Château-Thierry.
Tél. : 03.23.83.07.25.
Accès : autoroute A4 sortie Château-Thierry + fléchage.
Ouverture : fermé le mardi.
Parcours : 18 trous - 5 361 m - Par 70.
Tarifs : 120 F en semaine et 200 F le week-end.
Accueil : club-house, bar, restaurant, pro-shop.
Hcp : carte verte.
Stages : contacter le golf.

Châteauneuf-de-Grasse
Golf de la Grande Bastide

× × ×

Adresse : chemin des Picholines,
06740 Châteauneuf-de-Grasse.
Tél. : 04.93.77.70.08.
Accès : de Grasse, prendre direction Opio, puis Châteauneuf.
Ouverture : tous les jours.
Parcours : 18 trous - 6 105 m - Par 72.
Tarifs : 250 F en semaine et 280 F le week-end.
Accueil : club-house, bar, restaurant
(tél. : 04.93.77.70.09), pro-shop.
Hcp : 35 ou carte verte.
Stages : contacter le golf.

Méfiez-vous d'un parcours assez plat, il n'est pas toujours synonyme de facilité ! La preuve : aux nombreux et grands bunkers qui jalonnent le terrain, s'ajoutent des greens qui risquent de vous surprendre par leur rapidité. Les obstacles d'eau sont au nombre de sept, et viendront corser encore un peu plus la difficulté de ce 18 trous.

Châtellerault
Golf du Connétable

X X X

Adresse : Parc Thermal,
86270 La Roche-Posay.
Tél. : 05.49.86.25.10.
Accès : autoroute A10, sortie Châtellerault-nord, route de La Roche-Posay, golf fléché.
Ouverture : tous les jours, sauf le mardi en hiver.
Parcours : 18 trous - 5 840 m - Par 72.
Tarifs : *Haute saison :* 150 F en semaine et 180 F le week-end. *Basse saison :* 120 F en semaine et 150 F le week-end.
Accueil : club-house, bar, restaurant, pro-shop, tennis.
Hcp : non exigé.
Stages : contacter le golf.

> Un parcours varié, qui vous demande du sens tactique et de la technique, ne se refuse pas et laisse en général un bon souvenir. Ajoutez à cela un accueil sympathique et vous comprendrez alors pourquoi le Golf du Connétable est devenu une attraction, au même titre que les cures.

Chatou
Golf de l'Ile Fleurie

X X

Adresse : R.N.190, pont de Chatou,
78400 Chatou.
Tél. : 01.39.52.61.61.
Accès : de Paris, direction La Défense, Nanterre, pont de Chatou puis le golf est fléché.
Ouverture : tous les jours.
Parcours : 9 trous - 1 601 m - Par 28 + 3 trous école.
Tarifs : 140 F (abonné : 80 F) en semaine et 180 F (abonné : 140 F) le week-end.
Accueil : club-house, bar, restaurant et snack, pro-shop, salle de billard, salles de séminaires.
Hcp : carte verte.
Stages : contacter le golf.

> Un club sympathique, où règne une ambiance dynamique et conviviale, qui fait de ce club un endroit agréable pour débuter dans ce sport.

Chaumont-en-Vexin
Country-Club de Chaumont-en-Vexin

X X X

Adresse : Château de Bertichère,
60240 Chaumont-en-Vexin.
Tél. : 03.44.49.00.81.
Accès : autoroute A15 Paris-Pontoise et R. N. 14, 6 km avant Gisors.
Ouverture : tous les jours.
Parcours : 18 trous - 6 195 m - Par 72 + 6 trous compact.
Tarifs : *Haute saison :* 200 F en semaine et 350 F le week-end. *Basse saison :* 100 F en semaine, 200 F le week-end et 100 F le vendredi.
Accueil : club-house, bar, restaurant, pro-shop, tennis, piscine, garderie.
Hcp : non exigé.
Stages : contacter le golf.

> Des dénivelés importants et des greens variés font de ce parcours technique et physique une valeur sûre du golf dans la région. L'accueil y est agréable et souriant. Après des années difficiles, Chaumont-en-Vexin revit.

Chaumont-en-Vexin
Golf de Rebetz

X X X

Adresse : route de Noailles,
60240 Chaumont-en-Vexin.
Tél. : 03.44.49.15.54.
Accès : autoroute A15 direction Rouen, puis R. N. 14 et R. D. 43, direction Chaumont-en-Vexin.

Ouverture : tous les jours.
Parcours : 18 trous - 6 409 m - Par 73.
Tarifs : *Haute saison :* 200 F en semaine et 300 F le week-end. *Basse saison :* 150 F en semaine et 250 F le week-end.
Accueil : club-house, bar, restaurant, pro-shop, tennis, garderie le week-end.
Hcp : non exigé.
Stages : contacter le golf.

> Attention aux hautes herbes, aux pièces d'eau et aux greens rapides, rien que ça pour un parcours très souvent pris sous de grosses bourrasques de vent ! Bref Rebetz constitue un véritable challenge, qui se termine dans un club-house très accueillant.

Chaussy
Golf de Villarceaux

X X

Adresse : 95710 Chaussy,
Tél. : 01.34.67.73.83.
Accès : autoroute de l'Ouest, sortie Gargenville, Limay, Drocourt, Chaussy ; autoroute de Pontoise, sortie Magny en-Vexin, Vernon, Chaussy.
Ouverture : fermé le jeudi d'octobre à février.
Parcours : 18 trous - 6 175 m - Par 72 + 9 trous.
Tarifs : *Haute saison :* 150 F en semaine et 200 F le week-end. *Basse saison :* 180 F en semaine et 300 F le week-end.
Accueil : club-house, restaurant (sauf jeudi), pro-shop, bar, garderie.
Hcp : 36.
Stages : contacter le golf.

Voir liste des golfs p. 343

Cherbourg
Golf-Club de Cherbourg

X X

Adresse : Domaine des Roches,
Village de l'Église,
50470 La Glacerie.
Tél. : 02.33.44.45.48.
Accès : itinéraire fléché sur 6 km au sud de Cherbourg.
Ouverture : tous les jours. Le mardi : club-house fermé.
Parcours : 9 trous - 2 850 m - Par 36.
Tarifs : *Haute saison :* 130 F en semaine et 150 F le week-end. *Basse saison :* 120 F en semaine, 140 F le week-end.
Accueil : club-house, bar (fermé le mardi), snack, pro-shop.
Hcp : non exigé.
Stages : contacter le golf.

Chevannes
Golf de Chevannes-Mennecy

X X

Adresse : chemin de l'Avenue,
91750 Chevannes.
Tél. : 01.64.99.88.74.
Accès : de Paris, Autoroute A 6, sortie n° 11 Auvernaux, puis prendre la direction de Chevannes-Menncy.
Ouverture : tous les jours.
Parcours : 18 trous - 6 004 m - Par 72 + 5 trous d'initiation. 9 trous à venir en septembre ou octobre 1996.
Tarifs : 200 F en semaine et 240 F le week-end ; 5 trous : 65 F.
Accueil : club-house, bar, restaurant, pro-shop.
Hcp : 36.
Stages : non.

Cheverny
Golf du Château de Cheverny

✕ ✕ ✕

Adresse : La Rousselière,
41700 Cheverny.
Tél. : 02.54.79.24.70.
Accès : autoroute A10 sortie Blois direction Vierzon-Romorantin, puis suivre le fléchage pour le château de Cheverny.
Ouverture : tous les jours sauf le mardi du 1er novembre au 31 mars.
Parcours : 18 trous - 6 276 m - Par 71 + 3 trous.
Tarifs : *Haute saison :* 190 F en semaine et 260 F le week-end. *Basse saison :* 150 F en semaine et 200 F le week-end. *Juillet et août :* 200 F.
Accueil : club-house, bar, restaurant, pro-shop, salons, salle de réunion et de bridge, piscine.
Hcp : licence obligatoire.
Stages : contacter le golf.

> Le Loir-et-Cher ! Ce sont les châteaux, la chasse en Sologne, mais aussi le golf où de magnifiques parcours vous sont proposés. Celui de Cheverny confirme les dires, avec son tracé contournant un étang et jonché de petits bosquets.
> Le club-house et son restaurant vous permettront de parfaire votre journée golfique.

Chevry
Golf public de Chevry

✕ ✕

Adresse : Rond-point du Golf,
91190 Gif-sur-Yvette.
Tél. : 01.60.12.40.33.
Accès : pont de Sèvres, autoroute F18, sortie Les Ulis, Gometz ; RER : direction Saint-Rémy-les-Chevreuse, gare de Gif-sur-Yvette.
Ouverture : tous les jours.
Parcours : 9 trous - 2 693 m - Par 34 + 9 trous compact.
Tarifs : *Haute saison :* 110 F en semaine et 150 F le week-end. *Basse saison :* 100 F en semaine et 130 f le week-end.

Accueil : club-house, bar, restaurant, pro-shop.
Hcp : non exigé.
Stages : contacter le golf.

> Des prix de green fees très abordables, pour un golf qui ne l'est pas moins. Ici, on en a pour sa modeste bourse !

Chevry-Cossigny
Golf de la Marsaudière

Adresse : 77173 Chevry-Cossigny.
Tél. : 01.64.25.44.39.
Accès : à 29 km par l'autoroute de l'Est, sortie : Melun-Lagny.
Ouverture : tous les jours.
Parcours : 9 trous - 2 870 m - Par 35.
Tarifs : non communiqués.
Accueil : club-house, bar, restaurant.
Hcp : carte verte.
Stages : non communiqués.

Cholet
Golf de Cholet

Adresse : allée du Chêne, Landry, 49300 Cholet.
Tél. : 02.41.71.05.01.
Accès : A11 sortie Nantes, puis R. N. 249 direction Cholet et à 4 km de Cholet prendre direction Saint-Léger-Beaupré.
Ouverture : tous les jours sauf le mardi.
Parcours : 18 trous - 5 792 m - Par 71 + 6 trous école.
Tarifs : 180 F en semaine et 200 F le week-end.
Accueil : club-house, bar, restaurant, salons, pro-shop.
Hcp : non exigé.
Stages : contacter le golf.

Civry-la-Forêt
Golf-Club de la Vaucouleurs
X X X

Adresse : 78910 Civry-la-Forêt.
Tél. : 01.34.87.62.29.
Accès : autoroute de l'Ouest, direction Rouen. Sortie Mantes-la-Jolie. Direction Houdan puis traverser Septeuil. Route nationale à droite vers Orvilliers. Là, prendre première rue à droite vers Civry-la-Forêt.
Ouverture : tous les jours, sauf le mercredi en Basse saison.
Parcours : 18 trous - 6 138 m - Par 73 ; 18 trous - 5 494 m - Par 70.
Tarifs : 200 F en semaine et 350 F le week-end.
Accueil : club-house, bar-restaurant, coin-enfants, pro-shop.
Hcp : carte verte.
Stages : contacter le golf.

Deux parcours, deux styles architecturaux, deux manières de se faire plaisir !
Les Vallons est d'une conception très britannique, La Rivière est un tracé où les trous de plaine s'accordent avec ceux de la forêt, et les obstacles d'eau aux trous fortement dénivelés.
La qualité des greens est à saluer, ainsi que l'accueil au club-house.

Clansayes
Golf de la Drôme provençale
X X

Adresse : Clansayes,
26130 Saint-Paul-Trois-Châteaux.
Tél. : 04.75.98.57.03.
Accès : autoroute A7, sortie Montélimar-Sud, direction Nyons, prendre direction Saint-Paul-Trois-Châteaux à Valaurie.
Ouverture : tous les jours.
Parcours : 9 trous - 2 535 m - Par 35.
Tarifs : 100 F en semaine et 130 F le week-end.
Accueil : club-house, snack-bar, pro-shop.

Hcp : non exigé.
Stages : contacter le golf.

Lorsque l'on réunit à la fois un parcours agréable, des tarifs raisonnables et un accueil chaleureux, il ne faut surtout pas vous priver pour en profiter ! Exemple à suivre dans une région golfiquement isolée.

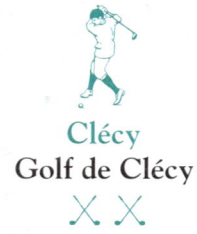

Clécy
Golf de Clécy
× ×

Adresse : Manoir de Cantelou, 14570 Clécy.
Tél. : 02.31.69.72.72.
Accès : à 30 km au sud de Caen, D. 562, Condé-sur-Noireau, Cantalou.
Ouverture : tous les jours.
Parcours : 18 trous - 5 975 m - Par 72.
Tarifs : *Haute saison :* 175 F en semaine et 215 F le week-end. *Basse saison :* 150 F en semaine et 180 F le week-end.
Accueil : club-house, bar, restaurant, pro-shop, billard.
Hcp : non exigé.
Stages : contacter le golf.

Certainement l'un des plus beaux golfs naturels ! La technique n'y est pas oubliée, grâce à un tracé vallonné et boisé.
Il y règne une ambiance familiale où il fait bon vivre, et qui vous donnera l'envie de revenir y passer un séjour prolongé.

Voir liste des golfs p. 343

Clermont-Ferrand
Golf-Club des Volcans
✕ ✕ ✕

Adresse : La Bruyère des Moines,
63870 Orcines.
Tél. : 04.73.62.15.51.
Accès : 12 km à l'ouest de Clermont-Ferrand par R. N. 141 Limoges.
Ouverture : tous les jours.
Parcours : 18 trous - 6 286 m - Par 72 + 9 trous - 1 327 m - Par 29.
Tarifs : 200 F en semaine et 250 F le week-end.
Accueil : club-house, bar, restaurant, pro-shop, garderie.
Hcp : 35 ou carte verte.
Stages : contacter le golf.

Cognac
Golf du Cognac
✕ ✕ ✕

Adresse : Saint-Brice,
16100 Cognac.
Tél. : 05.45.32.18.17.
Accès : de Cognac, R. N. 141, puis R. D. 15 Saint-Brice. Par l'autoroute A10 : sortie n° 25 à Saintes.
Ouverture : tous les jours, sauf le mardi en Basse saison.
Parcours : 18 trous - 6 142 m - Par 72 + 4 trous d'entraînement.
Tarifs : *Haute saison :* 230 F. *Basse saison :* 200 F.
Accueil : club-house, bar, restaurant, pro-shop.
Hcp : sur le 18 trous : 35 ou carte verte.
Stages : contacter le golf.

La première idée qui vous vient à l'esprit lorsque l'on parle de Cognac, ce n'est peut-être pas le golf ? Dommage ! Car ce parcours mérite toute votre attention ! Tracé entre vignes et forêt, ce 18 trous ne présente pas de difficultés majeures, mais additionnez le plaisir des yeux avec celui de jouer et vous obtiendrez un cocktail qui vous garantira une journée réussie.

Compiègne
Golf de Compiègne
X X X

Adresse : avenue Royale,
60200 Compiègne.
Tél. : 03.44.40.15.73.
Accès : de Paris, autoroute A1, Compiègne, R. N. 31, traverser l'Oise, place de l'Hôtel-de-Ville, place du Palais-de-Justice, avenue Royale.
Ouverture : tous les jours, sauf le jeudi.
Parcours : 18 trous - 6 019 m - Par 71.
Tarifs : 200 F en semaine et 350 F le week-end.
Accueil : club-house, bar, restaurant, tennis, garderie (le week-end).
Hcp : non exigé.
Stages : contacter le golf.

> Golf centenaire situé au milieu du champ de course et à deux pas du Château Impérial, ce tracé est une très belle réussite. Peut-être peut-on lui reprocher un relief un peu plat. Ambiance de club unique et réception très chaleureuse des « étrangers ».

Condeissiat
Golf-Club de la Bresse
X X X

Adresse : Domaine de Mary,
01400 Condeissiat.
Tél. : 04.74.51.42.09.
Accès : autoroute A40, sortie Bourg-Sud, puis direction Certines, Lent, Servas et enfin Condeissiat.
Ouverture : tous les jours.
Parcours : 18 trous - 6 217 m - Par 72 ; 6 trous - 1 465 m - Par 22.
Tarifs : *Haute saison :* 200 F en semaine et 250 F le week-end. *Basse saison :* 150 F en semaine et 200 F le week-end. 6 trous : 50 F en semaine et 70 F le week-end.
Accueil : club-house, bar, restaurant (tél. : 04.74.51.42.60), pro-shop.
Hcp : 35 ou carte verte.
Stages : contacter le golf.

Un relief plat et boisé, agrémenté de superbes obstacles d'eau qui peuvent vous coûter un bon nombre de balles si vous n'y prenez garde... Attention à ne pas boire la tasse !
L'accueil et la table y sont soignés.

Corrençon-en-Vercors
Golf de Corrençon-en-Vercors

X

Adresse : Les Ritons,
38250 Corrençon-en-Vercors.
Tél. : 04.76.95.80.42.
Accès : route de Grenoble-Villars-de-Lans, à 5 km de Villars.
Ouverture : fermé du 1er novembre au 1er mai.
Parcours : 18 trous - 5 550 m - Par 71 + 5 trous compact.
Tarifs : *Haute saison :* 220 F en semaine et 250 F le week-end. *Moyenne saison :* 160 F en semaine, 220 F le samedi et 240 F le dimanche. *Basse saison :* 140 F en semaine, 180 F le samedi et 220 F le dimanche.
Accueil : club-house, bar, restaurant, pro-shop.
Hcp : 35 ou carte verte.
Stages : contacter le golf.

Courson-Monteloup
Stade Français - Golf de Courson

X X X

Adresse : 91680 Bruyères-le-Chatel,
Tél. : 01.64.58.80.80.
Accès : autoroute A6 ou N. 118, sortie Les Ulis, D. 3 direction Dourdan et suivre les panneaux Château de Courson.
Ouverture : tous les jours.
Parcours : quatre parcours de 9 trous donnant six combinaisons :
Lilas/Noir : 18 trous - 6 270 m - Par 72 ;

Noir/Orange : 18 trous - 6 211 m - Par 72 ;
Lilas/Vert : 18 trous - 6 530 m - Par 72 ;
Lilas/Orange : 18 trous - 6 171 m - Par 72 ;
Vert/Noir : 18 trous - 6 570 m - Par 72 ;
Vert/Orange : 18 trous - 6 471 m - Par 72.
Tarifs : 230 F en semaine et 400 F le week-end.
Accueil : club-house, bar, restaurant, pro-shop, garderie, sauna.
Hcp : non exigé.
Stages : contacter le golf.

Avoir quatre 9 trous offre de nombreuses possibilités de panachage, et permet ainsi à tous les joueurs de venir s'y exprimer à condition d'aimer jouer dans le vent. Le golf du Stade français reste avant tout sportif voire aquatique... Près de la moitié des greens sont défendus par des pièces d'eau.

Courtisols
Golf de la Grande Romanie.

✕ ✕

Adresse : Châlons en Champagne,
51460 Courtisols.
Tél. : 07.55.24.30.
Accès : de Châlons-sur-Marne, prendre la N. 3 en direction de Metz-Verdun.
Ouverture : tous les jours.
Parcours : 18 trous - 6 578 m - Par 72 + 7 trous compact.
Tarifs : 200 F en semaine et 250 F le week-end.
Accueil : club-house, bar, snack, pro-shop.
Hcp : non exigé.
Stages : contacter le golf.

Coutainville
Golf de Coutainville

✕ ✕

Adresse : 6, avenue du Golf,
50230 Agon-Coutainville.
Tél. : 02.33.47.03.31.
Accès : autoroute de Normandie jusqu'à Caen ; route de Cherbourg jusqu'à Bayeux, route de Coutances D. 972.
Ouverture : tous les jours.
Parcours : 9 trous / 18 départs - 5 210 m - Par 68.
Tarifs : 18 trous : 160 F, 9 trous : 100 F. 18 trous : 180 F, 9 trous : 100 F à partir d'août
Accueil : club-house, bar-restaurant (fermé le mardi hors-saison), pro-shop.
Hcp : 34 en été.
Stages : contacter le golf.

Crécy-la-Chapelle
Léon's Lodge Golf

✕ ✕

Adresse : Ferme de Montpichet,
77580 Crécy-la-Chapelle.
Tél. : 01.64.04.70.75.
Accès : autoroute de l'Est, sortie Crécy.
Ouverture : tous les jours, sauf le mardi.
Parcours : 18 trous - 6 126 m - Par 72.
Tarifs : 100 F en semaine et 200 F le week-end.
Accueil : club-house, bar, restaurant.
Hcp : non exigé.
Stages : contacter le golf.

> Même si la proximité de l'autoroute peut être un inconvénient, ce parcours n'en reste pas moins naturel. Un relief légèrement ondulé, quatre obstacles d'eau et quelques bunkers bien placés sont les principaux atouts de ce golf. Ce 18 trous n'offensera vraisemblablement pas votre carte de score.

Cubry
Château de Bournel

✕ ✕ ✕

Adresse : 25680 Cubry.
Tél : 03.81.86.00.10.
Accès : autoroute A36 sortie Baume-les-Femmes, le golf est à 15 km direction Luce-Villersexel.
Ouverture : du 1er mars au 30 novembre.
Parcours : 18 trous - 5984 m - Par 72 + 3 trous compact.
Tarifs : 200 F en semaine et 300 F le week-end.
Accueil : club-house, bar, restaurant gastronomique, pro-shop, salons de repos.
Hcp : carte verte ou 35.
Stages : consulter le golf.

Un château, un parc de 80 hectares sur lequel un golf serpente au milieu d'arbres centenaires, des obstacles d'eau en cascade font de ce parcours un lieu où le sport vit en parfaite harmonie avec la nature.

Deauville
New Golf de Deauville

✕ ✕ ✕

Adresse : 14800 Saint-Arnoult.
Tél. : 02.31.14.48.48.
Accès : 3,5 km de Deauville au sud par C. D. 278.
Ouverture : tous les jours, fermé le mardi en hiver.
Parcours : 18 trous - 5 951 m - Par 71 + 9 trous - 3 035 m - Par 36.
Tarifs : *Haute saison :* 250 F en semaine et 350 F le week-end. *Basse saison :* 160 F en semaine et 250 F le week-end.
Accueil : club-house, restaurant, bar, salon, pro-shop.
Hcp : sur le 18 trous, 24 hommes - 28 femmes. 9 trous, carte verte ou 35.
Stages : contacter le golf.

Deauville et ses célèbres planches chères à Claude Lelouch n'est peut-être pas l'endroit idéal pour venir jouer au golf lors de la saison estivale. Mais que dire de ce parcours où le charme des maisons normandes à colombage vient s'ajouter à un tracé aux allures très britanniques ! Hôte de très nombreuses compétitions, ce club a parfaitement su mélanger les désirs de ses membres avec ceux des – nombreux – visiteurs extérieurs. Parcours « vivant » !

Deauville-Saint-Gatien
Golf de Deauville-Saint-Gatien

X X X

Adresse : Mont-Saint-Jean,
14130 Saint-Gatien-les-Bois.
Tél. : 02.31.65.19.99.
Accès : de Deauville, prendre la direction de Honfleur, ensuite la R.D. 279 et le golf est fléché.
Ouverture : tous les jours.
Parcours : 18 trous - 6 276 m - Par 71 + 9 trous - 3 035m - Par 36.
Tarifs : *Haute saison :* 200 F en semaine et 300 F le week-end. *Moyenne saison :* 180 F en semaine et 270 F le week-end.
Accueil : club-house, bar, restaurant, pro-shop.
Hcp : non exigé.
Stages : contacter le golf.

Situé au sud de l'estuaire de la Seine, ce golf est tracé sur deux plateaux. De larges fairways où quelques bosquets viennent troubler votre visibilité, des obstacles d'eau sans grand danger et des greens relativement bien défendus par la présence de bunkers vous permettront de prétendre réaliser un bon score si le vent ne vient pas tout chambouler. La chaleur et la gentillesse de l'accueil sont des atouts supplémentaires pour ce golf.
Une seule petite question : les par trois du retour, ne mériteraient-ils pas un lifting ?

Dieppe
Golf de Dieppe
✗ ✗

Adresse : route de Pourville,
76200 Dieppe.
Tél. : 02.35.84.25.05.
Accès : de Dieppe, route de Pourville.
Ouverture : tous les jours.
Parcours : 18 trous - 5 763 m - Par 70.
Tarifs : *Haute saison :* 190 F en semaine et 240 F le week-end. *Basse saison :* 160 F en semaine et 170 F le week-end.
Accueil : club-house, bar, restaurant (sauf le mercredi), pro-shop.
Hcp : non exigé.
Stages : contacter le golf.

Dijon
Golf de Bourgogne
✗ ✗ ✗

Adresse : Bois de Norges,
21490 Norges-la-Ville.
Tél. : 03.80.35.71.10.
Accès : 10 km au nord de Dijon, route de Langres (R. N. 74) et Is-sur-Tilles.
Ouverture : tous les jours.
Parcours : 18 trous - 6 164 m - Par 72 - + 9 trous « Pitch & Putt ».
Tarifs : 190 F en semaine et 260 F le week-end.
Accueil : club-house, restaurant, pro-shop, bar, piscine, tennis, sauna, billard, équitation.
Touring-pro : Antoine Lebouc et Patricia Meunier.
Hcp : non exigé.
Stages : contacter le golf.

Très agréable ! Voilà ce qui caractérise ce golf. Un parcours sur lequel vous prendrez plaisir à jouer et qui ne vous posera pas de grosses difficultés, hormis peut-être la présence de certains arbres qui pourraient gêner vos approches.
Le club-house complétera ce sentiment de bien-être, en vous procurant un accueil chaleureux.

Dinard
Golf de Dinard
✗ ✗ ✗ ✗

Adresse : 35800 Saint-Briac-sur-Mer.
Tél. : 02.99.88.32.07
Accès : de Paris autoroute de l'Ouest, puis l'0céane direction Saint-Malo-Dinard.
Ouverture : tous les jours.
Parcours : 18 trous - 5 276 m - Par 68.
Tarifs : *Haute saison* : 250 F. *Basse saison* : 190 F en semaine et 220 F le week-end.
Accueil : club-house, bar, restaurant, pro-shop (ouverts samedi, dimanche, lundi, jeudi et tous les jours en juillet-août).
Hcp : 35 exigé.
Stages : contacter le pro-shop : 02.99.88.30.55.

Au classement européen des plus vieux golfs continentaux, Dinard fait partie des leaders, avec plus d'un siècle d'existence.
Son parcours vous fera traverser des paysages d'une grande variété, un savant mélange de dunes, de falaises, parsemé d'ajoncs et de genêts. La mer sera votre compagne tout au long de ce 18 trous.
Outre son paysage, ce links, construit dans le plus pur esprit britannique, allie la simplicité et la difficulté lorsque Eole vient se mêler à la partie.
L'esprit de compétition reste très présent sur ce golf, qui organise et reçoit chaque année de nombreux grands prix.
Son club-house, construit sous l'ère victorienne, vous fera découvrir une ambiance familiale et détendue qui ajoutera, s'il en est besoin, un atout supplémentaire à ce golf.

Divonne-les-Bains
Golf-Club de Divonne-les-Bains

✗ ✗ ✗

Adresse : 01220 Divonne-les-Bains.
Tél. : 04.50.40.34.11.
Accès : sortie de Divonne-les-Bains en direction de Gex.

Ouverture : fermé du 18 décembre au 13 janvier.
Parcours : 18 trous - 6 035 m - Par 72.
Tarifs : 280 F en semaine et 500 F le week-end.
Accueil : club-house, bar, restaurant (tél. : 04.50.20.07.71), pro-shop, tennis.
Hcp : 35 ou carte verte.
Stages : contacter le golf.

Ici, le jeu semble être le maître mot ! Pourquoi ? A Divonne-les-Bains, la star, c'est le Casino, mais attention ! Une star peut en cacher une autre, et ici l'autre c'est le golf ! Le Mont-Blanc veille sur ce parcours de montagne, boisé et parfois accidenté. Toutefois, certains trous comme le 9 ou le 12 pourraient transformer votre journée jusque-là calme et reposante en cauchemar.
Le club-house sera alors présent pour vous consoler de vos pertes de points, en vous accueillant dans une ambiance conviviale et chaleureuse, qui vous redonnera goût au jeu... sous toutes ses formes !

Dol-de-Bretagne
Golf du Château-des-Ormes

X X X

Adresse : Dol-de Bretagne,
35120 Épiniac.
Tél. : 02.99.48.40.27.
Accès : R. D. 795, entre Combourg et Dol.
Ouverture : tous les jours sauf mercredi de novembre à mars.
Parcours : 18 trous - 6 013 m - Par 72.
Tarifs : *Haute saison :* 240 F. *Basse saison :* 190 F.
Accueil : club-house, bar, restaurant, pro-shop, billard, salon de jeu, piscine.
Hcp : 35 ou carte verte.
Stages : contacter le golf.

La réussite est au rendez-vous !
Si vous êtes dans la région de l'Ille-et-Vilaine prenez le temps de vous y arrêter, vous ne serez pas déçu !
Ce golf, tracé au milieu d'une forêt de 150 hectares située autour du château des Ormes, vous propose un parcours accessible à tous les types de joueurs, et où les principales difficultés résident dans la présence

fréquente d'obstacles d'eau. Méfiance en été cependant : près de 3 000 Anglais viennent séjourner dans les caravanes ceinturant le parcours ! C'est la guerre de Cent Ans revisitée !

Dole
Golf-club du Val-d'Amour

Adresse : 39100 Parcey.
Tél. : 03.84.71.04.23.
Accès : de Dole prendre la direction de Genève-Pontarlier jusqu'à Parcey, puis le golf est fléché.
Ouverture : tous les jours.
Parcours : 9 trous - 2 946 m - Par 36 + 3 trous d'entraînement.
Tarifs : 100 F en semaine et 120 F le week-en pour un licencié d'un club. 150 F en semaine et 170 F le week-end pour un joueur indépendant. 3 trous : 20 F la journée.
Accueil : club-house, bar, restaurant, pro-shop.
Hcp : carte verte.
Stages : contacter le golf.

Domont
Golf de Domont-Montmorency

Adresse : route de Montmorency, 95330 Domont.
Tél. : 01.39.91.07.50.
Accès : périphérique : sortie Porte de la Chapelle ; autoroute A1 : sortie Chantilly-Beauvais ; N. 1 : sortie Domont-Ézanville.
Ouverture : tous les jours, sauf le mardi.
Parcours : 18 trous - 5 781 m - Par 71 + 6 trous école.
Tarifs : 250 F en semaine et 480 F le week-end. 150 F en semaine et 250 F le week-end en juillet et août.

Accueil : club-house, bar, restaurant (tél. : 01.39.91.39.90.), pro-shop.
Hcp : 30.
Stages : contacter le golf.

> La qualité d'un golf n'est pas proportionnelle à sa célébrité ! La preuve en est faite par ce club, situé dans la forêt de Montmorency, où au calme et au cadre agréable s'ajoute un parcours technique et vallonné. Le club-house mérite lui aussi d'être connu, car la chaleur et l'enthousiasme qui y règnent vous conforteront dans l'idée que ce club mérite d'être plus visité.

Dormans
Golf du Country-Club de la Vitarderie

✕ ✕

Adresse : Chemin de la Bourdonnerie,
51700 Dormans.
Tél. : 03.26.58.25.09.
Accès : autoroute A4, sortie Château-Thierry, prendre la N. 3, puis fléchage Dormans.
Ouverture : tous les jours.
Parcours : 18 trous - 5 969 m - Par 72.
Tarifs : 100 F en semaine et 170 F le week-end.
Accueil : club-house, bar, restaurant, pro-shop, piscine en été.
Hcp : non exigé.
Stages : contacter le golf.

Douai
Association sportive du Golf de Thumeries

✕ ✕

Adresse : Bois Lenglart,
59239 Thumeries.
Tél. : 03.20.86.58.98.

Accès : Douai, ancienne route de Lille.
Ouverture : tous les jours.
Parcours : 18 trous - 5 933 m - Par 72 + 3 trous école.
Tarifs : 170 F en semaine et 240 F le week-end. 3 trous : 50 F.
Accueil : club-house, vestiaire, bar, restauration rapide.
Hcp : carte verte.
Stages : contacter le golf.

> 9 trous récemment transformé en 18, ce qui dénote une ambition réelle pour ce club attachant et familial. On joue donc de plus en plus au golf dans le Nord. Ici, c'est à l'ombre du célèbre beffroi.

Dunkerque
Golf public de Dunkerque

X X

Adresse : route de Fort Vallières,
Coudekerque-Village,
59380 Bergues.
Tél. : 03.28.61.07.43.
Accès : D. 916, Fort Vallières ; N. 335, D. 72 Coudekerque / Bergues.
Ouverture : tous les jours.
Parcours : 18 trous - 5 750 m - Par 71. 9 trous en prévision.
Tarifs : *Haute saison :* 170 F en semaine et 240 F le week-end. *Basse saison :* 120 F en semaine et 170 F le week-end.
Accueil : club-house, bar, restaurant, pro-shop.
Hcp : 36.
Stages : contacter le golf.

Voir liste des golfs p. 343

Eauze
Golf de Guinlet
✗ ✗

Adresse : 32800 Eauze.
Tél. : 05.62.09.80.84.
Accès : Eauze, direction Bretagne-d'Armagnac, suivre fléchage.
Ouverture : tous les jours.
Parcours : 18 trous - 5 535 m - Par 71.
Tarifs : 150 F en semaine et 180 F le week-end.
Accueil : club-house, bar, restaurant, pro-shop, piscine, tennis.
Hcp : non exigé.
Stages : contacter le golf.

Echenevex
Golf de Maison Blanche
✗ ✗ ✗

Adresse : Le Creux de Naz,
01170 Echenevex.
Tél. : 04.50.42.44.42.
Accès : de Gex, direction Belgarde, puis Echenevex et sur la droite, le golf est fléché.
Ouverture : tous les jours.
Parcours : 18 trous - 6 142 m - Par 72 + 9 trous - 1 757 m - Par 31.
Tarifs : 18 trous : 300 F en semaine et 500 F le week-end sur accord de la direction. 9 trous : 150 F en semaine et 250 F le week-end.
Accueil : club-house, bar, restaurant, pro-shop, salle de billard, jacuzzi, sauna, salle de bridge, garderie (réservé aux membres).
Hcp : 30 sur le 18 trous.
Stages : réservés aux membres.

Sa situation, proche de la frontière suisse, fait de ce golf un lieu de villégiature particulièrement apprécié de nos voisins helvétiques. Des points de vue magnifiques sur le Jura, le Mont-Blanc et Genève viennent compléter un parcours vallonné, où les obstacles d'eau et les arbres représentent les principales difficultés.

Epinal
Golf-Club des Images d'Epinal

✕ ✕

Adresse : rue du Merle-Blanc,
88001 Epinal.
Tél. : 05.29.68.50.24.
Accès : fléchage à côté de la voie de contournement d'Epinal, sur l'axe Nancy-Remiremont. Sortie Saut-le-Cerf.
Ouverture : fermé du 11 décembre au 1er mars.
Parcours : 18 trous - 5 315 m - Par 70.
Tarifs : 100 F en semaine et 120 F le week-end.
Accueil : club-house, bar.
Hcp : 35 ou carte verte.
Stages : contacter le golf.

> Epinal est célèbre dans le monde entier grâce à ses « Images » ! Vous me direz que le golf ne peut s'enorgueillir d'une telle notoriété, mais il a le mérite d'être accessible à tous. Bravo !

Esery
Golf Club d'Esery

✕ ✕ ✕

Adresse : Esery
74930 Reignier.
Tél. : 04.50.36.58.70.
Accès : Autoroute A41, sortie Annemasse direction Reignier-La Roche-sur-Foron.
Ouverture : fermé du 20 décembre au 11 janvier.
Parcours : 18 trous - 6 350 m - Par 72 ; 9 trous - 1850 m - Par 31.
Tarifs : 18 trous : 280 F en semaine et 330 F le week-end. 9 trous : 150 F en semaine et 200 F le week-end.
Accueil : club-house, restaurant, bar, pro-shop, piscine.
Hcp : 30 pour le 18 trous. Carte verte pour le 9 trous.
Stages : contacter le pro-shop : 04.50.31.20.15.

Français ? Suisse ? Voilà une question sans réponse ! Mais si vous avez la chance de venir y jouer, vous découvrirez un parcours où la tradition écossaise est très présente : des greens ondulés, des bunkers ronds, des fairways vallonnés et étroits..., tout cela sous le regard bienveillant du clocher du village et du massif alpin qui dominent le golf.

Essé
Golf de la Roche-aux-Fées.

✗

Adresse : 35150 Essé.
Tél. : 02.99.47.73.50.
Accès : de Rennes, prendre la direction de Chateaubriant par la R.D. 163.
Ouverture : fermé pendant l'hiver.
Parcours : 9 trous - 2 315 m - Par 34.
Tarifs : *Haute saison :* 60 F en semaine et 90 F le week-end. *Basse saison :* 50 F en semaine et 70 F le week-end.
Accueil : club-house, bar, restaurant, pro-shop.
Hcp : non exigé.
Stages : contacter le golf.

Etiolles
Golf d'Etiolles

✗ ✗ ✗

Adresse : Vieux chemin de Paris, 91450 Etiolles.
Tél. : 04.60.75.49.49.
Accès : de Paris, prendre l'autoroute A 6, puis la Francilienne, vers Marne-la-Vallée, sortie n° 29 Etiolles, ensuite le golf est indiqué.
Ouverture : tous les jours.
Parcours : 18 trous - 6 239 m - Par 72 + 9 trous - 2 665 m - Par 36.
Tarifs : 18 trous : 260 F en semaine et 390 F le week-end. 9 trous : 140 F en semaine et 185 F le week-end.

Accueil : club-house, bar, restaurant, pro-shop, salle de jeux, garderie (sur demande).
Hcp : carte verte le week-end.
Stages : oui, contacter le golf.

> Très joli parcours de la région parisienne qui se construit peu à peu une jeune réputation. Parcours « franc » qui permet même quelques « égarements » ici et là ! Accueil parfait.

Etretat
Golf d'Etretat
✕ ✕ ✕

Adresse : route du Havre,
76790 Etretat.
Tél. : 02.35.27.04.89.
Accès : 28 km au nord du Havre, 209 km à l'ouest de Paris.
Ouverture : tous les jours, sauf le mardi d'octobre à avril.
Parcours : 18 trous - 6 073 m - Par 72.
Tarifs : 200 F en semaine, et 300 F le week-end.
Accueil : club-house, vestiaire, restaurant, bar, pro-shop, garderie.
Hcp : 35 ou carte verte.
Stages : contacter le golf.

> Ce golf n'a d'égal que la beauté de son paysage : la mer et les falaises avec, en point d'orgue, l'aiguille percée.
> Vous aurez la possibilité sur ce parcours de mettre en pratique votre précision avec, en prime, un adversaire intraitable en la personne du vent. Agatha Christie aurait parfaitement pu y situer un roman avec meurtre sur les greens !
> Pour toutes les sensations que le parcours vous procurera, vous n'aurez plus qu'une idée en tête, celle de revenir y jouer le plus vite possible !

Evian-les-Bains
Royal Golf-Club d'Evian

X X X X

Adresse : rive sud du lac de Genève, 74500 Evian.
Tél. : 04.50.26.85.00.
Accès : 40 km de Genève, et 30 mn de Lausanne par bateau.
Ouverture : fermé en décembre et janvier.
Parcours : 18 trous - 6 006 m - Par 72.
Tarifs : *en novembre, février, mars :* 190 F en semaine et 290 F le week-end ; *avril, mai, juin, septembre, octobre :* 250 F en semaine et 330 F le week-end ; *juillet et août :* 310 F en semaine et 380 F le week-end.
Accueil : club-house, bar, restaurant, pro-shop.
Hcp : 35 ou carte verte.
Stages : contacter le golf.

> Les bons moments paraissent toujours trop courts pour ceux qui savent en profiter ! Evian en fera certainement partie, car ici, tout semble être étudié pour vous laisser un souvenir inoubliable. La recette en est simple ! Une vue superbe sur le lac Léman et sur la chaîne du Mont-Blanc et un parcours de golf aux difficultés relevées, dues à son relief accidenté et à ses greens pentus, protégés par de nombreux bunkers. Pour tous les amateurs de calme et de swings, Evian reste un des musts en la matière !
> La compétition est aussi très présente dans ce club, qui organise chaque année l'un des plus beaux tournois du circuit européen féminin : l'Evian Masters.

Evreux
Golf Municipal d'Evreux

X X

Adresse : Chemin du Vallême, 27000 Evreux.
Tél : 02.32.39.66.22.
Accès : en provenance d'Evreux, prendre direction Lisieux, puis la route de Conches, prendre à gauche en face de l'hôpital de Navarre.

Ouverture : tous les jours.
Parcours : 18 trous - 6 330 m- Par 72.
Tarifs : 140 F en semaine et 200 F le week-end.
Accueil : club-house, bar, restaurant, pro-shop.
Hcp : 36.
Stages : contacter le golf.

Petit parcours deviendra grand ! De 9 trous, on est passé à 18, ce qui prouve une certaine réussite pour ce golf au demeurant assez sympathique. On ne s'y bouscule pas, dit-on. Raison de plus pour aller y faire un tour !

Evry-Bondoufle
Golf-Club de Bondoufle

✕ ✕

Adresse : Départementale 31,
91070 Bondoufle.
Tél. : 01.60.86.41.71.
Accès : autoroute A46, sortie Evry-Bondoufle.
Ouverture : tous les jours.
Parcours : 18 trous - 6 161 m- Par 71.
Tarifs : 210 F en semaine et 300 F le week-end.
Accueil : club-house, Bar, restaurant (tél. : 01.60.86.80.49.), pro-shop.
Hcp : carte verte ou 02.35.
Stages : contacter le golf.

L'architecture de style britannique, voulue par son concepteur Michel Gayon, offre un parcours totalement dénué d'arbres, mais avec une grosse présence d'obstacles d'eau. Grâce à son relief assez plat, ce 18 trous permet aux golfeurs de tous handicaps de pouvoir venir exprimer leurs talents. Attention toutefois aux fenêtres des maisons situées en bordure de fairways !

Faulquemont
Golf de Faulquemont

X X X

Adresse : Rue du Golf,
57380 Faulquemont.
Tél. : 03.87.29.21.21.
Accès : de Metz, prendre l'A 4, sortir à Bolay, puis suivre Faulquemont et le golf est fléché.
Ouverture : tous les jours, sauf le mardi du 1er novembre au 28 février.
Parcours : 18 trous - 6 090 m - Par 72 + 9 trous compact - 900 m - Par 27.
Tarifs : 160 F en semaine et 200 F le week-end. 9 trous compact : 60 F.
Accueil : club-house, bar, restaurant.
Hcp : carte verte ou 35.
Stages : contacter le golf.

Faverges-de-la-Tour
Golf de Faverges-de-la-Tour

X X

Adresse : Château de Faverges,
38110 La Tour-du-Pin.
Tél. : 04.74.88.89.51.
Accès : autoroute Grenoble-Chambéry A43, direction Aix-les-Bains, sortie La Tour-du-Pin, puis Faverges-de-la-Tour.
Ouverture : fermé de décembre à mars.
Parcours : 9 trous - 2 200 m - Par 33.
Tarifs : *Haute saison :* 100 F en semaine et 130 F le week-end. *Basse saison :* 70 F en semaine et 110 F le week-end.
Accueil : club-house, bar, restaurant, pro-shop, piscine, tennis.
Hcp : non exigé.
Stages : contacter le golf.

Ce parcours, né des mains de son propriétaire, le regretté Jo Tournier, est tracé à travers le magnifique parc du château de Faverges-de-la-Tour. Ce 9 trous ne mettra pas en péril votre handicap mais vous offrira la possibilité d'allier une superbe balade avec le plaisir de taper dans la balle, entre deux troupeaux de moutons.

Fère-en-Tardenois
Golf de Champagne

X X

Adresse : Villers-Agron,
02130 Fère-en-Tardenois.
Tél. : 03.23.71.62.08.
Accès : autoroute A4, sortie Dormans, puis fléchage.
Ouverture : tous les jours.
Parcours : 18 trous - 5 626 m - Par 72.
Tarifs : 150 F en semaine et 220 F le week-end.
Accueil : club-house, bar, restaurant, pro-shop.
Hcp : non exigé.
Stages : contacter le golf.

Ferrières
Golf de Vaugouard

X X X

Adresse : Domaine de Vaugouard,
chemin des Bois,
Fontenay-sur Loing,
45210 Ferrières.
Tél. : 02.38.95.81.52.
Accès : à 106 km de Paris, par l'autoroute A6, sortie Dordives-Nevers, prendre la N. 17 vers Fontenay, puis fléchage. Une liaison par hélicoptère est prévue.
Ouverture : tous les jours.
Parcours : 18 trous - 5 914 m - Par 72.
Tarifs : 170 F en semaine et 280 F le week-end.
Accueil : club-house, deux restaurants : gastronomique ou « club », bar, pro-shop, piscine, tennis, sauna.
Hcp : 35 ou carte verte.
Stages : contacter le golf.

> Pour réussir, il faut s'en donner les moyens ! C'est ce qui semble avoir été fait sur le domaine de Vaugouard. A un complexe hôtelier et sportif complet, s'ajoute un parcours de golf, au relief ondulé et aux pièces d'eau parfois assassines.

Voir liste des golfs p. 343

Feucherolles
Golf de Feucherolles

X X X

Adresse : R.N.307,
78810 Feucherolles.
Tél. : 01.30.54.94.94.
Accès : de Paris, prendre l'A 13, sortie Saint-Germain-en-Laye, puis direction Saint-Nom-La-Bretèche et le golf est ensuite fléché.
Ouverture : fermé le mardi, du 1er décembre au 28 février.
Parcours : 18 trous - 6 358 m - Par 72.
Tarifs : *Haute saison :* 350 F en semaine et 350 F le week-end. *Basse saison :* 300 F en semaine et 380 F le week-end (décembre, janvier, février, juillet, août).
Accueil : club-house, bar, restaurant, pro-shop, bains japonais.
Hcp : carte verte.
Stages : non.

Voilà enfin en proche banlieue parisienne un golf commercial digne de ce nom ! Son parcours, situé à la lisière de la forêt de Marly, offre un tracé agréable, au relief vallonné et aux greens souvent surprenants. Le dynamisme régnant dans ce club mérite d'être salué. Ainsi, pour tous les amateurs de la petite balle blanche, cette adresse est à conserver. Qu'on se le dise ! Vestiaires en marbre et tutti quanti...

Flaine-lès-Carroz
Golf de Flaine-lès-Carroz

X X

Adresse : Col de Pierre-Carré,
74300 Flaine.
Tél. : 04.50.90.85.44.
Accès : de Paris, autoroute du Sud, Mâcon, Bourg-en-Bresse, R. N. 79 Nantua D. 979, Bellegarde, autoroute Chamonix sortie Cluses, Flaine.
Ouverture : tous les jours de juin à octobre (sauf le mardi à partir de septembre).
Parcours : 18 trous - 3 711 m - Par 63.
Tarif : 140 F.

Accueil : club-house, bar, snack, pro-shop.
Hébergement : hôtels de Flaine.
Hcp : carte verte.
Stages : contacter le golf.

Sportif ! Voilà la meilleure manière de résumer ce parcours.
Un tracé escarpé, aux dénivelés permanents auxquels s'ajoutent des précipices qui servent d'obstacles, vous obligerat à laisser à la maison votre série de bois. Ici la finesse prend le pas sur la force ! Amateurs d'émotions fortes, à vos clubs !

Fleurance
Golf de Fleurance

✕ ✕

Adresse : Lassalle,
32500 Fleurance.
Tél. : 05.62.06.26.26.
Accès : autoroute Bordeaux-Toulouse, sortie Agen direction Auch.
Ouverture : tous les jours.
Parcours : 9 trous - 2838 m- Par 35 (18 départs).
Tarifs : 100 F en semaine et 130 F le week-end.
Accueil : club-house, bar, restaurant (tél. : 05.62.06.25.27), pro-shop, squash.
Hcp : non exigé.
Stages : à la demande.

Situé en pays gascon, ce golf offre un parcours bucolique, où les chênes et les frênes viennent s'ajouter à relief changeant et traversé à maintes reprises par un petit cours d'eau.

Fontainebleau
Golf de Fontainebleau

× × × ×

Adresse : route d'Orléans,
77300 Fontainebleau.
Tél. : 01.64.22.22.95.
Accès : autoroute A6, sortie Ury ou Fontainebleau. Prendre la R. N. 51, golf à 1 km de l'Obélisque.
Ouverture : tous les jours, sauf le mardi.
Parcours : 18 trous - 6 074 m - Par 72.
Tarifs : 350 F en semaine et 500 F le week-end (sur invitation uniquement).
Accueil : club-house, bar, restaurant, pro-shop, tennis, garderie (week-end).
Hcp : 35 ou carte verte.
Stages : contacter le golf.

Certainement l'un des plus beaux golfs de France ! Son parcours tracé en forêt, ses fairways sablonneux et étroits, ses petits greens roulants, ses kyrielles de bunkers en font un parcours attractif et agréable.
Un bon conseil, restez droit ! Quant au club-house, c'est une merveilleuse plongée dans le XIXe siècle.

Fontenailles
Golf de Fontenailles

× × ×

Adresse : Domaine de Bois-Boudran,
77370 Fontenailles.
Tél : 01.64.60.51.52.
Accès : autoroute A6, sortie Evry, prendre la Francilienne jusqu'à Lieusaint direction Marne-la-Vallée, puis la N.19 direction Provins, et prendre à droite à Grandpuits direction Fontenailles.
Ouverture : tous les jours.
Parcours : 18 trous - 6256 m- Par 72 ; 9 trous - 2870 m - Par 35.
Tarifs : 18 trous : *Haute saison :* 200 F en semaine et 350 F le week-end. *Basse saison :* 180 F en semaine et 320 F le week-end. 9 trous : 135 F en semaine et 200 F le week-end.

Accueil : club-house, bar, restaurant, pro-shop, sauna, jacuzzi, tennis, garderie.
Hcp : non exigé.
Stages : contacter le golf.

> Avec des trous bordés d'eau et d'autres situés en forêt, ce golf n'est pas le plus aisé à pratiquer. Il n'en reste pas moins que son ensemble, parcours, club-house et hôtel, mérite le détour, voire un séjour... et pas nécessairement seul !

Fontenay-sur-Mer
Golf de Fontenay-en-Cotentin

Adresse : Fontenay-sur-Mer,
50310 Montebourg.
Tél. : 02.33.21.44.27.
Accès : de Cherbourg, Valognes ou Carentan, R. N. 13 ; à Montebourg D. 42, Quinéville, D. 421 en longeant la mer vers le sud ; puis golf fléché.
Ouverture : tous les jours, sauf le mardi en basse saison.
Parcours : 9 trous - 2 980 m - Par 36.
Tarifs : *Haute saison :* 140 F en semaine et 170 F le week-end. *Basse saison :* 120 F en semaine et 150 F le week-end.
Accueil : club-house, bar-restaurant, pro-shop.
Hcp : non exigé.
Stages : contacter le golf.

Font-Romeu
Golf de Font-Romeu

Adresse : avenue Jean-Paul,
66120 Font-Romeu.
Tél. : 04.68.30.38 09.
Accès : centre de Font-Romeu près de Perpignan ; S.N.C F. : Latour-de-Carol - Font-Romeu.

Ouverture : tous les jours - fermeture de mi-novembre à mai.
Parcours : 9 trous - 2 500 m - Par 34.
Tarifs : *Haute saison :* 160 F. *Basse saison :* 120 F.
Hcp : carte verte.
Stages : contacter le golf.

Forges-les-Bains
Golf de Forges-les-Bains

× × ×

Adresse : rue du Général-Leclerc,
91470 Forges-les-Bains.
Tél. : 01.64.91.48.18.
Accès : 35 km de Paris par autoroute de Chartres (sortie Chartres), par R. N. direction Les Ulis-Limours.
Ouverture : tous les jours.
Parcours : 18 trous - 6 167 m - Par 72 + 3 trous compact.
Tarifs : 200 F en semaine et 300 F le week-end, 160 F le mardi.
Accueil : club-house, bar, restaurants (gastronomique et restauration rapide), salon, pro-shop, garderie sur réservation.
Hcp : 35 ou carte verte le week-end.
Stages : contacter le golf.

Situé à une trentaine de kilomètres de Paris, dans la vallée de Chevreuse, ce golf vous offre un 18 trous sympathique et varié, accessible aux golfeurs de tous niveaux. Vous pourrez aussi, si le besoin s'en fait sentir, profiter des nombreux stages prévus chaque saison. Un regret, les pylônes électriques au milieu des fairways.

Voir liste des golfs p. 343

Fort-Mahon
Golf de Belle Dune

X X

Adresse : promenade de Marqueuterre,
80790 Fort-Mahon-Plage.
Tél. : 03.22.23.45.50.
Accès : d'Abbeville, prendre la direction de Saint-Valéry-sur-Somme, le Crotoy, Rué puis Fort-Mahon, le golf est ensuite fléché.
Ouverture : tous les jours.
Parcours : 18 trous - 5 941 m - Par 72.
Tarifs : 160 F en semaine et 210 F le week-end.
Accueil : club-house, bar, restaurant, pro-shop, aqua-club.
Hcp : carte verte.
Stages : contacter le golf.

Fourqueux
Golf de Fourqueux

X X X

Adresse : 36, rue de Saint-Nom,
78112 Fourqueux.
Tél. : 01.34.51.41.47.
Accès : par La Défense R. N. 13, route de Mantes, autoroute de l'Ouest, sortie Saint-Germain.
Ouverture : tous les jours, sauf le mardi.
Parcours : 3 x 9 trous (parcours bleu : Par 37 - 3 179 m ; parcours blanc : Par 36 - 2 861 m ; parcours rouge : Par 37 - 2 744 m).
Tarifs : 350 F en semaine et 390 F le week-end (sur invitation uniquement).
Accueil : club-house, bar, restaurant, salons, pro-shop, billard, salle de bridge, piscine, tennis, garderie (pour les membres).
Hcp : hommes 24 - femmes 28.
Stages : contacter le golf (réservé aux membres).

Au 19ᵉ trou, la copie risque d'être décevante si vous n'avez pas mis votre prétention au placard ! Les difficultés sont présentes tout au long du parcours : un terrain vallonné et entouré de bois, entraînant une visibilité pas toujours parfaite ainsi que des pièces

d'eau en petit nombre mais toujours bien placées pour vous faire perdre une balle.
Pour les amoureux de la technique, affûtez vos clubs !

Gadancourt
Golf de Gadancourt

X X

Adresse : 95450 Gadancourt.
Tél. : 01.34.66.12.77.
Accès : de Paris, autoroute A15, puis N. 14 direction Avernes, puis Gadancourt.
Ouverture : tous les jours.
Parcours : 18 trous - 6346 m- Par 72.
Tarifs : 130 F en semaine et 220 F le week-end.
Accueil : club-house, bar, restaurant, pro-shop.
Hcp : non exigé.
Stages : contacter le golf.

Tout le mérite d'un club, qui a su allier à un parcours très agréable un club-house confortable et un accueil chaleureux et souriant. Chapeau, d'autant qu'il n'y faut point trop bourse délier !

Gaillon
Golf-Club de Gaillon

X X

Adresse : Les Artaignes, 27600 Gaillon.
Tél. : 02.32.53.89.40.
Accès : autoroute de l'Ouest A13, sortie n° 17 Gaillon, puis N. 13 direction Vernon-Gaillon.
Ouverture : tous les jours (sauf le mardi en hiver), fermé du 24 décembre au 3 janvier.
Parcours : 9 trous - 2 140 m - Par 32.
Tarifs : 9 trous : 50 F en semaine et 80 F le week-end. 18 trous : 90 F en semaine et 140 F le week-end.

Accueil : club-house, bar, restaurant, pro-shop, piscine.
Hcp : licence.
Stages : contacter le golf.

Gap
Golf de Gap-Bayard
X X

Adresse : Centre d'oxygénation,
05000 Gap.
Tél. : 04.92.50.16.83.
Accès : R. N. 85 Gap-Grenoble (route Napoléon).
Ouverture : tous les jours, début mai - 11 novembre.
Parcours : 18 trous - 6 042 m - Par 72.
Tarifs : 170 F en semaine et 195 F le week-end.
Accueil : club-house, bar, restaurant.
Hcp : 35 ou carte verte.
Stages : du 15 mai au 30 octobre, contacter le golf.

> Situé sur les hauteurs de Gap, offrant ainsi une vue magnifique sur le massif des Ecrins, qui incite autant à la promenade qu'au sport, ce golf vous séduira par son authenticité.

Garcelles-Secqueville
Golf de Garcelles
X X

Adresse : route de Lorquichon,
14540 Garcelles-Secqueville.
Tél. : 02.31.39.08.58.
Accès : de Caen, prendre la R.N. 158 puis direction Garcelles-Secqueville.
Ouverture : tous les jours.
Parcours : 9 trous - 1 300 m - Par 30 + 9 trous - 2 900 m - Par 35.
Tarifs : 18 trous : 120 F en semaine et 160 F le week-end.

Accueil : club-house, bar, pro-shop, courts de tennis.
Hébergement : Novotel, Ibis à Caen.
Hcp : non exigé.
Stages : contacter le golf.

Genevrey
Golf de Luxeuil-Bellevue

Adresse : La Bellevue,
70240 Genevrey.
Tél. : 03.84.95.82.00.
Accès : direct depuis la R. N. 57, à hauteur du lieu-dit Bellevue.
Ouverture : tous les jours.
Parcours : 9 trous - 3 053 m- Par 36.
Tarifs : 150 F en semaine et 200 F le week-end.
Accueil : club-house, bar et restauration rapide.
Hcp : 35 et carte verte.
Stages : contacter le golf.

> Sympathique petit golf champêtre, situé en pleine campagne entre Vesoul et Luxeuil-les-Bains, et qui vous offrira un parcours vallonné parsemé d'obstacles d'eau.

Germigny-l'Evêque
Golf du lac de Germigny

Adresse : Chemin des Vignes,
77910 Germigny-l'Evêque.
Tél. : 01.64.02.35.87.
Accès : de Meaux, prendre la D. 405 direction Varreddes puis Germigny ou la N. 3 direction Trilport puis Germigny.
Ouverture : tous les jours.
Parcours : 9 trous - 2 484 m - Par 34.
Tarifs : 100 F en semaine et 150 F le week-end.
Accueil : club-house, bar, restauration rapide.

Hcp : 35 ou carte verte.
Stages : contacter le golf.

> Golf naturel dans un cadre comportant un lac d'une quinzaine d'hectares. Parcours court ne présentant pas de traîtrise majeure et donc idéal pour débuter. Il est bon que l'Est de Paris se peuple de golfs de ce type. Cela donne réellement envie de s'y mettre.

Giez
Golf de Giez-lac d'Annecy

X X

Adresse : 74210 Giez.
Tél. : 04.50.44.48.41.
Accès : R. N. 508 à mi-chemin entre Albertville et Annecy.
Ouverture : tous les jours hors période de neige.
Parcours : 18 trous - 5 820 m - Par 72 ; 9 trous - 2250 m- Par 33.
Tarifs : *Haute saison :* 240 F. *Basse saison :* 190 F en semaine et 240 F le week-end.
Accueil : club-house, bar, restaurant, pro-shop.
Hcp : carte verte pour le 18 trous.
Stages : contacter le golf.

> Au calme et à la chaleur de ce club, s'ajoute un panorama grandiose, où les paysages forestiers se mêlent aux vues sur le lac d'Annecy et sur la chaîne du Mont-Blanc.

Gigors
Golf de Sagnol

X

Adresse : Domaine de Sagnol,
26400 Gigors.
Tél. : 04.75.40.98.00.

Accès : de Valence, prendre la direction de Chabeuil par la R.N.7, puis Combouin par la R.D. 154, ensuite le golf est fléché.
Ouverture : tous les jours entre le 1er mai et le 11 novembre.
Parcours : 9 trous - 2 100 m - Par 34.
Tarifs : 100 F en semaine et 120 F le dimanche et les jours fériés.
Accueil : club-house, bar, restaurant, petit pro-shop, centre équestre.
Hcp : non exigé.
Stages : contacter le golf.

Gonesse
Golf de la Grande Vallée

Adresse : avenue Pierre-Salvi,
95500 Gonesse.
Tél. : 01.39.87.02.70.
Accès : autoroute A1, sortie Le Bourget-Gonesse.
Ouverture : tous les jours.
Parcours : 9 trous - 3 036 m- Par 36.
Tarifs : 125 F en semaine et 175 F le week-end.
Accueil : club-house, bar, restaurant, pro-shop.
Hcp : non exigé.
Stages : contacter le golf.

> Parcours où la technique et la variété du relief vous permettront de découvrir un golf intéressant et qui constitue une bonne surprise si près de Paris.

Gouzon
Golf de la Jonchère

Adresse : Montgrenier,
Route de Bord-Saint-Georges,
23230 Gouzon.

Tél. : 05.55.62.03.23.
Accès : autoroute A71, sortie Montluçon, direction Guéret par R. N. 145. A 1 km de Gouzon, direction Bord-Saint-Georges.
Ouverture : tous les jours, sauf le mardi.
Parcours : 18 trous - 5 825 m - Par 72.
Tarifs : 140 F en semaine et 180 F le week-end.
Accueil : club-house, bar, restaurant, pro-shop.
Hcp : non exigé.
Stages : contacter le golf.

Grand-Laviers
Golf d'Abbeville

X X

Adresse : Route du Val
80132 Grand-Laviers.
Tél. : 03.22.24.98.58.
Accès : d'Abbeville, prendre direction baie de Somme, puis la route de Saint-Valéry-Le-Crotoy.
Ouverture : tous les jours.
Parcours : 18 trous - 6 071 m - Par 72 + 4 trous.
Tarifs : *Haute saison :* 150 F en semaine et 180 F le week-end. *Basse saison :* 130 F en semaine et 150 F le week-end.
Accueil : club-house, bar, restauration rapide.
Hcp : non exigé.
Stages : contacter le golf.

> Situé en bordure de baie de Somme, ce parcours au terrain ondulé, aux greens sablonneux et aux larges fairways fera de ce golf une expérience sympathique à défaut d'être inoubliable.

Voir liste des golfs p. 343

Granville
Golf de Granville

× × ×

Adresse : Pavillon du golf,
50290 Bréville-sur-Mer.
Tél. : 02.33.50.23.06.
Accès : à 5 km au nord de Granville. De Granville, prendre direction Coutances par R. N. 71.
Ouverture : tous les jours.
Parcours : Rouge : 18 trous - 5 846 m - Par 72 + Bleu : 9 trous - 2 323 m - Par 33.
Tarifs : 18 trous : 155 F en semaine et 205 F le week-end, 225 F en juillet et août. 9 trous : 100 F en semaine et 125 F le week-end, 130 F en juillet et août.
Accueil : club-house, bar, pro-shop, restaurant.
Hcp : 18 trous : 35.
Stages : contacter le golf.

> Comment ne pas aimer un club comme celui-là ! Un parcours à l'écossaise, vous offrant un panorama magnifique sur la baie de Granville et un club-house où règne une ambiance toujours aussi conviviale, que les années n'ont pas réussi à altérer. Un must méconnu.

Grasse
Golf de Grasse Country Club

× × ×

Adresse : Lieu-dit Claux-Amic,
route des Trois-Ponts,
06130 Grasse.
Tél. : 93.60.55.44.
Accès : de Grasse, prendre la direction de Cabris, le golf est ensuite indiqué.
Ouverture : tous les jours.
Parcours : 18 trous - 6 021 m - Par 72.
Tarifs : 240 F en semaine et 280 F le week-end ; mardi : 180 F (sauf en juillet et août).
Accueil : club-house, bar, restaurant, pro-shop, sauna, billard.
Hcp : non exigé.
Stages : contacter le golf.

Un site superbe auquel s'ajoute un parcours aux charmes enchanteurs. Le tracé serpentant dans une forêt de chênes vous obligera toutefois à rester droit dans vos frappes de balles, eu égard à l'étroitesse des fairways et à la difficulté de se sortir des roughs caillouteux.

Grenoble
Golf international de Grenoble-Bresson

X X X

Adresse : route de Montavie, Bresson, 38320 Bresson.
Tél. : 04.76.73 65.00.
Accès : de Grenoble, prendre la D. 524.
Ouverture : tous les jours.
Parcours : 18 trous - 6 345 m - Par 73.
Tarifs : *Haute saison :* 190 F en semaine, 260 F le week-end. *Basse saison :* 160 F en semaine et 220 F le week-end.
Accueil : club-house, bar, pro-shop, garderie.
Hcp : 35.
Stages : contacter le golf.

Réussite ! Voilà le qualificatif qui semble le mieux résumer la sensation que l'on éprouve en pénétrant dans ce club. Une vue superbe sur le massif du Vercors et sur Grenoble pour un parcours où le trait de crayon de Robert Trent-Jones Jr. semble avoir fait merveille. Des fairways vallonnés sur lesquels se greffent quelques obstacles d'eau et de nombreux bunkers sont les principales caractéristiques de ce golf de montagne à la végétation importante, faite de chênes et de hêtres. Un regret : l'architecture du club-house... qui n'est pas due à Jones !

Grenoble
Golf-Hôtel du Charmeil

✕ ✕

Adresse : 38210 Saint-Quentin-sur-Isère,
Tél. : 04.76.93.67.28.
Accès : R. N. 532 Valence-Grenoble ; autoroute Lyon-Grenoble péage de Voreppe.
Ouverture : tous les jours sauf le 25 décembre et le 1er janvier.
Parcours : 18 trous - 6 251 m – Par 73.
Tarifs : 185 F en semaine et 250 F le week-end. En août : 125 F en semaine et 150 F le week-end.
Accueil : club-house, bar, restaurant, pro-shop, garderie.
Stages : contacter le golf.

Grenoble-Seyssins
Golf de Grenoble-Seyssins

✕ ✕

Adresse : 29, rue du Plâtre,
38180 Seyssins.
Tél. : 04.76.70.12.63.
Accès : autoroute A 48, sortie Seyssins, ou de Grenoble, rocade-sud, sortie Seyssins.
Ouverture : tous les jours, sauf entre Noël et le 1er janvier.
Parcours : 9 trous - 2 500 m - Par 33.
Tarifs : 100 F en semaine et 140 F le week-end.
Accueil : club-house, bar, restaurant, pro-shop.
Hcp : carte verte ou 35.
Stages : contacter le golf.

Gretz-Armainvilliers
Golf Clément-Ader

× × ×

Adresse : Domaine du Château Percire,
77220 Gretz-Armainvilliers.
Tél. : 01.64.07.34.10.
Accès : de Paris, par l'autoroute A4 puis la nationale N. 4 direction Nancy.
Ouverture : tous les jours sauf le mardi.
Parcours : 18 trous - 6 323 m - Par 72.
Tarifs : *Haute saison :* 250 F en semaine et 450 F le week-end. *Basse saison :* 180 F en semaine et 320 F le week-end.
Accueil : club-house, bar, restaurant, pro-shop, sauna, jacuzzi, garderie.
Hcp : non exigé.
Stages : contacter le golf.

De ce terrain décolla il y a plus d'un siècle l'avion de Clément Ader, mais de nos jours ce ne sont plus les avions qui risquent de s'envoler, mais bien votre carte de score ! Ce parcours est à prendre avec beaucoup de précaution, car additionner des fairways étroits – où quelques pièces d'eau viennent s'intégrer – à des greens parfaitement défendus par des remparts de bunkers vous permettra de comprendre pourquoi sagesse et technique devront être vos conseillères. Club-house superbe et accueil délicatement nippon.

Guerville-Mantes-la-Jolie
Golf-sur-Seine

×

Adresse : La Plagne,
78930 Guerville.
Tél. : 01.30.92.45.45.
Accès : autoroute A13 sortie Mantes-est, puis suivre le fléchage par D. 158.
Ouverture : tous les jours.
Parcours : 9 trous - 2 885 m - Par 35+ 3 trous compact. 18 trous : 5 873 m – Par 72 + 3 trous école.
Tarifs : *Haute saison :* 150 F en semaine et 270 F le week-end. *Basse saison :* 125 F en semaine et 225 F

le week-end. Juillet et août : 100 F en semaine et 200 F le week-end.
Accueil : club-house, snack-bar, restaurant, pro-shop.
Hcp : carte verte ou tee d'or.
Stages : contacter le golf.

Guignicourt
Golf de Menneville

Adresse : 02190 Guignicourt.
Tél. : 03.23.79.79.88.
Accès : de Reims, prendre la direction de Neufchâtel, puis Menneville et le golf est indiqué.
Ouverture : fermé le mardi d'octobre au 15 mars.
Parcours : 9 trous - 2 145 m - Par 33.
Tarifs : 90 F en semaine et 110 F le week-end.
Accueil : club-house, bar, restaurant, pro-shop.
Hcp : non exigé.
Stages : contacter le golf.

Gujan-Mestras
Golf de Gujan-Mestras

Adresse : route de Sanguinet, 33470 Gujan-Mestras.
Tél. : 05.56.66.86.36.
Accès : de Bordeaux, prendre l'A 63 en direction d'Arcachon, sortie la Hume, puis le golf est indiqué.
Ouverture : tous les jours.
Parcours : 18 trous - 6 225 m - Par 72 + 9 trous - 2 635 m - Par 35.
Tarifs : *Haute saison :* 18 trous : 260 F ; 9 trous : 170 F. *Basse saison :* 18 trous : 200 F en semaine et 260 F le week-end ; 9 trous : 140 F en semaine et 170 F le week-end.
Accueil : club-house, bar, restaurant, pro-shop.
Hcp : carte verte.
Stages : contacter le golf.

Ce golf situé à proximité de la baie d'Arcachon offre un parcours à l'américaine. Son tracé relativement plat, entre pins et bruyère, reste abordable pour tous les joueurs, même si certains plans d'eau et un grand nombre de bunkers viennent troubler la tranquillité de votre partie. La possibilité de pouvoir y jouer durant toute l'année dans des conditions équivalentes ajoute à ce golf un atout supplémentaire.

Hardelot
Golf d'Hardelot

✕ ✕ ✕

Adresse : avenue du Golf, 62152 Neufchâtel-Hardelot.
Tél. : 03.21.83.73.10.
Accès : R. N. 1 jusqu'à Montreuil-sur-Mer, puis Etales-Hardelot par R. N. 40.
Ouverture : tous les jours.
Parcours : Les Dunes : 18 trous - 6 031 m - Par 73 ; Les Pins : 18 trous : 5 871 m – Par 72.
Tarifs : *Haute saison :* 270 F en semaine et 320 F le week-end. *Basse saison :* 220 F en semaine et 270 F le week-end.
Accueil : club-house, bar, salon, restaurant, pro-shop.
Hcp : 35 ou carte verte.
Stages : contacter le golf.

Ces deux parcours de la côte d'Opale vous offrent autant de raisons de venir y jouer, afin d'y découvrir deux 18 trous aux tracés différents et aux paysages magnifiques. Pour tous les amateurs de nature et de golf, cette étape vous comblera. Club-house décevant à notre goût cependant, car trop futuriste par rapport à la tradition de l'endroit.

Hossegor
Association sportive du Golf d'Hossegor

X X X

Adresse : avenue du Golf,
40150 Hossegor.
Tél. : 05.58.43.56.99.
Accès : Bayonne R. N. 10 jusqu'à Labenne et R. N. 852.
Ouverture : tous les jours, sauf le mardi (hors saison).
Parcours : 18 trous - 5 920 m - Par 71.
Tarifs : *Basse saison :* 210 F en semaine et 250 F le week-end. *Haute saison :* 340 F.
Accueil : club-house, bar, restaurant, pro-shop.
Hcp : 28 Femmes – 24 hommes en saison.
Stages : non.

Ce golf fait partie des grands classiques de la côte landaise. Ce parcours au tracé forestier n'est pas facile à jouer la première fois car il demande une bonne connaissance du terrain, afin de pouvoir éviter tous les petits pièges représentés par les bunkers et les arbres. A noter l'entretien impeccable du terrain et l'accueil qui vous sera fait au club-house.

Houlgate
Golf de Beuzeval

X X

Adresse : Route de Gonneville,
14510 Houlgate.
Tél. : 02.31.24.80.49.
Accès : par Houlgate, à 2 km.
Ouverture : tous les jours, sauf le club-house, fermé le mercredi en basse saison.
Parcours : 18 trous - 5 769 m - Par 73.
Tarifs : *Basse saison :* 130 F en semaine et 180 F le week-end. *Haute saison :* 240 F.
Accueil : club-house, bar, restaurant (tél : 02.31.24.42.97.), pro-shop.
Hcp : carte verte.
Stages : contacter le golf.

Humières
Masako Ohya Golf Club

X X

Adresse : S. A. du golf d'Humières,
Château d'Humières,
60113 Monchy-Humières.
Tél. : 03.44.42.39.51.
Accès : autoroute A1 sortie n° 11, direction Compiègne.
Ouverture : tous les jours, sauf le mardi.
Parcours : 18 trous - 6 163 m - Par 71.
Tarifs : *Haute saison :* 180 F en semaine et 270 F le week-end. *Basse saison :* 150 F en semaine et 210 F le week-end.
Accueil : club-house, bar, restaurant, pro-shop, tennis.
Hcp : 36.
Stages : contacter le golf.

Hyères
Golf de Valcros

X X

Adresse : Domaine de Valcros,
83250 La Londe-les-Maures.
Tél. : 04.94.66.81.02.
Accès : par R. N. 98 direction Hyères, La Londe, puis golf fléché.
Ouverture : tous les jours, sauf le mardi, hors vacances scolaires.
Parcours : 18 trous - 5 274 m - Par 70.
Tarifs : 230 F en semaine et 280 F le week-end.
Accueil : club-house, bar, restaurant, pro-shop.
Hcp : 35 ou carte verte le week-end.
Stages : contacter le golf.

Un petit parcours aux allures sympathiques qui mérite d'être visité si vous passez dans la région du massif des Maures, où le paysage est absolument magnifique.

Ile de Ré
Golf de Trousse-Chemise
× ×

Adresse : route de la Levée-Verte,
17880 Les Portes-en-Ré.
Tél. : 05.46.29.69.37.
Accès : de La Rochelle, prendre la direction de l'île de Ré, puis Ars et le golf est indiqué.
Ouverture : tous les jours.
Parcours : 9 trous - 2 360 m - Par 32.
Tarifs : *Haute saison :* 200 F. *Moyenne saison :* 150 F. *Basse saison :* 100 F.
Accueil : club-house, bar, pro-shop.
Hcp : carte verte.
Stages : contacter le golf.

Illie
Golf de Vert Parc
× ×

Adresse : route d'Ecuelles,
59480 Illie.
Tél. : 03.20.29.37.87.
Accès : de Lille, prendre l'A 25 en direction de Béthune, sortie n°6, puis prendre la R.N. 41 vers Illie, ensuite le golf est fléché.
Ouverture : tous les jours.
Parcours : 18 trous - 6 536 m - Par 73.
Tarifs : *Haute saison :* 180 F en semaine et 250 F le week-end. *Basse saison :* 160 F en semaine et 230 F le week-end.
Accueil : club-house, bar, restaurant, pro-shop, salle de billard et de bridge.
Hcp : carte verte.
Stages : contacter le golf.

Isle-d'Abeau
Golf public de L'Isle-d'Abeau

Adresse : Le Rival,
38080 L'Isle-d'Abeau.
Tél. : 04.74.43.28.84.
Accès : de Lyon, autoroute A43, direction Grenoble, sortie Isle-d'Abeau-Est, puis direction Saint-Alban-de-Roche (golf à la sortie du village).
Ouverture : tous les jours.
Parcours : 9 trous - Par 36 - 2 985 m + 5 trous compacts.
Tarifs : 9 trous : 100 F en semaine et 160 F le week-end, 80 F le mardi. 5 trous : 50 F en semaine et 75 F le week-end.
Accueil : club-house, bar, restaurant, pro-shop.
Hcp : non exigé.
Stages : non.

L'Isle-Adam
Golf de L'Isle-Adam

Adresse : 1, Chemin des Vannaux,
95290 L'Isle-Adam.
Tél. : 05.34.08.11.11.
Accès : de Paris, prendre l'A 1, sortie Beaumont sur Oise, puis direction L'Isle-Adam.
Ouverture : tous les jours, sauf le mardi.
Parcours : 18 trous - 6 230 m - Par 72.
Tarif : 200 F en semaine et 300 F le week-end.
Accueil : club-house, bar, restaurant, pro-shop.
Hcp : carte verte ou 35.
Stages : contacter le golf.

Voir liste des golfs p. 343

L'Isle-Jourdain
Golf Las-Martines

Adresse : route de Sainte-Livrade,
32600 L'Isle-Jourdain.
Tél. : 05.62.07.27.12.
Accès : à 32 km de Toulouse. A la sortie de L'Isle-Jourdain, prendre la route de Sainte-Livrade, direction Montbrun.
Ouverture : fermé le mercredi en hiver.
Parcours : 9 trous - 2 800 m - Par 35.
Tarif : 110 F en semaine et 160 F le week-end.
Accueil : club-house, bar et restaurant, pro-shop.
Hcp : non exigé.
Stages : l'été. Contacter le golf.

Isola 2000
Golf d'Isola 2000

Adresse : 06420 Isola 2000.
Tél. : 04.93.23.90.10.
Accès : de Auron, prendre la R.D. 205 vers Saint-Sauveur-sur-Tinée, puis la R.D. 97 en direction d'Isola 2000.
Ouverture : ouvert de juin à septembre.
Parcours : 18 trous - 5 200 m - Par 69.
Tarif : 230 F.
Accueil : club-house, bar, restaurant, pro-shop.
Hcp : carte verte ou 35.
Stages : contacter le golf.

Issoudun
Golf Club des Sarrays

Adresse : Les Sarrays Sainte-Fauste,
36100 Issoudun.

Tél. : 02.54.49.54.49.
Accès : quitter la N. 151 entre Châteauroux et Issoudun direction Neuvy-Pailloux, ensuite le golf est fléché.
Ouverture : tous les jours sauf le mardi en hiver.
Parcours : 9 trous (18 départs) - 5 140 m - Par 70.
Tarifs : 100 F en semaine et 130 F le week-end.
Accueil : club-house, bar, snack, pro-shop.
Hébergement : hôtels à proximité du golf.
Hcp : non exigé (licence).
Stages : à la demande, contacter le golf.

Un parcours intéressant qui contentera les joueurs de tous niveaux, grâce à son aspect technique traversant plaine et forêt. Une région de France relativement méconnue qui mérite pourtant le détour

Ivry-le-Temple
Golf des Templiers

X X

Adresse : 60173 Ivry-le-Temple.
Tél. : 04.44.08.73.72.
Accès : prendre l'A15, sortie Marines, puis la D. 22 jusqu'à Hénonville et la D. 105 jusqu'à Ivry-le-Temple.
Ouverture : tous les jours.
Parcours : 18 trous - 6 147 m - Par 71.
Tarif : *Haute saison :* 100 F en semaine et 230 F le week-end. *Basse saison :* 100 F en semaine et 200 F le week-end.
Accueil : club-house, bar, restaurant, pro-shop, garderie le week-end.
Hcp : 35 ou carte verte.
Stages : contacter le golf.

Janvry
Golf de Marivaux
X X X

Adresse : Bois de Marivaux,
91640 Janvry.
Tél. : 01.64.90.85.85.
Accès : de Paris, prendre la R.N.20, puis direction Janvry et le golf est fléché.
Ouverture : tous les jours.
Parcours : 18 trous - 6 100 m - Par 72.
Tarifs : 250 F en semaine et 400 F le week-end.
Accueil : club-house, bar, restaurant, pro-shop, sauna, jacuzzi, salle de billard, salle de jeux.
Hcp : carte verte.
Stages : contacter le golf.

> Très bel environnement forestier… du moins à la vue, car pour ce qui est des balles, méfiance ! Parcours varié, comportant de nombreux dévers et obstacles d'eau. Un vrai « test » de golf qui est, de plus, bucolique et charmant.

La Bastide-de-Sérou
Golf-Club de l'Ariège
X X

Adresse : Unjat,
09240 La Bastide-de-Sérou.
Tél. : 05.61.64.56.78.
Accès : R. N. 20. Tourner à Foix en direction de Saint-Girons.
Ouverture : tous les jours.
Parcours : 18 trous - 6 000 m - Par 71.
Tarifs : 135 F en semaine et 185 F le week-end.
Accueil : club-house, bar, restaurant, pro-shop.
Hcp : 35 ou carte verte.
Stages : contacter le golf.

La Baule
Golf de La Baule

× × × ×

Adresse : Domaine de Saint-Denac,
44117 Saint-André-des-Eaux.
Tél. : 02.40.60.46.18.
Accès : La Baule par Escoublac. Route Saint-André-des-Eaux - Aurillac.
Ouverture : tous les jours, sauf le mardi (hors-saison) d'octobre à mars.
Parcours : 18 trous - 6 127 m - Par 72 + 9 trous - 2 881 m - Par 35.
Tarifs : *Haute saison :* 320 F pour 18 trous et.180 F pour 9 trous. *Moyenne saison :* 240 F en semaine et 280 F le week-end ; 9 trous : 130 F en semaine et 155 F le week-end. *Basse saison :* 180 F pour 18 trous et 100 F pour 9 trous.
Accueil : club-house, snack, restaurant, bar, discothèque.

> Très belle réalisation qui complète magnifiquement les installations de la célèbre station balnéaire. Situé sur un plateau dominant La Baule, ce golf a été dessiné par l'architecte anglais Peter Alliss. Méfiance : les trous n'ont pas l'air trop difficiles de prime abord mais gare ! L'eau, les nombreux dévers à l'entrée des greens auront tôt fait de vous abîmer une carte de score. Mais qu'importe ! L'environnement, l'ambiance unique de ce club, propriété de la chaîne Lucien Barrière vous auront séduits depuis longtemps...

La Bretesche-Missillac
Golf de La Bretesche

× × ×

Adresse : Domaine de La Bretesche,
44780 Missillac.
Tél. : 02.40.88.30.03.
Accès : Nantes-Vannes après Pont-Château, sortie Missillac R. D. 2.
Ouverture : tous les jours.
Parcours : 18 trous - 6 080 m - Par 72.
Tarifs : *Haute saison :* 300 F. *Moyenne saison :* 250 F. *Basse saison :* 180 F.

Accueil : club-house, restaurant, Hôtel du Golf de La Bretesche (self en saison), pro-shop, bar, piscine, tennis.
Hcp : 35 ou carte verte.
Stages : contacter le golf.

Un site chevaleresque qui semble imprenable, avec son château défendu par des douves et un lac de 18 hectares. A l'inverse, le parcours reste tout à fait abordable et ne présente pas de réelles difficultés, malgré des fairways assez étroits et quelques trous délicats comme le 6, le 16 et le 17.
Avec une possibilité d'hébergement sur place, ce golf mérite que l'on s'y arrête, d'autant que l'hôtel, situé dans les anciens communs du château, a été totalement rénové.

Lacanau
Golf de l'Ardilouse

X X X

Adresse : Domaine de l'Ardilouse,
33680 Lacanau-Océan.
Tél. : 05.56.03.25.60.
Accès : Bordeaux 45 km sur la nouvelle rocade, du pont d'Aquitaine, Mérignac, sortie Soulac-Lacanau. A l'aéroport de Mérignac, embranchement Soulac-Lacanau.
Ouverture : tous les jours.
Parcours : 18 trous - 5 926 m - Par 72.
Tarifs : *Haute saison :* 240 F. *Moyenne saison :* 190 F en semaine et 240 F le week-end. *Basse saison :* 160 F en semaine et 180 F le week-end.
Accueil : club-house, bar, restaurant, pro-shop.
Hcp : non exigé.
Stages : contacter le golf.

Le sport tient une place prépondérante dans la vie de cette station balnéaire, qui organise et reçoit chaque année plusieurs compétitions internationales de planche à voile et de surf. Le golf fait partie de cette dynamique sportive, et propose un parcours tracé dans une forêt de pins au relief légèrement ondulé, où les obstacles d'eau viennent semer le trouble sur un 18 trous « physique », constituant un véritable challenge.

Lacanau-Océan
Golf de la Méjane
× ×

Adresse : route de l'Atlantique,
33680 Lacanau-Océan.
Tél. : 05.56.03.28.80.
Accès : indiqué du centre-ville.
Ouverture : tous les jours.
Parcours : 9 trous - 3 209 m - Par 36.
Tarifs : *Haute saison :* 100 F. *Basse saison :* 80 F.
Accueil : club-house en préfabriqué.
Hcp : carte verte ou 35.
Stages : U.C.P.A

La Canourgue
Le Sabot
× × ×

Adresse : Route des gorges du Tarn,
48500 La Canourgue.
Tél. : 04.66.32.84.00.
Accès : N. 9 axe Paris-Perpignan, prendre la route des gorges du Tarn.
Ouverture : fermé du 31 décembre au 12 février et le mardi d'octobre à avril.
Parcours : 9 trous - 2 325 m - Par 33.
Tarifs : 100 F en semaine et 120 F le week-end.
Accueil : club-house, pro-shop, bar, restaurant.
Hcp : non exigé.
Stages : contacter le golf.

> Les gorges du Tarn sont des hauts lieux du canoë-kayak et de la spéléologie, mais elles détiennent aussi de très beaux parcours de golf, comme celui du Sabot. Un tracé en dévers, aux fairways étroits entourés de bois, vous donnera la sensation d'être seul au monde.
> L'accueil chaleureux et souriant en fait une étape très agréable.

La Chapelle-en-Vercors
Golf-Club de La Chapelle-en-Vercors

✕ ✕

Adresse : Quartier Les Baumes,
26420 La Chapelle-en-Vercors.
Tél. : 04.75.48.11.62.
Accès : par Romans, Grenoble, Die.
Ouverture : du 1er mai au 1er novembre.
Parcours : 9 trous - 2 200 m - Par 33.
Tarifs : non communiqués.
Accueil : club-house, bar, restaurant, pro-shop.
Hcp : 35.
Stages : contacter le golf.

La Ferté-Saint-Aubin
Golf des Aisses

✕ ✕ ✕

Adresse : route nationale 20 sud,
45240 La Ferté-Saint-Aubin.
Tél. : 02.38.64.80.87.
Accès : d'Orléans, prendre la R.N. 20 en direction de La Ferté-Saint-Aubin, puis le golf est fléché.
Ouverture : fermé le mercredi de novembre à fin février.
Parcours : trois 9 trous : Rouge - 3 220 m - Par 36 ; Blanc - 3 218 m - Par 36 ; Bleu - 3 318 m - Par 36.
Tarifs : 18 trous : 180 F en semaine et 250 F le week-end. 9 trous : 100 F en semaine et 150 F le week-end.
Accueil : club-house, bar, snack, piscine.
Hcp : non exigé.
Stages : non.

Voir liste des golfs p. 343

La Ferté-Saint-Aubin
Golf de Sologne
✕ ✕

Adresse : Country-Club des Olleries,
Route de Jouy-le-Potier,
45240 La Ferté-Saint-Aubin.
Tél. : 02.38.76.57.33.
Accès : N. 20 Orléans-La Ferté-Saint-Aubin. Entrée
« Bel Air », sur la D. 18, route de Jouy-le-Potier.
Ouverture : tous les jours.
Parcours : 18 trous - 6 400 m - Par 72 + 3 trous compact.
Tarifs : 100 F en semaine et 150 F le week-end.
Accueil : club-house, bar, restaurant, tennis.
Hcp : non exigé.
Stages : contacter le golf.

La Garde
Golf de Valgarde
✕

Adresse : chemin de Rabasson,
83130 La Garde.
Tél. : 04.94.14.01.05.
Accès : de Toulon, prendre l'A 8, sortie La Garde, puis le golf est fléché.
Ouverture : tous les jours.
Parcours : 18 trous - 5 480 m - Par 68.
Tarifs : 150 F en semaine et 200 F le week-end.
Accueil : club-house, bar, restaurant, pro-shop.
Hcp : 36.
Stages : contacter le golf.

Laguiole
Association sportive du Golf de Mézeyrac

×

Adresse : Association sportive du golf de Mézeyrac, Soulages-Bonneval,
12210 Laguiole.
Tél. : 05.65.44.41.41.
Accès : R. N. Saint-Flour-Rodez, direction Soulayes-Bonneval, lac des Galens, puis golf de Mézeyrac.
Ouverture : tous les jours.
Parcours : 9 trous - 2 564 m - Par 34.
Tarifs : *Haute saison :* 180 F. *Basse saison :* 120 F.
Accueil : club-house, bar, restaurant, pro-shop.
Hcp : 35 ou carte verte.
Stages : contacter le golf.

Laloubère-Tarbes
Golf des Tumulus

× ×

Adresse : 1, rue du Bois,
65310 Laloubère.
Tél. : 05.62.45.14.50.
Accès : de Tarbes, prendre la route de Bagneux.
Ouverture : tous les jours.
Parcours : 18 trous - 5 030 m - Par 70.
Tarifs : 150 F toute l'année.
Accueil : club-house, bar ,snack.
Hcp : non exigé.
Stages : contacter le golf.

> Golf et chevaux se marient très bien sur ce club qui est établi au milieu du champ de courses. Une école de jeunes très dynamique, un accueil charmant et des prix raisonnables contribuent à faire de Laloubère-Tarbes une heureuse réussite. D'autant plus que le parcours est lui aussi abordable... à toutes bourses et à tout swing !

Voir liste des golfs p. 343

Lamalou-les-Bains
Golf de Lamalou-les-Bains

Adresse : route de Saint-Pons,
34240 Lamalou-les-Bains.
Tél. : 04.67.95.15.15.
Accès : de Béziers, prendre la direction de Bédarieux, puis Lamalou-les-Bains et le golf est fléché.
Ouverture : tous les jours.
Parcours : 9 trous - 2 700 m - Par 35.
Tarifs : 100 F en semaine et 130 F le week-end.
Accueil : club-house, bar, restaurant, pro-shop.
Hcp : non exigé.
Stages : contacter le golf.

La Martre
Golf de Taulane

Adresse : route nationale 85,
83840 La Martre.
Tél. : 04.93.60.31.30.
Accès : de Cannes, prendre la direction de Grasse par la R.N. 85, puis Digne.
Ouverture : ouvert d'avril à octobre.
Parcours : 18 trous - 6 269 m - Par 72.
Tarifs : *juillet-août :* 350 F. *Basse saison :* 280 F en semaine et 350 F le week-end.
Accueil : club-house, bar, restaurant, pro-shop.
Hcp : hommes : 24 ; femmes : 28.
Stages : contacter le golf.

Le coup de crayon de Gary Player n'a d'égal que son talent de joueur. Taulane en est la preuve française. Ce parcours, situé sur la route Napoléon, procure le double plaisir de jouer, mais aussi de profiter du paysage magnifique qu'est l'arrière-pays varois. Une très grande réussite.

Lamballe
Golf-Club de la Crinière
×

Adresse : Manoir de la Ville-Gourio,
Morieux,
22400 Lamballe.
Tél. : 02.96.32.72.60.
Accès : route côtière Saint-Brieuc-Dinard 3 km, bretelle Saint-René, direction Pleneuf-Val-André.
Ouverture : tous les jours.
Parcours : 9 trous - 3 180 m - Par 36.
Tarifs : *Haute saison :* 140 F en semaine et 160 F le week-end. *Basse saison :* 120 F en semaine et 140 F le week-end.
Accueil : club-house, restaurant, pro-shop.
Hcp : 35.
Stages : non.

Lamorlaye
International Golf-Club du Lys-Chantilly
× × ×

Adresse : Rond-Point du Grand-Cerf,
Lys-Chantilly,
60260 Lamorlaye.
Tél. : 03.44.21.26.00.
Accès : gare de Chantilly et Paris-Nord R. N. 16 vers Lamorlaye.
Ouverture : tous les jours, sauf le mardi.
Parcours : « Les chênes » : 18 trous - 6 022 m - Par 70. « Les bouleaux » : 18 trous - 4 770 m - Par 66.
Tarifs : 250 F en semaine et 300 F le week-end (sur invitation uniquement).
Accueil : club-house, bar, restaurants, salon de bridge, tennis, piscine, garderie (réservée aux membres).
Hcp : *Chênes :* 24 hommes - 28 femmes. *Bouleaux :* 35.
Stages : réservés aux membres.

Ce club vous offrira la possibilité de jouer deux parcours : Les Chênes et Les Bouleaux, qui vous demanderont technique et précision, pour pouvoir passer les nombreux obstacles : bunkers, fairways étroits... Vous serez accueillis dans une ambiance sympathique en semaine uniquement, car le week-end, le club est réservé aux membres.

La Motte
Golf de Saint-Endréol

× × ×

Adresse : route de Bagnols-en-Forêt,
83920 La Motte.
Tél. : 04.94.99.22.99.
Accès : de Cannes, prendre l'A 8, sortie le Muy, puis prendre la direction de La-Motte-en-Provence, ensuite le golf est fléché.
Ouverture : tous les jours.
Parcours : 18 trous - 6 219 m - Par 72.
Tarifs : *Haute saison :* 300 F. *Basse saison :* 280 F.
Accueil : club-house, bar, restaurant, pro-shop, salles de séminaires, salle de billard.
Hcp : 35 ou carte verte.
Stages : contacter le golf.

Landouzy-la-Ville
Domaine du Tilleul

×

Adresse : Domaine du Tilleul,
02140 Landouzy-la-Ville,
Tél. : 03.23.98.18.00.
Accès : entre Hirson et Vervins, sur la route Charlemagne.
Ouverture : tous les jours.
Parcours : 18 trous - 5 200 m - Par 71.
Tarif : *Haute saison :* 150 F en semaine et 180 F le week-end. *Basse saison :* 120 F en semaine et 150 F le week-end.
Accueil : club-house, bar, restaurant, pro-shop, tennis.
Hcp : 36.
Stages : contacter le golf.

Langogne
Golf Club de Langogne-Barres

Adresse : Domaine de Barres,
48300 Langogne.
Tél. : 04.66.69.71.00.
Accès : de Langogne, prendre la direction de Mende, puis le golf est indiqué.
Ouverture : ouvert de mars à novembre.
Parcours : 9 trous - 2 643 m - Par 36.
Tarifs : *Haute saison :* 120 F. *Basse saison :* 100 F.
Accueil : club-house, bar, restaurant, pro-shop.
Hcp : non exigé.
Stages : contacter le golf.

Langon
Golf des Graves et du Sauternais

Adresse : Lac de Seguin,
33210 Saint-Pardon-de-Conques.
Tél. : 05.56.62.25.43.
Accès : A62 Bordeaux-Toulouse, sortie au péage de Langon direction Bazas, puis direction Auras jusqu'à la route de Brannens, le golf est à 3 km.
Ouverture : tous les jours.
Parcours : 18 trous - 5 801 m - Par 72.
Tarifs : *Haute saison :* 150 F en semaine et 180 F le week-end. *Basse saison :* 120 F en semaine et 150 F le week-end.
Accueil : club-house, bar, restaurant, pro-shop, garderie.
Hcp : non exigé.
Stages : contacter le golf.

Voir liste des golfs p. 343

Lannemezan
Golf de Lannemezan
✕ ✕

Adresse : 250, rue du Dr-Henri-Veberschlag, 65300 Lannemezan.
Tél. : 05.62.98.01.01.
Accès : sur R. N. 117 Lannemezan-Montréjeau. A 15 km de Montréjeau, route d'Arreau.
Ouverture : tous les jours.
Parcours : 18 trous - 5 872 m - Par 71.
Tarifs : *Haute saison :* 180 F en semaine et 210 F le week-end. *Basse saison :* 150 F en semaine et 180 F le week-end.
Accueil : club-house, bar, restaurant, pro-shop.
Hcp : non exigé.
Stages : contacter le golf.

Lanrivoare
Golf de Pen-Ar-Bed
✕ ✕

Adresse : route de Saint-Renan, 29290 Lanrivoare.
Tél. : 02.98.84.98.92.
Accès : R.N. 12 en direction de Brest, puis prendre la R.D.67 vers Saint-Renan, et la R.D. 68 en direction de Ploudalmezeau.
Ouverture : tous les jours.
Parcours : 9 trous - 2 443 m - Par 35.
Tarif : 125 F.
Accueil : club-house, bar, restaurant, pro-shop.
Hcp : carte verte.
Stages : contacter le golf.

Lanvollon
Golf du Bois-Gelin
✕ ✕

Adresse : Domaine du Bois-Gelin,
22290 Pléhédel.
Tél. : 02.96.55.33.40.
Accès : 10 km au sud de Paimpol par D. 6.
Ouverture : tous les jours.
Parcours : 2 x 9 trous - 2 150 m + 1 710 m - Par 63.
Tarif : 18 trous : 110 F en semaine et 150 F le week-end. 9 trous : 80 F en semaine et 100 F le week-end.
Accueil : club-house, bar, restaurant.
Hcp : non exigé.
Stages : non.

Laon
Golf de l'Ailette
✕ ✕

Adresse : 02860 Cerny-en-Laonnois.
Tél. : 03.23.24.83.99.
Accès : direction Cerny-en-Laonnois, D. 967, base de loisirs et parc nautique de la Vallée de l'Ailette à Chamouille.
Ouverture : tous les jours.
Parcours : 18 trous - 6 127 m - Par 72 + 9 trous - 1 753 m - Par 32.
Tarifs : *Haute saison :* 18 trous : 185 F en semaine et 240 F le week-end ; 9 trous : 80 F en semaine et 100 F le week-end. *Basse saison :* 18 trous : 120 F en semaine et 160 F le week-end ; 9 trous : 80 F en semaine et 100 F le week-end.
Accueil : club-house, bar, restaurant, pro-shop.
Hcp : 35 ou carte verte.
Stages : contacter le golf.

La Queue-lez-Yvelines
Golf des Yvelines
X X X

Adresse : Château de la Couharde
78940 La Queue-lez-Yvelines.
Tél : 05.34.86.48.89.
Accès : à 45 km à l'ouest de Paris par la N. 12.
Ouverture : fermé du 24 décembre au 7 janvier.
Parcours : Les Chênes : 18 trous - 6344 m - Par 72 ; Les Tilleuls : 9 trous - 2065 m - Par 31.
Tarifs : *Haute saison :* 18 trous : 160 F en semaine et 290 F le week-end ; 9 trous : 110 F en semaine et 120 F le week-end. *Basse saison :* 18 trous : 130 F en semaine et 250 F le week-end ; 9 trous : 100 F en semaine et 110 F le week-end.
Accueil : club-house, bar, restaurant, pro-shop, salles de réunion.
Hcp : 35 le week-end.
Stages : contacter le golf.

Une belle réussite pour ce club de la région parisienne, qui offre la possibilité de jouer deux parcours aux tracés forestiers et vallonnés. A l'exception de quelques côtes fatigantes, ce golf n'offre pas de difficultés majeures. Le club-house installé dans le château de la Couharde vous réservera un accueil et une table agréables.

La Roche-sur-Yon
Golf de la Domangère
X X X

Adresse : Route de la Rochelle,
85310 Nesmy.
Tél. : 02.51.07.60.15.
Accès : de La Roche-sur-Yon prendre direction Luçon, puis fléchage du golf.
Ouverture : tous les jours.
Parcours : 18 trous - 6 500 m - Par 72 + 4 trous d'entraînement.
Tarifs : *Haute saison :* 230 F. *Basse saison :* 140 F en semaine et 180 F le week-end.
Accueil : club-house, bar, restaurant, pro-shop, tennis, garderie (sur demande).

Hcp : 36.
Stages : contacter le golf.

> Question ? Sur quel golf se situe le plus long par 5 de France ? Eh bien ! sur le parcours de la Domangère, au style campagnard et peu boisé, mais aux pièces d'eau parfois problématiques pour certains joueurs.
> La qualité de l'hébergement et de la table sont sans reproche, et vous inciteront à revenir goûter aux charmes de la douceur vendéenne.

La Rochelle
Club des Prées de La Rochelle

✕ ✕

Adresse : 17137 Marcilly.
Tél. : 05.46.01.24.42.
Accès : à 8 km de la place de l'Hôtel-de-Ville à La Rochelle – fléchage.
Parcours : 18 trous - 6 012 m - Par 72 + 3 trous compact.
Ouverture : tous les jours.
Tarifs : *Haute saison :* 200 F en semaine et 240 F le week-end. *Basse saison :* 160 F en semaine et 200 F le week-end.
Accueil : club-house, bar, restaurant, pro-shop.
Hcp : non exigé.
Stages : contacter le golf.

La Selle-La Forge
Golf du Houlme

Adresse : 61100 La Selle-La Forge.
Tél. : 02.33.65.07.92.
Accès : de Caen, prendre la R.D. 962 en direction de Flers, puis prendre la R.D.18 vers Bagnoles-de-l'Orne et le golf est indiqué.
Ouverture : tous les jours.

Parcours : 9 trous - 2 044 m - Par 32.
Tarif : 80 F.
Accueil : mobil home.
Hcp : non exigé.
Stages : contacter le club 33.64.42.83.

La Tour-de-Salvagny
Golf de La Tour-de-Salvagny

X X X

Adresse : 100, rue des Granges,
69890 La Tour-de-Salvagny.
Tél. : 04.78.48.83.60.
Accès : portes de Lyon, direction La Tour-de-Salvagny.
Ouverture : tous les jours.
Parcours : 18 trous - 6 208 m - Par 72 + 9 trous compact.
Tarifs : *Haute saison :* 18 trous : 180 F en semaine et 250 F le week-end ; 9 trous : 90 F en semaine et 120 F le week-end. *Basse saison :* 18 trous : 130 F en semaine et 170 F le week-end ; 9 trous : 90 F en semaine et 120 F le week-end. *Juillet-août :* 18 trous : 100 F en semaine et 150 F le week-end.
Accueil : club-house, restaurant, pro-shop.
Hcp : 35 ou carte verte sur le 18 trous.
Stages : contacter le golf.

> Petit à petit la région lyonnaise s'est enrichie de parcours de golf, comme celui de La Tour-de-Salvagny, qui offre un tracé vallonné et sécurisant pour les joueurs moyens, car sans grand risque. Attention toutefois aux quelques pièces d'eau !

Laval
Golf-Club de Laval

X X

Adresse : Le Jariel,
53000 Changé-lès-Laval.

Tél. : 02.43.53.16.03.
Accès : 7 km au nord de Laval, route de Mayenne ou de Changé-lès-Laval. Ferme « Le Jariel » près de l'autoroute, sortie Laval centre.
Ouverture : tous les jours.
Parcours : 18 trous - 6 068 m - Par 72 ; 9 trous - 1 694 m - Par 30.
Tarif : *Haute saison :* 18 trous : 180 F en semaine et 220 F le week-end ; 9 trous : 120 F en semaine et 150 F le week-end. *Basse saison :* 18 trous : 100 F en semaine et 120 F le week-end ; 9 trous : 80 F en semaine et 100 F le week-end.
Accueil : club-house, bar, vestiaires, restaurant, pro-shop.
Hcp : carte verte sur le 18 trous.
Stages : contacter le golf.

Ce parcours mayennais semble avoir pris son envol et offre un 18 trous au relief accidenté obligeant à jouer quelques trous en aveugle.
Vous pourrez en outre profiter de superbes vues sur la Mayenne qui serpente non loin du golf.

La Villette-sur-Ain
Golf de la Sorelle

X X

Adresse : 01320 La Villette-sur-Ain.
Tél. : 04.74.35.47.27.
Accès : autoroute A42, sortie Ambérieu-Château-Gaillard, prendre direction Priay.
Ouverture : tous les jours.
Parcours : 18 trous - 6 200 m - Par 72.
Tarifs : 140 F en semaine et 190 F le week-end.
Accueil : club-house, bar, restaurant, pro-shop.
Hcp : non exigé.
Stages : toute l'année, consulter le golf.

Ce golf a su parfaitement tirer parti de la beauté du paysage environnant, et a contribué à faire de son parcours une heureuse balade où la détente et le jeu se marient parfaitement.

Voir liste des golfs p. 343

Lavaur
Golf des Étangs de Fiac
✕ ✕

Adresse : Brazis,
81500 Lavaur.
Tél. : 05.63.70.64.70.
Accès : R. D. 112 de Lavaur à Castres, près de Viterbe.
Ouverture : tous les jours.
Parcours : 18 trous - 5 800 m - Par 71.
Tarifs : 150 F en semaine et 200 F le week-end.
Accueil : club-house, bar, restaurant, pro-shop, piscine.
Hcp : non exigé.
Stages : contacter le golf.

La Wantzenau
Golf de La Wantzenau
✕ ✕

Adresse : C. D. 302,
67610 La Wantzenau.
Tél. : 03.88.96.37.73.
Accès : autoroute A35 de Strasbourg vers Paris, sortie Hoerdt par voie rapide, sortie n°5 La Wantzenau, tout droit au « cédez le passage » ; le golf est à 500 mètres sur la gauche.
Ouverture : tous les jours.
Parcours : 18 trous - 6 325 m - Par 72 + 4 trous compact.
Tarifs : *Haute saison :* 260 F en semaine et 400 F le week-end. *Basse saison :* 160 F en semaine et 220 F le week-end. 4 trous : 50 F en semaine et 110 F le week-end.
Accueil : club-house, bar, restaurant, pro-shop, garderie, chenil, sauna.
Hcp : 30 pour les hommes et 32 pour les femmes. Semaine : 35.
Stages : réservés aux membres.

> Au relief relativement plat, ce parcours offre tout de même de nombreuses raisons de l'apprécier, pièces d'eau, greens assez vastes et parfois surélevés... Le club-house est dans le plus pur esprit alsacien aussi bien pour sa table que pour son accueil.

Le Chambon-sur-Lignon
Golf du Chambon-sur-Lignon

✗ ✗

Adresse : Riondet, La Pierre de la Lune,
43400 Le Chambon-sur-Lignon.
Tél. : 04.71.59.28.10.
Accès : par Saint-Étienne : sortie Firminy, direction Monfaucon.
Ouverture : fermé du 15 novembre au 1er avril.
Parcours : 18 trous - 6 110 m - Par 72 + 3 trous compact.
Tarifs : *Haute saison :* 220 F. *Basse saison :* 150 F en semaine et 190 F le week-end. 4 trous : 30 F en semaine. *Juillet-août :* 35 F.
Accueil : club-house, bar, restaurant, pro-shop, garderie (sur demande).
Hcp : carte verte.
Stages : contacter le golf.

Le Coudray-Monceaux
Golf du Coudray

✗ ✗ ✗

Adresse : Avenue du Coudray,
91830 Le Coudray-Monceaux.
Tél. : 01.64.93.81.76.
Accès : autoroute A6, sortie Corbeil-sud, puis suivre les panneaux.
Ouverture : tous les jours, sauf le mardi et le 25 décembre.
Parcours : 18 trous - 5 637 m - Par 71 + 9 trous - 1 500 m - Par 30.
Tarifs : 18 trous : 260 F en semaine et 420 F le week-end. 9 trous : 100 F en semaine et 200 F le week-end.
Accueil : club-house, bar, restaurant, garderie.
Hcp : 18 trous : 35.
Stages : contacter le golf.

Ce club semble avoir mis toutes les chances de son côté pour réussir. Ce parcours tracé en forêt, aux fairways souvent étroits, demande de la retenue et de la technique pour pouvoir l'apprécier.
Les installations rénovées ces dernières années vous procureront de très heureux moments.

Le Havre
Golf du Havre

X X

Adresse : Hameau de Saint-Supplix,
76930 Octeville-sur-Mer.
Tél. : 02.35.46.36.50.
Accès : du Havre vers Etretat jusqu'à l'église d'Octeville, puis suivre les flèches sur la route de Montivilliers.
Ouverture : tous les jours.
Parcours : 18 trous - 5 770 m - Par 72.
Tarifs : 150 F en semaine et 250 F le week-end.
Accueil : club-house, bar, restaurant, salon, télévision, pro-shop, garderie (le week-end).
Hcp : 35 le week-end et carte verte en semaine.
Stages : contacter le golf.

Le Mans
Golf-Club du Mans

X X X

Adresse : route de Tours,
72230 Mulsanne.
Tél. : 02.43.42.00.36.
Accès : à 12 km au sud du Mans, en direction de Tours R. N. 158, virage de Mulsanne, circuit des « 24 heures ».
Ouverture : tous les jours.
Parcours : 18 trous - 5 742 m - Par 71.
Tarifs : 150 F en semaine et 180 F le week-end.
Accueil : club-house, bar, restaurant (fermés le mardi), vestiaires, douches, pro-shop.
Hcp : 35 ou carte verte.
Stages : contacter le golf.

Situé au milieu du circuit mythique des 24 heures du Mans, ce parcours bordé de pins, de bouleaux et de bruyères vous obligera à utiliser tous les coups du golf et à ne pas être trop gourmand dans vos intentions de jeu. Des greens bien défendus, des fairways étroits ainsi que les trous 8 et 14 joués en aveugle seront au programme de votre partie.
Belle promenade en perspective !

Le Neubourg
Golf-Club du Champ-de-Bataille
✕ ✕ ✕

Adresse : Château du Champ-de-Bataille,
27710 Le Neubourg.
Tél. : 02.32.35.03.72.
Accès : autoroute de l'Ouest – Sortie : Chaufour-Evreux ;
puis, direction Lisieux, Le Neubourg et fléchage.
Ouverture : tous les jours.
Parcours : 18 trous - 5 980 m - Par 72.
Tarifs : *Haute saison :* 220 F en semaine et 350 F le
week-end. *Basse saison :* 180 F en semaine et 220 F
le week-end.
Accueil : club-house, bar, restaurant, pro-shop.
Hcp : carte verte.
Stages : contacter le golf.

> Ce parcours normand est la parfaite illustration de
> l'harmonie qui doit règner entre l'architecture et la
> nature. Les amateurs de marches en forêt et de
> swings seront gâtés par ce parcours au relief ondulé
> et parsemé de pièces d'eau.
> Le club-house est superbe et mérite que l'on s'y
> arrête, car il s'agit d'un des plus beaux châteaux de la
> région : le Champ de Bataille.

Le Pian-Médoc
Golf du Médoc
✕ ✕ ✕

Adresse : Chemin de Courmateau, Louens,
33290 Le Pian-Médoc.
Tél. : 05.56.70.21.10.
Accès : rocade de Bordeaux, sortie n° 7, puis
direction Le Verdon.
Ouverture : tous les jours.
Parcours : 18 trous - 6 316 m - Par 71 ; 18 trous -
6 220 m - Par 71.
Tarifs : 210 F en semaine et 280 F le week-end.
Accueil : club-house, bar, restaurant, pro-shop,
garderie (réservée aux membres).
Hcp : 36.
Stages : contacter le golf.

Les Château et Les Vignes vous offriront deux 18 trous aux architectures différentes, le premier aux allures de links et qui semble être un des parcours préférés des pros, le second au tracé forestier et au relief linéaire. Pour tout golfeur qui se respecte, une halte au golf du Médoc est obligatoire.

Le Prieuré
Golf du Prieuré

✕ ✕ ✕

Adresse : 78440 Sailly.
Tél. : 01.34.76.70.12.
Accès : autoroute de l'Ouest vers Rouen, sortie Les Mureaux. Direction Magny-en-Vexin par Meulan D. 193 et D. 130.
Ouverture : tous les jours, sauf le mardi.
Parcours : *est :* 18 trous - 6 157 m - Par 72 ; *ouest :* 18 trous - 6 274 m - Par 72.
Tarifs : 260 F en semaine et 340 F le week-end sur invitation.
Accueil : club-house, bar, restaurant, pro-shop, tennis, piscine, garderie (tél. : 01.34.76.71.90).
Hcp : 35 ou carte verte.
Stages : réservés aux membres.

Magnifique site où l'on peut admirer un prieuré datant de la fin du XIe siècle, restauré pour en faire un club-house.
Les deux parcours sont eux aussi de belles réussites et ont permis d'accueillir durant plusieurs années l'open UAP-AXA récompensant le meilleur golfeur des moins de 25 ans.
Certainement l'un des plus beaux clubs de la région parisienne.

Voir liste des golfs p. 343

Le Puy-en-Velay
Golf-Club du Cros-du-Loup
✕ ✕

Adresse : Senilhac,
43000 Ceyssac Le Puy-en-Velay.
Tél : 04.71.09.17.77.
Accès : à partir du Puy-en-Velay, prendre la D. 590 direction Langeac, puis le golf est fléché.
Ouverture : tous les jours.
Parcours : 9 trous - 3044 m - Par 36 + 5 trous compact.
Tarifs : 100 F. 5 trous compact : 50 F.
Accueil : club-house, restaurant, bar, pro-shop.
Hcp : non exigé.
Stages : contacter le golf.

Situé sur un plateau dominant la ville du Puy-en-Velay, ce parcours naturel permettra aux amateurs de grand air de s'oxygéner tout en pratiquant leur loisir favori. Club bucolique par excellence.

Les Arcs
Golf d'Arc-Chantel
✕ ✕

Adresse : 73706 Les Arcs 1800.
Tél. : 04.79.07.43.95.
Accès : par Chambéry R. N. 90, Bourg-Saint-Maurice, Les Arcs.
Ouverture : fermé d'octobre à juin.
Parcours : 18 trous - 5 547 m - Par 69 + 9 trous compact.
Tarifs : *Haute saison :* 200 F. *Basse saison :* 150 F.
Accueil : club-house, bar, restaurant, pro-shop.
Hcp : 35 ou carte verte.
Stages : contacter le golf.

L'Aiguille rouge veille sur ce parcours montagneux, au relief accidenté et en dévers. L'important sera pour vous de bien maîtriser votre petit jeu afin de gérer au mieux votre handicap et peut-être l'améliorer. Ce golf de montagne permet aux balles de voler de manière très flatteuse pour l'ego des joueurs !

Les Baux-de-Provence
Golf des Baux-de-Provence

× ×

Adresse : Domaine de Manville,
13520 Les Baux-de-Provence,
Tél. : 04.90.54.40.20.
Accès : autoroute A7 sortie Avignon-sud, direction Saint-Rémy puis Maussane. Autoroute A7 sortie Salon, direction Arles, puis Mouries et Maussane.
Ouverture : tous les jours.
Parcours : 9 trous - 2 850 m - Par 36 + 9 trous compact.
Tarifs : 9 trous : 150 F. 9 trous compact : 50 F.
Accueil : club-house, bar, restaurant, pro-shop.
Hcp : carte verte.
Stages : contacter le golf.

> Situé dans une région qui n'est plus à présenter, le parcours des Baux est tracé entre pins et oliviers, et procure un sentiment de bien-être unique à la Provence. Les tables avoisinantes sont d'aussi belle facture que le golf… ce qui n'est pas peu dire !

Les Deux-Alpes
Golf des Deux-Alpes

×

Adresse : Chalet Hibernatus,
116, avenue de la Muzelle,
38860 Les Deux-Alpes.
Tél. : 04.76.80.52.89.
Accès : de Grenoble, prendre la R.N. 91 vers Briançon, puis la R.D. 213 vers Les Deux-Alpes.
Ouverture : tous les jours de mi-juin à mi-septembre.
Parcours : 9 trous - 2 020 m - Par 31.
Tarif : 95 F.
Accueil : club-house, bar, pro-shop.
Hcp : non exigé.
Stages : contacter le golf.

Les Gets
Golf des Gets

✕ ✕

Adresse : route de Chavannes,
74200 Les Gets.
Tél. : 04.50.75.87.63.
Accès : de Lyon, prendre l'A 40, sortie Annemasse, puis prendre la R.D.903 en direction de Thonon, puis la R.D.902 vers Les Gets.
Ouverture : du 15 juin au 1er novembre.
Parcours : 18 trous - 5 226 m - Par 70.
Tarifs : *Haute saison :* 190 F. *Basse saison :* 160 F en semaine et 190 F le week-end.
Accueil : club-house, bar, restaurant, pro-shop.
Hcp : carte verte.
Stages : contacter le golf.

Lésigny
Golf du Réveillon

✕ ✕

Adresse : Ferme des Hyverneaux,
77150 Lésigny.
Tél. : 01.60.02.17.33.
Accès : autoroute A4, sortie Pontault-Combault, Francilienne sortie Lésigny, puis le golf est fléché.
Ouverture : fermé le 25 décembre et le 1er janvier.
Parcours : 18 trous - 6 136 m - Par 72 + 9 trous - 2 861 m - Par 35 + 9 trous compact.
Tarifs : 18 trous : 165 F en semaine et 245 F le week-end. 9 trous : 135 F en semaine et 165 F le week-end. Compact : 90 F en semaine et 120 F le week-end.
Accueil : club-house, bar, restaurant, pro-shop.
Hcp : 35 en semaine. 32 le week-end pour 18 trous.
Stages : contacter le golf.

Voir liste des golfs p. 343

Les Rousses
Golf du Rochat

Adresse : Le Rochat,
route du Noirmont,
39220 Les Rousses.
Tél. : 03.84.60.06.25.
Accès : R. N. 5 Paris-Genève, puis route de Bois-d'Amont à 1 km du centre des Rousses.
Ouverture : tous les jours d'avril au 15 décembre.
Parcours : 18 trous - 5 900 m - Par 71.
Tarifs : 180 F en semaine et 250 F le week-end. 120 F le mercredi.
Accueil : club-house, bar, restaurant, pro-shop.
Hcp : 35 ou carte verte le week-end.
Stages : contacter le golf.

Les Rousses
Golf du Mont-Saint-Jean

Adresse : 286 route du Mont-Saint-Jean,
39220 Les Rousses.
Tél. : 03.84.60.09.71.
Accès : de Genève, prendre direction Cointrain, puis Vallorbe et Les Rousses par la vallée de Gioux.
Ouverture : fermé du 15 novembre au 15 avril.
Parcours : 18 trous - 6 125 m - Par 72 + 6 trous compact.
Tarifs : 160 F en semaine et 240 F le week-end.
Accueil : club-house, bar, restaurant, pro-shop, centre équestre.
Hcp : non exigé.
Stages : de mai à octobre, contacter le golf.

> Ce parcours bucolique et charmant mérite d'être davantage connu. Œuvre familiale qui offre un accueil très chaleureux.

Le Touquet
Golf-Club du Touquet

XXXX

Adresse : avenue du Golf,
62520 Le Touquet-Paris-Plage.
Tél. : 03.21.05.68.47.
Accès : avenue du Touquet et avenue du Golf.
Ouverture : tous les jours.
Parcours : « Forêt » : 18 trous - 5 773 m - Par 71 ; « Mer » 18 trous - 6 330 m - Par 72 + 9 trous - 2 816 - Par 35.
Tarifs : 18 trous : *Haute saison :* 250 F en semaine et 320 F le week-end. *Basse saison :* 120 F en semaine et 180 F le week-end. 9 trous : *Haute saison :* 180 F en semaine et 240 F le week-end. *Basse saison :* 80 F en semaine et 120 F le week-end.
Accueil : club-house, bar, restaurant, pro-shop.
Hcp : *Mer :* 24 pour les hommes - 28 pour les femmes ; *Forêt :* 35.
Stages : contacter le golf.

> Que dire de ce club mythique, si ce n'est qu'il faut le découvrir !
> Les paysages y sont toujours aussi magnifiques quel que soit le parcours emprunté : la mer, la forêt, les dunes... vous permettront ainsi d'oublier durant la partie le temps qui passe !
> Mais votre tranquillité sera peut-être troublée par l'un des ennemis juré du golfeur : le vent !
> La technicité du parcours, reconnue par la venue de bon nombre de tournois du circuit européen au cours des années passées, vous obligera à rester concentré, car sinon la sanction sera immédiate !

Le Tremblay-sur-Mauldre
Académie de golf du Tremblay-sur-Mauldre

XX

Adresse : 78490 Le Tremblay-sur-Mauldre,
Tél. : 01.34.94.25.25.
Accès : de Montfort-l'Amaury prendre la direction du Tremblay-sur-Mauldre.

Ouverture : tous les jours, sauf mardi en basse saison.
Parcours : 9 trous - 3 100 m - Par 36 + 9 trous compact.
Tarifs : *Haute saison :* 9 trous : 100 F en semaine et 180 F le week-end ; 9 trous compact : 60 F en semaine et 80 F le week-end. *Basse saison :* 9 trous : 80 F en semaine et 140 F le week-end ; 9 trous compact : 40 F en semaine et le week-end.
Accueil : club-house, bar, restaurant, pro-shop.
Hcp : carte verte.
Stages : contacter le golf.

> Ce golf est un des pools de l'enseignement dans la région parisienne. Chaque trou est étudié pour que les joueurs puissent travailler leur jeu dans les meilleures conditions possibles. Bravo !

Leucate
Golf de la Pinède

X

Adresse : 8, rue Raoul-Cabas,
11370 Leucate.
Tél. : 04.68.40.70.40.
Accès : de Narbonne, prendre l'autoroute « La Catalane » vers Perpignan-Barcelone, sortie Leucate sur voie rapide puis golf fléché.
Ouverture : tous les jours, sauf le mois de janvier.
Parcours : 9 trous - 2 340 m - Par 34.
Tarifs : 110 F en semaine et 130 F le week-end.
Accueil : club-house, restaurant.
Hcp : non exigé.
Stages : contacter le golf.

Ligné
Golf de l'île d'Or

X X X

Adresse : 44850 Le Cellier,
Tél. : 02.40.98.58.00.

Accès : par la R. N. 23 direction Ancenis-Angers, prendre le bateau à la cale de Clermont.
Ouverture : tous les jours sauf le mardi.
Parcours : 18 trous - 6 292 m - Par 72 + 9 trous - 1 217 m - Par 27.
Tarifs : 18 trous : 170 F en semaine et 230 F le week-end. 9 trous : 80 F en semaine et 100 F le week-end.
Accueil : club-house, bar, restaurant, pro-shop.
Hcp : non exigé.
Stages : contacter le professeur.

Entouré par la Loire ! Voilà votre situation lorsque vous êtes sur le parcours de l'Ile d'Or. Ce 18 trous vous réserve de bonnes surprises notamment grâce à un tracé assez technique et à certains greens imprévisibles. Le château du regretté Louis de Funès surplombe l'ensemble. Excellent esprit de club, sous la houlette du « président musicien » Jacques Le Breton.

Lille
Golf de Bondues
X X X

Adresse : Château de la Vigne,
59587 Bondues.
Tél. : 03.20.23.20.62.
Accès : de Lille, R. N. 7 vers Ostende. Dans le domaine de la Vigne, après l'aéroport de Bondues.
Ouverture : tous les jours, sauf le mardi.
Parcours : 18 trous - 6 261 m - Par 73 ; 18 trous - 6 012 m - Par 72.
Tarifs : 200 F en semaine et 300 F le week-end.
Accueil : club-house, bar, restaurant, pro-shop, salle de billard.
Hcp : 30.
Stages : contacter le golf.

L'un des grands golfs de la région lilloise, où deux parcours vous seront proposés, le Jaune conçu par Hawtree, où les nombreux arbres en jeu et l'importante présence de bunkers à l'approche des greens seront les fers de lance des difficultés présentes sur ce 18 trous. Le parcours blanc a pour particularité d'avoir été créé par les Trent-Jones père et fils, et d'avoir comme principale difficulté la présence fréquente de pièces d'eau.

Lille
Golf du Sart
✗ ✗ ✗

Adresse : 5, rue Jean-Jaurès,
59650 Villeneuve-d'Ascq.
Tél. : 03.20.72.02.51.
Accès : de Lille, prendre le boulevard Lille-Roubaix. Au lieu-dit « Le Sart », prendre à droite.
Ouverture : tous les jours, sauf le lundi.
Parcours : 18 trous - 5 721 m - Par 71.
Tarifs : 250 F en semaine et 300 F le week-end, 500 F le week-end complet, 1/2 tarif pour les invités accompagnés d'un membre du club ou pour les joueurs des quatre golfs de la région (la métropole).
Accueil : club-house, bar, restaurant.
Hcp : 30.
Stages : contacter le golf.

> Troisième haut lieu du golf dans la région lilloise, et non des moindres ! Un superbe château club-house confortable, où l'accueil est fort sympathique. Le parcours pourrait s'inscrire dans la catégorie des « difficiles », car court, boisé et étroit, ce qui en fait un 18 trous assez technique. Alors prudence et ne soyez pas trop gourmand !

Limoges
Golf municipal de Limoges-Saint-Lazare
✗ ✗

Adresse : avenue du Golf,
87000 Limoges.
Tél. : 05.55.30.21.02.
Accès : R. N. 20 vers Toulouse. Golf à la sortie de Limoges.
Ouverture : tous les jours.
Parcours : 18 trous - 6 222 m - Par 72.
Tarif : 95 F.
Accueil : club-house, bar, restaurant, piscine, tennis.
Hcp : 35 ou carte verte.
Stages : contacter le golf.

Limoges
Golf de la Porcelaine
X X X

Adresse : Célicroux,
87350 Panazol.
Tél. : 05.55.31.10.69.
Accès : 6 km au nord-est de Limoges. Route de Clermont-Ferrand.
Ouverture : tous les jours (fermé le mardi en hiver).
Parcours : 18 trous - 6 035 m - Par 72.
Tarifs : 150 F en semaine et 200 F le week-end. 200 F du 15 juin au 15 septembre.
Accueil : club-house, bar, restaurant, pro-shop.
Hcp : 35.
Stages : contacter le golf.

La porcelaine est un matériau fragile, tout comme votre carte de score qui pourrait le devenir, si vous ne prenez pas garde à ce parcours tout en variations, où dévers, obstacles d'eau, terrain accidenté et arbres viennent semer le trouble. Méfiance !

Lixy
Golf des Ursules
X X

Adresse : 89140 Lixy.
Tél. : 03.86.66.58.46.
Accès : autoroute A 6, sortie Fontainebleau ou Nemours, puis prendre la direction de Sens.
Ouverture : tous les jours.
Parcours : 9 trous - 3 040 m - Par 36.
Tarif : *Haute saison :* 100 F en semaine, 80 F le mardi et 150 F le week-end. *Basse saison :* 100 F en semaine, 80 F le mardi et 130 F le week-end.
Accueil : club-house, restaurant.
Hcp : carte verte ou 35.
Stages : contacter le golf.

Lons-le-Saunier
Golf du Val de Sorne

X X X

Adresse : Domaine du Val de Sorne,
39570 Lons-le-Saunier.
Tél. : 03.84.43.04.80.
Accès : de Lons-le-Saunier, prendre direction Macornay puis le golf est fléché.
Ouverture : tous les jours.
Parcours : 18 trous - 6 270 m - Par 72 + 6 trous compact.
Tarifs : *Haute saison :* 200 F en semaine et 250 F le week-end. *Basse saison :* 170 F en semaine et 190 F le week-end.
Accueil : club-house, bar, restaurant, pro-shop, piscine, tennis, sauna, billard, garderie (sur demande).
Hcp : 36 et carte verte.
Stages : contacter le golf.

Quelle joie ! Quelle heureuse découverte. Né de la volonté d'un homme, Christian de Grivel, ce parcours, avec son ensemble Club et hôtel, offre tout ce qu'il y a de mieux : un environnement bucolique et charmant, au pied du village natal de Rouget de Lisle, Montaigu, et, surtout, un parcours-bijou entouré de clochers d'église. Un petit effort sur le fléchage et tout sera parfait.

Loudun
Golf public Saint-Hilaire

X X X

Adresse : Domaine de Saint-Hilaire,
86120 Roiffé.
Tél. : 05.49.98.78.06.
Accès : de Paris par A10, vers Orléans, par Tours, puis R. N. 152. Traverser la Loire à Port-Boulet, vers D. 7, direction Montsoreau, puis D. 147 jusqu'à Loudun.
Ouverture : tous les jours.
Parcours : 18 trous - 6 343 m - Par 72 + 6 trous école.
Tarifs : *Haute saison :* 200 F en semaine et 240 F le week-end. *Basse saison :* 180 F en semaine et 220 F le week-end.

Accueil : club-house, bar, restaurant, pro-shop, piscine, tennis, billard, garderie (sur demande).
Hcp : non exigé.
Stages : contacter le golf ou consulter le Minitel.

> La Bonne Dame a laissé la place à un parcours long et étendu. Dans l'ensemble assez indulgent, tout comme l'équipe de direction au tempérament accueillant.

Lourdes
Golf de Lourdes

Adresse : Route du Lac,
65100 Lourdes.
Tél. : 05.62 42.02.06.
Accès : R. N. Pau-Lourdes, à 2 km direction Pau.
Ouverture : tous les jours.
Parcours : 18 trous - 5 672 m - Par 72.
Tarifs : 120 F en semaine et 140 F le week-end.
Juillet-août : 150 F en semaine et 170 F le week-end.
Accueil : club-house, bar, restaurant, pro-shop.
Hcp : non exigé.
Stages : toute l'année, contacter le golf.

> Un golf à Lourdes : c'est un miracle ! Son état-major est composé de grands rugbymen français, ce qui prouve, si besoin en était, que golf et rugby sont nés aux mêmes endroits (Commonwealth, Afrique du Sud, Ecosse et Pays Basque, Sud-Ouest) et faits pour s'entendre...

Louviers
Golf du Vaudreuil

Adresse : 27100 Le Vaudreuil.
Tél. : 02.32.59.02.60.
Accès : autoroute de l'Ouest, sortie Louviers-sud.

Ouverture : tous les jours, sauf le mardi en basse saison.
Parcours : 18 trous - 6 320 m - Par 73.
Tarif : 175 F en semaine et 250 F le week-end.
Accueil : club-house, bar, restaurant, pro-shop.
Hcp : carte verte.
Stages : contacter le golf.

L'entraînement fédéral s'y déroule deux fois par an, à Pâques et à la Toussaint. C'est dire l'intérêt mérité de ce parcours très long, parfois trop long pour certains, puisque quelques Par 5 méritent au moins quatre jolis coups, pour atteindre... le green en 3 ! Droit, long, précis, voilà les qualités requises, presque un jeu d'enfant. Des améliorations sont réalisées ponctuellement, les départs viennent d'être refaits. Côté club-house, vous êtes reçu dans une chaleureuse ferme normande au toit de chaume, il règne une ambiance amicale et chaque remise de prix se fête dans la joie. Les gourmands seront comblés : hormis les traditionnels repas, des petits « dix heures tout chauds » et des goûters sucrés font partie des festivités...

Lucenay-sur-Anse
Golf-Club du Beaujolais

✕ ✕ ✕

Adresse : 69480 Lucenay-sur-Anse.
Tél. : 04.74.67.04.44.
Accès : autoroute A6, sortie Anse direction Lucenay.
Ouverture : tous les jours.
Parcours : 18 trous - 6 137 m - Par 72 + 5 trous compact.
Tarifs : *Haute saison :* 190 F en semaine et 260 F le week-end. *Basse saison :* 130 F en semaine et 170 F le week-end.
Accueil : club-house, bar, restaurant, pro-shop, garderie (le week-end).
Hcp : carte verte.
Touring pro : Raphaël Jacquelin.
Stages : contacter le golf.

La région lyonnaise est célèbre pour sa grande cuisine ainsi que pour ses vins. Elle devrait le devenir aussi pour le golf, grâce à des parcours comme celui du Beaujolais. Situé sur un terrain de 70 hectares, ce

18 trous au relief légèrement ondulé, aux obstacles d'eau latéraux, aux bunkers souvent immenses et aux greens très vastes est une réussite.
Pour asseoir cette réussite, le club-house et l'accueil qui vous seront réservés mériteraient de faire des émules.

Luchon
Golf de Luchon

X X

Adresse : route de Montauban,
31110 Bagnère-de-Luchon.
Tél. : 05.61.79.03.27.
Accès : R. N. 125 Toulouse-Luchon.
Ouverture : tous les jours.
Parcours : 9 trous - 2 200 m - Par 33.
Tarifs : *Haute saison :* 140 F en semaine et 160 F le week-end. *Basse saison :* 110 F en semaine et 130 F le week-end.
Accueil : club-house, bar, pro-shop, restaurant.
Hcp : carte verte.
Stages : contacter le golf.

Lumbres
A.A Saint-Omer Golf Club

X X X

Adresse : chemin des Bois,
Acquin-Westbecourt,
62380 Lumbres.
Tél. : 03.21.38.59.90.
Accès : de Paris, prendre l'A 26 en direction de Calais, sortie Saint-Omer-Wisques, puis prendre la direction de Boulogne, sortie Acquin-Lumbres ensuite le golf est fléché.
Ouverture : tous les jours.
Parcours : 18 trous - 6 313 m - Par 72 + 9 trous 2 015 m - par 31.

Tarifs : *Haute saison :* 18 trous : 230 F en semaine et 270 F le week-end. *Moyenne saison :* 180 F en semaine et 220 F le week-end. *Basse saison :* 120 F en semaine et 180 F le week-end ; 9 trous de 90 F en semaine à 150 F en week-end.
Accueil : club-house, bar, restaurant, pro-shop, billard, garderie (sur réservation).
Hcp : 35 sur le 18 trous.
Stages : contacter le golf.

Luzarches
Golf de Mont-Griffon
X X X

Adresse : D. 909, B. P. 7
95270 Luzarches.
Tél. : 01.34.68.10.10.
Accès : autoroute A1, sortie Survilliers, puis prendre la N. 1, accès direct sur le golf à Viarmes par la 909 ou à Luzarches par la D. 922.
Ouverture : tous les jours.
Parcours : 18 trous - 5 908 m - Par 72 ; 9 trous compact + 9 trous - 2 903 m - Par 35.
Tarifs : *Haute saison :* 18 trous : 180 F en semaine et 380 F le week-end ; 9 trous : 110 F en semaine et 180 F le week-end. *Basse saison :* 18 trous : 160 F en semaine et 350 F le week-end ; 9 trous : 100 F en semaine et 150 F le week-end. 9 trous compact : 80 F en semaine et 100 F le week-end.
Accueil : club-house, bar, restaurant (tél. : 01.34.68.04.22), pro-shop, piscine, jacuzzi, sauna, garderie.
Hcp : week-end : carte verte, 35 pour le 18 trous.
Stages : contacter le golf.

Un club qui mérite toute votre attention, car agréable aussi bien pour ses parcour, que pour l'accueil et les installations qui vous sont offertes. Assurément l'un des plus beaux practices de France.

Lyon
Golf de Lyon-Chassieu
✕ ✕

Adresse : Route de Lyon,
69680 Chassieu.
Tél. : 04.78.90.84.77.
Accès : autoroute A43, sortie Chassieu, direction Eurexpo Visiteurs.
Ouverture : tous les jours.
Parcours : 18 trous - 5941 m - Par 70.
Tarifs : 160 F en semaine et 220 F le week-end.
Accueil : club-house, bar, restaurant, pro-shop, piscine, tennis.
Hcp : non exigé
Stages : contacter le golf.

Situé à quelques minutes du centre de Lyon, ce club propose un parcours agréable sans grosse difficulté et une ambiance chaleureuse.

Lyon
Golf de Lyon-Villette-d'Anthon
✕ ✕ ✕

Adresse : 38230 Villette-d'Anthon.
Tél. : 04.78.31.11.33.
Accès : centre de Lyon par Villeurbanne, boulevard périphérique. Décines (N. 517), Jonage (D. 55).
Ouverture : tous les jours.
Parcours : 18 trous - 6 229 m - Par 72. 18 trous 6 228 m - Par 72 + 6 trous compact.
Tarifs : 220 F en semaine, 330 F. Juillet et août : 140 F en semaine et 190 F le week-end.
Accueil : club-house, bar, restaurant, pro-shop, salle de bridge.
Hcp : 35.
Stages : contacter les pros (04.72.02.25.79).

Ce club privé de la région lyonnaise offre deux parcours : Les Brocards et Les Sangliers. Le premier permettra aux joueurs de tous les niveaux de pouvoir tirer leur épingle du jeu. Le deuxième est plus exigeant et demande une bonne longueur de balle ainsi qu'un jeu de fer complet afin de pouvoir éviter les nombreux pièges tendus par les obstacles d'eau et les bunkers. Ambiance un tantinet compassée cependant.

Lyon
Golf de Lyon-Verger

× ×

Adresse : Mas de l'Allemande, 69360 Saint-Symphorien-d'Ozon.
Tél. : 04.78.02.84.20.
Accès : autoroute A7 sortie Solaize. Traverser Solaize vers R. N. 7. Couper R. N. 7. Golf à 1 km.
Ouverture : tous les jours.
Parcours : 18 trous - 5 570 m - Par 70.
Tarifs : 180 F en semaine et 250 F le week-end.
Accueil : club-house, bar, restaurant, pro-shop.
Hcp : non exigé.
Stages : contacter le golf.

Mâcon
Golf de La Salle

× ×

Adresse : 71260 La Salle-Mâcon Nord.
Tél. : 03.85.36.09.71.
Accès : autoroute A6, sortie Mâcon Nord, direction R. N. 6, puis le golf est fléché.
Ouverture : tous les jours sauf du 15 décembre au 15 février.
Parcours : 18 trous - 6 024 m - Par 71 + 9 trous compact.
Tarifs : 150 F en semaine et 200 F le week-end. (20 % pour les licenciés de la ligue Rhône-Alpes-Bourgogne).
Accueil : club-house, bar, restaurant, pro-shop, centre équestre.
Hcp : carte verte pour le 18 trous.
Stages : toute l'année, contacter le golf.

Si vous recherchez un club agréable et sympathique, le golf de La Salle pourrait être cet oiseau. Parcours naturel et club-house accueillant. Reste, que pour des raisons qui nous échappent, ce club, « déchiré » entre deux amours, golf et polo, tarde un peu à grandir.

Mâcon
Golf de la Commanderie

✕ ✕

Adresse : Laumusse,
01290 Crottet.
Tél. : 03.85.30.44.12.
Accès : à l'est de Mâcon sur R. N. 79 Mâcon-Bourg.
Ouverture : tous les jours, sauf mardi.
Parcours : 18 trous - 5 561 m - Par 70.
Tarifs : *Haute saison :* 200 F en semaine, 220 F le week-end. *Basse saison :* 100 F en semaine et 120 F le week-end.
Accueil : club-house, bar, restaurant, pro-shop.
Hcp : non exigé.
Stages : contacter le golf.

Heureuse réalisation pour ce parcours technique aux greens protégés par de nombreux bunkers et obstacles d'eau.
Une belle occasion vous est offerte de profiter d'un club attachant, où le personnel a fait des progrès question amabilité. Il faut dire qu'ilpartait d'assez bas !

Madine
Golf de Madine

✕

Adresse : 55210 Nonsard Lamarche.
Tél. : 03.29.89.56.00.
Accès : autoroute Paris-Strasbourg, sortie Fresne en-Woëvre et Vigneulles.

Ouverture : d'avril à novembre.
Parcours : 9 trous - 3 027 m - Par 36.
Tarifs : 85 F en semaine et 100 F le week-end.
Accueil : club-house, pro-shop, tennis.
Hcp : non exigé.
Stages : contacter le golft.

Maintenon
Golf du château de Maintenon

× × ×

Adresse : route de Gallardon,
28130 Maintenon.
Tél. : 02.37.27.18.09.
Accès : N. 10 Rambouillet, Épernon, puis D. 906 vers Maintenon.
Ouverture : tous les jours.
Parcours : 18 trous - 6 395 m - Par 72 + 9 trous - 1 550 m - Par 30.
Tarifs : 18 trous : 160 F en semaine et 320 F le week-end. 9 trous : 100 F en semaine et 150 F le week-end.
Accueil : club-house, bar, restaurant, pro-shop, billard, garderie (le week-end).
Hcp : 35 sur le 18 trous.
Stages : sur demande, contacter le golf.

> Le château de Maintenon veille sur ce parcours boisé, où les joueurs traversent à maintes reprises l'Eure, et passent sous l'aqueduc construit par Vauban permettant d'amener l'eau jusqu'au château de Versailles. Situé sur deux plateaux, ce parcours est relativement plat, sauf entre le green du 4 et le départ du 5, il vous faudra prendre votre respiration avant d'attaquer une côte pentue.

Voir liste des golfs p. 343

Mallemort
Pont-Royal Country Club
✕ ✕ ✕

Adresse : Pont-Royal en Provence,
13390 Mallemort.
Tél. : 04.90.57.40.79.
Accès : de Aix, à 35 km par la R.N.7, en direction d'Avignon puis le golf est indiqué.
Ouverture : tous les jours.
Parcours : 18 trous - 6 307 m - Par 72.
Tarifs : du 1er mai au 31 octobre : 300 F. *Basse saison :* 200 F.
Accueil : club-house, bar, restaurant, pro-shop, piscine, tennis.
Touring pro : Marie-Laure de Lorenzi.
Hcp : carte verte.
Stages : contacter le golf.

> Pour un coup d'essai, c'est une réussite signée Pierre et Vacances Prestige ! L'architecte Severiano Ballesteros semble être aussi talentueux que le joueur. Un parcours aux fairway assez larges, aux vastes bunkers, aux obstacles d'eau très présents, au rough de garrigue fait que ce 18 trous est d'une grande technicité. Pour les débutants, ce parcours n'est pas à conseiller, car il peut fortement décourager même les plus téméraires. Le club-house est superbe, et mérite que l'on profite de son charme et de l'accueil souriant qui vous sera réservé.

Mandelieu
Riviera Golf-Club
✕ ✕

Adresse : avenue des Amazones,
06210 Mandelieu.
Tél. : 04.92.97.67.67.
Accès : autoroute du Sud, sortie Mandelieu-La Napoule, prendre direction Fréjus.
Ouverture : tous les jours.
Parcours : 18 trous - 5736 m - Par 72 + 3 trous d'entraînement.
Tarifs : 240 F en semaine et 270 F le week-end.

Accueil : club-house, bar, restaurant, pro-shop, tennis.
Hcp : 35.
Stages : à la demande.

Manosque
Golf de Pierrevert

✕ ✕

Adresse : Domaine de la Grande Gardette, 04860 Pierrevert.
Tél. : 04.92.72.17.19.
Accès : autoroute jusqu'à Manosque ; direction Pierrevert, puis, prendre la route de La Bastide-des-Jourdans.
Ouverture : tous les jours, sauf le mardi.
Parcours : 18 trous - 5 566 m - Par 72.
Tarifs : 180 F.
Accueil : club-house, bar, restaurant, pro-shop.
Hcp : non exigé.
Stages : contacter le golf.

Marcilly-en-Villette
Golf de Marcilly-en-Villette

✕ ✕

Adresse : Domaine de la Plaine, 45240 Marcilly-en-Villette
Tél. : 02.38.76.11.73.
Accès : à 15 km au sud d'Orléans. Prendre la R. N. 20 jusqu'au Novotel puis direction Saint-Cyr-en-Val. Ensuite, la route de Marcilly-en-Villette.
Ouverture : tous les jours, sauf le mardi.
Parcours : 18 trous - 6 324 m - Par 72 + 9 trous compact + 9 trous pitch and putt.
Tarifs : 130 F en semaine et 170 F le week-end. *Compact :* 50 F. *Pitch and putt :* 90 F.
Accueil : club-house, bar, restaurant, pro-shop.
Hcp : carte verte.
Stages : contacter le golf.

Marcq-en-Barœul
Golf des Flandres

Adresse : 137, boulevard Clemenceau,
59700 Marcq-en-Barœul.
Tél. : 03.20.72.20.74.
Accès : lieu-dit « Le Croisé-Laroche », Marcq-en-Barœul.
Ouverture : tous les jours.
Parcours : 9 trous - 2 329 m - Par 33.
Tarif : 180 F.
Accueil : club-house, bar, snack.
Hcp : 30.
Stages : non.

Marcq-en-Barœul
Golf du Septentrion

Adresse : chemin Poivré,
59700 Marcq-en-Barœul.
Tél. : 03.20.89.05.25.
Accès : de Lille, prendre l'autoroute de Gand, puis direction Dunkerque, sortie Marcq-en-Barœul, direction centre de Loisirs et le golf est indiqué.
Ouverture : ouvert les vendredis et samedis toute l'année.
Parcours : 9 trous - 1 517 m - Par 30.
Tarif : 90 F.
Accueil : club-house, bar, restaurant, pro-shop.
Hcp : carte verte.
Stages : contacter le golf.

Marly
Golf de la Grange-aux-Ormes

Adresse : rue de la Grange-aux-Ormes
57157 Marly.
Tél : 03.87.63.10.62.
Accès : de Metz, prendre direction Marly-Frescaty.
Ouverture : tous les jours sauf le mardi.
Parcours : 18 trous - 6 200 m - Par 72 + 9 trous - 2 001 m - Par 31.
Tarifs : *Haute saison :* 18 trous : 200 F en semaine et 230 F le week-end ; 9 trous : 130 F en semaine et 150 F le week-end. *Basse saison :* 18 trous : 160 F en semaine et 180 F le week-end ; 9 trous : 100 F en semaine et 120 F le week-end.
Accueil : club-house, bar, restaurant, pro-shop.
Hcp : 35 ou carte verte pour le 18 trous.
Stages : contacter le golf.

> Le parcours n'est ni très long ni très difficile. Un peu banal toutefois dans sa conception. Il a pourtant l'avantage de se situer dans une région pauvre en clubs de golf.
> Très bonne vie de club à signaler, dirigeants motivés et avenants.

Marmande
Golf de Marmande

Adresse : « Carpette »,
47200 Marmande.
Tél. : 05.53.20.87.60.
Accès : A62 Bordeaux-Toulouse, sortie Marmande, golf fléché depuis le centre-ville.
Ouverture : tous les jours, sauf le mardi.
Parcours : 9 trous - (18 départs) - 5 810 m - Par 71.
Tarifs : 100 F.
Accueil : club-house, snack-bar, salon, pro-shop, (tél. : 05.53.64.21.30.).
Hcp : non exigé.
Stages : vacances scolaires.

Marolles-en-Brie
Golf de Marolles-en-Brie

Adresse : Mail de la Justice,
94440 Marolles-en-Brie.
Tél. : 01.45.95.18.18.
Accès : autoroute A4, puis prendre la N. 19 direction
Troyes, le golf se trouve à 3 kilomètres après Boissy-
Saint-Léger.
Ouverture : tous les jours.
Parcours : 9 trous - 2 278 m - Par 33.
Tarifs : *Haute saison :* 130 F en semaine et 150 F le
week-end. *Basse saison :* 120 F en semaine et 125 F
le week-end.
Accueil : club-house, bar, restaurant, pro-shop.
Hcp : carte verte.
Stages : contacter le golf.

> Parcours d'initiation typique de ce qui se fait en
> région parisienne. L'environnement est assez éloigné
> des dunes d'Ecosse et ce 9 trous, Par 33, ne laisse pas
> un souvenir golfique impérissable. Mais il a, lui aussi,
> le mérite des tarifs et des sourires accueillants.

Marnes-la-Coquette
Golf du Parc Départemental
du Haras de Jardy

Adresse : boulevard de Jardy,
92430 Marnes-la-Coquette.
Tél. : 01.47.01.11.14.
Accès : de Paris, prendre l'autoroute A 13, sortie
Versailles Nord.
Ouverture : tous les jours.
Parcours : 9 trous compact - 1 600 m - Par 30.
Tarifs : 105 F en semaine et 140 F le week-end. Pour
les habitants des Hauts de-Seine : 90 F en semaine et
130 F le week-end.
Accueil : club-house, retauration rapide, bar, tennis,
hôtels de la région.
Hcp : 35 ou carte verte.
Stages : toute l'année.

Ce 9 trous compact initiatique implanté sur le domaine du Haras de Jardy vous permettra en une heure et demie de travailler votre jeu tout en découvrant un paysage verdoyant composé de forêt et de pâturages.

Marne-la-Vallée
Golf de Disneyland Paris

X X X

Adresse : allée de la Mare-Houleuse,
77450 Magny-le-Hongre.
Tél. : 01.60.45.69.14.
Accès : de Paris, prendre l'A 4 en direction de Metz, sortie Eurodisneyland, puis le golf est fléché.
Ouverture : tous les jours.
Parcours : trois 9 trous : Orange - 3 094 m - Par 36 ; Vert - 2 905 m - Par 36 ; Violet - 3 127 m - Par 36.
Tarifs : *Haute saison :* 160 F en semaine et 270 F le week-end. *Basse saison :* 120 F en semaine et 200 F le week-end.
Accueil : club-house, bar, restaurant, pro-shop.
Hcp : carte verte.
Stages : contacter le golf.

Le savoir-faire américain s'est bien exporté. La preuve en est faite sur ces trois parcours de Disneyland Paris où les immenses greens se conjuguent aux nombreux obstacles d'eau. Professionnels et amateurs y trouveront bon nombre de qualités. Le golf de Mickey atteint aujourd'hui sa pleine maturité. Accueil remarquable.

Marseille
Golf Country-Club de la Salette

X X

Adresse : impasse des Vaudrans,
13011 Marseille.

Tél. : 04.91.27.12.16.
Accès : autoroute Est, sortie La Valentine.
Ouverture : tous les joursi.
Parcours : 18 trous - 5 900 m - Par 70 + 9 trous compact.
Tarifs : 190 F en semaine et 250 F le week-end. 9 trous : 100 F.
Accueil : club-house, restaurants, bar, salles de réunions et séminaires, piscine, tennis.
Hcp : 35.
Stages : contacter le golf.

> Situé sur une colline à proximité du centre-ville de Marseille, ce club vous offrira un parcours vallonné et assez étroit, au paysage très pagnolesque.

Marssac-sur-Tarn
Golf de Florentin-Gaillac

× ×

Adresse : Le Bosc, 81150 Florentin.
Tél. : 05.63.55.20.50.
Accès : Toulouse-Albi, 5 km après Albi prendre direction Florentin.
Ouverture : tous les jours.
Parcours : 18 trous - 6 150 m - Par 71.
Tarifs : 170 F en semaine et 210 F le week-end.
Accueil : club-house, bar, restaurant, pro-shop, piscine.
Hcp : non exigé.
Stages : contacter le golf.

Masseube
Golf de Gascogne

× ×

Adresse : Aux Stournes, 32140 Masseube.

Tél. : 05.62.66.03.10.
Accès : de Toulouse et de Auch, direction Masseube.
Ouverture : tous les jours.
Parcours : 9 trous - 3 025 m- Par 36.
Tarifs : 100 F en semaine et 120 F le week-end.
Accueil : club-house, bar, restaurant, pro-shop.
Hcp : non exigé.
Stages : toute l'année, contacter le golf.

> Neuf trous agréables, dans un paysage environnant qui ne l'est pas moins.

Mazamet
Golf de la Barouge

X X X

Adresse : 81660 Pont-de-l'Arn.
Tél. : 05.63.61.06.72.
Accès : à 2 km au nord de Mazamet.
Ouverture : tous les jours.
Parcours : 18 trous - 5 635 m - Par 70.
Tarifs : 160 F en semaine et 220 F le week-end.
Accueil : club-house, bar, restaurant, pro-shop.
Hcp : non exigé.
Stages : contacter le Pro (63.61.79.79).

Mazières-en-Gatines
Golf du Petit-Chêne

X X

Adresse : 79130 Mazières-en-Gatines.
Tél. : 05.49.63.20.95.
Accès : entre Niort et Parthenay - fléchage - le golf est situé à 1 km de Mazières.
Ouverture : tous les jours.
Parcours : compact 6 trous + 18 trous - 6 015 m - Par 72.
Tarifs : 150 F en semaine et 195 F le week-end. Compact : 35 F en semaine et 60 F le week-end.

Accueil : club-house, bar, restaurant, pro-shop.
Hcp : non exigé.
Stages : contacter le golf pendant vacances scolaires.

Meaux-Boutigny
Golf de Meaux-Boutigny

X X

Adresse : rue de Barrois,
77470 Boutigny.
Tél. : 01.60.25.63.98.
Accès : à 7 km au sud de Meaux, direction Coulommiers.
Ouverture : tous les jours, sauf le mardi.
Parcours : 18 trous - 5 961 m - Par 72 + 9 trous d'entraînement -1 499 m - Par 30.
Tarifs : 180 F en semaine et 300 F le week-end pour le 18 trous. 100 F en semaine et 150 F le week-end pour le 9 trous.
Accueil : club-house, bar, restaurant, tennis garderie le week-end.
Hcp : non exigé.
Stages : contacter le golf.

Megève
Golf du Mont-d'Arbois

X X X

Adresse : Le Mont-d'Arbois,
74120 Megève.
Tél. : 04.50.21.29.79.
Accès : de Megève, route du Mont-d'Arbois.
Ouverture : tous les jours, de la fin mai à la Toussaint
Parcours : 18 trous - 6 100 m - Par 72.
Tarifs : *Basse saison :* 200 F. *Du 15 juillet au 25 août* 300 F.
Accueil : club-house, bar, restaurant, salon de bridge, pro-shop.
Hcp : 30.
Stages : juin et septembre.

Fondé par la famille Rothschild, le golf du Mont-d'Arbois est accessible à tous les types de joueurs. La progression se fera en douceur malgré quelques petits pièges représentés par des bunkers assez fréquents tout au long du parcours.
Ajoutez à cela une vue imprenable sur le massif du Mont-Blanc et vous comprendrez alors pourquoi ce club est tellement apprécié par nombre de joueurs. Accueil à améliorer cependant.

Ménigoute
Golf du Château des Forges

X X

Adresse : Les Forges,
79340 Ménigoute.
Tél. : 49.69.91.77.
Accès : autoroute A 10, sortie n° 21, prendre la direction de Saint-Maixent-l'Ecole, puis Ménigoute.
Ouverture : tous les jours, sauf le restaurant qui est fermé le mardi en basse saison.
Parcours : trois 9 trous : Bleu - 3 183 m - Par 36 ; Blanc - 3 224 m - Par 36 ; Rouge - 3 217 m - Par 36.
Tarifs : 200 F en semaine et 250 F le week-end. 160 F en semaine et 200 F le week-end, si vous faites partie d'un club.
Accueil : club-house, bar, restaurant, pro-shop.
Hcp : carte verte.
Stages : contacter le golf.

Méribel
Association sportive du Golf de Méribel-Les Allues

X X X

Adresse : 73553 Méribel.
Tél. : 04.79.00.52.67.
Accès : de Chambéry R. N. 6 et 90 pour Albertville-Moutiers.

Ouverture : tous les jours, de juin à octobre.
Parcours : 18 trous - 5 500 m - Par 70.
Tarifs : *du 10 juillet au 18 août :* 270 F ; *du 1er au 9 juillet et du 19 au 31 août :* 220 F. *Basse saison :* 150 F.
Accueil : club-house.
Hcp : carte verte.
Stages : pro : 79.08.52.33.

Très joli golf de montagne avec une intense vie de club animée en été par l'ancien skieur Georges Mauduit. Méribel n'est pas un monstre de difficultés, même si une bonne condition physique y est de mise.

Mesnil-Saint-Laurent
Golf de Saint-Quentin-Mesnil

Adresse : rue du Chêne-de-Cambrie,
02720 Mesnil-Saint-Laurent.
Tél. : 03.23.68.19.48.
Accès : sortie autoroute A26 direction Ribemont.
Ouverture : tous les jours sauf.
Parcours : 9 trous - (18 départ) - 6 040 m - Par 72.
Tarifs : *Haute saison :* 150 F en semaine et 180 F le week-end. *Basse saison :* 100 F en semaine et 130 F le week-end.
Accueil : club-house, bar, restaurant, pro-shop.
Hcp : carte verte.
Stages : contacter le golf.

Mesnil-sous-Jumièges
Golf de Jumièges

Adresse : 76480 Duclair.
Tél. : 02.35.05.32.97.
Accès : autoroute A13 direction Le Havre après Rouen, sortie Pont de Brotonne, puis suivre le fléchage Jumièges.

Ouverture : tous les jours, sauf du 24 décembre au 2 janvier.
Parcours : 18 trous - 6 040 m - Par 72 ; 6 trous d'initiation.
Tarifs : 110 F en semaine et 150 F le week-end. 6 trous initiation : 50 F.
Accueil : club-house, restaurant, pro-shop, tennis, bar.
Hcp : non exigé.
Stages : toute les semaines de mars à novembre (UCPA).

> Situé entre Paris et Deauville, ce parcours de forêt vous offrira une halte sympathique. La proximité d'une abbaye millénaire constitue en outre un atout certain.

Metz
Golf de Metz-Chérizey

X X

Adresse : Château de Chérizey,
57420 Verny.
Tél. : 03.87.52.70.18.
Accès : au sud, sud-est de Metz, vers Nancy par Nomény C. D. 913, vers Pournoy-la-Grasse.
Ouverture : tous les jours (club-house fermé le lundi).
Parcours : 18 trous - 6 172 m - Par 72.
Tarifs : 170 F en semaine et 240 F le week-end.
Accueil : club-house, bar, restaurant, pro-shop, billard, tennis.
Hcp : non exigé.
Stages : contacter le golf.

Voir liste des golfs p. 343

Metz-Technopole
Golf de Metz-Technopole

Adresse : rue Félix-Savart,
57070 Metz.
Tél. : 03.87.20.33.11.
Accès : de Metz, direction Technopole.
Ouverture : tous les jours, sauf le lundi en hors-saison.
Parcours : 18 trous - 5 774 m - Par 71 + 6 trous compact.
Tarifs : 155 F en semaine et 230 F le week-end. 6 trous : 65 F en semaine et 95 F le week-end.
Accueil : club-house, bar, restaurant, pro-shop.
Hcp : carte verte.
Stages : contacter le golf.

Mijoux
Golf de la Valserine

Adresse : La Pellagrue,
01410 Mijoux.
Tél. : 04.50.41.31.56.
Accès : autoroute A 40, sortie Bellegarde-sur-Valserine, puis prendre la direction du col de la Faucille, par la vallée de la Valserine, puis Mijoux et le golf est ensuite fléché.
Ouverture : tous les jours de mai à novembre.
Parcours : 9 trous - 2 700 m - Par 34.
Tarifs : 70 F en semaine et 90 F le week-end.
Accueil : club-house, bar, restauration rapide, pro-shop.
Hcp : 36.
Stages : contacter le golf.

Mionnay
Golf-Club de la Dombes

✕ ✕ ✕

Adresse : Domaine du Beau Logis,
01390 Mionnay.
Tél. : 05.78.91.84.84.
Accès : au nord de Lyon, emprunter la R. N. 83 jusqu'à Mionnay. Tourner à droite devant le restaurant Chapel, puis rouler pendant 1,5 km environ sans quitter le chemin communal.
Ouverture : tous les jours.
Parcours : 5 990 m - Par 71.
Tarifs : 180 F en semaine et 250 F le week-end.
Accueil : club-house, bar, restaurant, pro-shop.
Hcp : 35 ou carte verte.
Stages : contacter le golf.

Un golf qui mérite que l'on s'y arrête. Le charme et la douceur de son paysage sont un ravissement pour les yeux. Le parcours s'est parfaitement fondu dans cet environnement vallonné aux multiples pièces d'eau.

Miramas
Golf de Miramas

✕ ✕

Adresse : Mas de la Combe,
13140 Miramas.
Tél. : 04.90.50.38.45.
Accès : autoroute A 7, sortie Salon-de-Provence, puis prendre la direction de Miramas.
Ouverture : tous les jours.
Parcours : 18 trous - 5 753 m - Par 72.
Tarifs : 140 F en semaine et 190 F le week-end.
Accueil : bar, pro-shop.
Hcp : carte verte ou 35.
Stages : oui, contacter le golf.

Moisson
Golf de Moisson
✕ ✕

Adresse : Base de loisirs de Moisson,
78840 Moisson.
Tél. : 05.34.79.39.00.
Accès : de Paris, prendre l'A 13, sortie échangeur de Bonnières.
Ouverture : tous les jours.
Parcours : 18 trous - 5 495 m - Par 70 + 6 trous - 727 m - Par 18.
Tarifs : 80 F en semaine et 120 F le week-end. 6 trous : 30 F.
Accueil : espace détente et petit pro-shop.
Hcp : non.
Stages : contacter le golf.

Moliets
Golf de la Côte d'Argent
✕ ✕ ✕

Adresse : 40660 Moliets.
Tél. : 05.58.48.54.65.
Accès : A63 Bordeaux-San Sebastian. A 45 km au nord de Biarritz, prendre la R. N. 10 Bordeaux-Bayonne.
Ouverture : tous les jours.
Parcours : 18 trous - 6 172 m - Par 72 + 9 trous - 1 905 m - Par 31.
Tarifs : 9 trous : *Haute saison :* 180 F. *Basse saison :* 130 F. 18 trous : *Haute saison :* 300 F. *Basse saison :* 230 F.
Accueil : club-house, bar, restaurant, vestiaires, pro-shop, tennis.
Hcp : 30 exigé sur le 18 trous en Haute saison.
Stages : toute l'année.

> Un des nombreux parcours landais méritant le détour ! Des trous en forêt où à l'écossaise, des fairways assez larges, des roughs pas toujours évidents et de magnifiques vues sur l'océan complètent ce tableau. Une question se pose : qu'attendez-vous pour y aller ?

Voir liste des golfs p. 343

Monestier
Golf du Château des Vigiers

✗ ✗ ✗

Adresse : château des Vigiers
24240 Monestier.
Tél. : 05.53.61.50.00.
Accès : de Bergerac, prendre la R.D. 936 en direction de Bordeaux et à Gardonne, prendre la direction du château des Vigiers, ensuite le golf est indiqué.
Ouverture : tous les jours.
Parcours : 18 trous - 6 003 m - par 72 + 6 trous compact.
Tarifs : *juillet-août :* 300 F. *Moyenne saison :* 255 F en semaine et 280 F le week-end. *Basse saison :* 195 F.
Accueil : club-house, bar, restaurant, pro-shop.
Touring-pro : Per-Ulrik Johansson.
Hcp : carte verte.
Stages : contacter le golf.

La Dordogne réserve souvent de magnifiques surprises ! Le golf du château des Vigiers en est une. Un parcours tracé entre vignes et pruniers, au relief ondulé et aux quelques obstacles d'eau, ne fera pas trop de mal à votre carte de score. Mais ce qui pourrait faire offense à ce domaine, c'est de ne pas profiter de cet hôtel somptueux aménagé à l'intérieur d'un château du XVIe siècle. L'accueil et la table sont deux atouts supplémentaires pour ce club, propriété de Lars Petersson, un Scandinave tombé amoureux du Périgord et de son art de vivre.

Montbéliard
Golf de Prunevelle

✗ ✗ ✗

Adresse : Ferme des Petits-Bans,
25420 Dampierre-sur-le-Doubs
Tél. : 03.81.98.11.77.
Accès : autoroute Mulhouse-Belfort-Besançon, sortie Montbéliard sud vers l'Isle-sur-Doubs, jusqu'à Dampierre-sur-le-Doubs.
Ouverture : tous les jours (club-house fermé du 1er décembre au 28 février).

Parcours : 18 trous - 6 300 m - Par 72 + 9 trous compact.
Tarifs : *Haute saison :* 150 F en semaine et 200 F le week-end. *Basse saison :* 75 F en semaine et 100 F le week-end.
Accueil : club-house, bar, restaurant (tél. : 03.81.90.41.19), pro-shop.
Hcp : carte verte.
Stages : contacter le golf.

> Berceau de la famille Peugeot créé il y a trois générations, ce parcours offre de magnifiques points de vue sur Montbéliard, la ligne bleue des Vosges et le Jura, ainsi qu'un dessin agréable. Tradition et passion sont au rendez-vous.

Montboucher-sur-Jabron
Golf de la Valdaine

✗ ✗

Adresse : Domaine de la Valdaine,
26740 Montboucher-sur-Jabron.
Tél. : 04.75.00.71.33.
Accès : sortie de l'autoroute Montélimar-sud, puis direction Dieulefit.
Ouverture : tous les jours.
Parcours : 18 trous - 5 631 m - Par 71 + 3 trous école.
Tarifs : 180 F en semaine et 260 F le week-end.
Accueil : club-house, bar, restaurant, pro-shop, piscine, tennis, jacuzzi.
Hcp : carte verte.
Stages : contacter le golf.

> Un golf abordable, par l'autoroute du sud, mais à condition de ne pas rater la sortie ! Un parcours relativement facile qui vous permettra de flatter votre handicap. Attention toutefois à ne pas tomber dans l'eau sur le 18.

Montbron
Golf de la Prèze
× ×

Adresse : 16220 Ecuras.
Tél : 05.45.23.24.74.
Accès : d'Angoulême, prendre la D. 699 direction Montbron, le golf se situe sur la gauche peu après Montbron.
Ouverture : tous les jours.
Parcours : 9 trous - 2 987 m - Par 36 ; 9 trous compact.
Tarifs : 110 F en semaine et 130 F le week-end. 9 trous compact : 60 F.
Accueil : club-house, bar, restaurant (tél. : 05.45.23.25.54), pro-shop.
Hcp : 35 ou carte verte.
Stages : contacter le golf.

> Ce 9 trous vient s'ajouter à de nombreuses autres activités de plein air. Il offrira l'occasion de passer un agréable moment tout en profitant d'un terrain vallonné et boisé, parsemé de quelques pièces d'eau.

Mont-de-Marsan
Golf de Mont-de-Marsan
×

Adresse : Pessourdat, Saint-Avit, 40090 Mont-de-Marsan
Tél. : 05.58.75.63.05.
Accès : de Mont-de-Marsan, R. N. 124 vers Bordeaux direction Saint-Avit.
Ouverture : tous les jours.
Parcours : 18 trous - 5 944 m - Par 71.
Tarifs : 180 F.
Accueil : club-house, bar, snack, vestiaires, pro-shop.
Hcp : non exigé.
Stages : contacter le golf.

Mont-Dore
Golf du Rigolet

✕

Adresse : 63240 Le Mont-Dore.
Tél. : 04.73.65.00.79.
Accès : du Mont-Dore par R. D. 213.
Ouverture : tous les jours, sauf le jeudi de novembre à fin avril.
Parcours : 9 trous - 2 191 m - Par 34.
Tarifs : *Haute saison :* 150 F. *Basse saison :* 100 F.
Accueil : club-house, bar, salon de thé, snack, pro-shop.
Hcp : 35 ou carte verte.
Stages : contacter le golf.

Montgenèvre
Golf de Montgenèvre

✕ ✕

Adresse : route d'Italie,
05100 Montgenèvre.
Tél. : 04.92.21.94.23.
Accès : de Grenoble, prendre la direction de Briançon, puis Montgenèvre par la R.N. 91.
Ouverture : ouvert du 15 juin au 15 septembre.
Parcours : 9 trous - 3 000 m - Par 36 + 9 trous compact.
Tarif : non communiqué.
Accueil : club-house, bar.
Hcp : non exigé.
Stages : contacter le golf.

Monte-Carlo
Monte-Carlo Golf-Club

✕ ✕ ✕

Adresse : Route du Mont-Agel,
06320 La Turbie.

Tél. : 04.93.41.09.11.
Accès : Monte-Carlo-La Turbie D. 22. La Turbie-Mont-Agel, route militaire.
Ouverture : tous les jours.
Parcours : 18 trous - 5 679 m - Par 71.
Tarifs : 350 F en semaine et 450 F le week-end.
Accueil : club-house, bar, restaurant (fermés le lundi hors-saison), vestiaires, douches, pro-shop.
Hcp : 35 en semaine et 32 le week-end.
Stages : non.

> Monte-Carlo n'est pas seulement un lieu où la jet set aime se retrouver durant la belle saison, c'est aussi un site où le sport est très présent et apprécié : le Grand Prix de formule 1, le football, le tournoi de tennis du circuit ATP, les grands prix motonautiques ainsi que le golf. Situé à 900 mètres d'altitude, le parcours de la principauté offre un panorama magnifique sur « le rocher » et sur les premiers contreforts des Alpes du Sud. Son parcours tracé à flanc de montagne propose des fairways ne permettant que peu d'erreurs dans votre swing. Attention toutefois au trou 18, où la pente et le dévers pourraient vous réserver de mauvaises surprises.

Monthieux
Golf du Gouverneur

X X X

Adresse : Château du Breuil,
01390 Monthieux.
Tél. : 04.72.26.40.34.
Accès : de Lyon, autoroute A6 direction Paris, sortie Massieux, puis direction Saint-André-de-Corcy.
Ouverture : tous les jours.
Parcours : *Le Breuil :* 18 trous - 6 548 m - Par 72 ; *Montaplan :* 18 trous - 5 959 m - Par 72 ; 9 trous - 2 365 m - Par 34.
Tarifs : *Le Breuil :* 200 F en semaine et 250 F le week-end. *Montaplan :* 160 f en semaine et 200 F le week-end.
Accueil : club-house, bar, restaurant, pro-shop, salons de repos, tennis, piscine, garderie (le week-end).
Hcp : carte verte.
Touring-pro : Corinne Soulès.
Stages : contacter le golf.

Le château de Breuil, situé dans les Dombes, offre un cadre magnifique pour les deux activités majeures de ce club : le golf et la pêche. Un parcours serpentant entre les étangs offre tout de même la possibilité pour les joueurs prudents de pouvoir réaliser une bonne carte. Vous pourrez ensuite profiter des joies d'un club-house confortable et d'un accueil souriant ainsi que d'un restaurant gastronomique où vous attendent de fameuses cuisses de grenouilles.

Montluçon
Golf du Val-de-Cher

X X

Adresse : 03190 Nassigny,
Tél. : 04.70.06.71.15.
Accès : R. N. 144 entre Montluçon et Saint-Armand.
Ouverture : tous les jours, sauf le mardi.
Parcours : 18 trous - 5 900 m - Par 70.
Tarifs : 170 F en semaine et 220 F le week-end.
Accueil : club-house, bar, restaurant, pro-shop.
Hcp : non exigé.
Stages : contacter le golf.

Montpellier
Golf-Club de Fontcaude

X X X

Adresse : route de Lodève,
B.P. 56,
34990 Juvignac.
Tél. : 04.67.03.34.30.
Accès : autoroute du sud sortie Montpellier-Sud, puis suivre la direction Millau-Lodève.
Ouverture : tous les jours.
Parcours : 18 trous - 6 292 m - Par 72 ; 9 trous - 1 300 m - Par 29.
Tarifs : 18 trous : 185 F en semaine et 235 F le week-end. 9 trous : 90 F en semaine et 120 F le week-end.

Accueil : club-house, bar, restaurant, pro-shop, salles de séminaire, piscine, garderie (sur demande).
Hcp : non exigé.
Stages : contacter le golf.

> Ce golf, situé dans une région où la concurrence est sévère, offre un parcours accidenté, aux bunkers parfois inquiétants et à la végétation faite de garrigue et de petit arbustes. Ce 18 trous vous permettra de passer un très agréable moment.

Montpellier
Golf de Coulondres

X X

Adresse : 72, rue des Érables,
34980 Saint-Gély-du-Fesc.
Tél. : 04.67.84.13.75.
Accès : de Montpellier, prendre la D. 986 vers Saint-Gély-du-Fesc, Coulondres.
Ouverture : tous les jours, sauf Noël et le 1er janvier.
Parcours : 18 trous - 6 174 m - Par 73.
Tarifs : 150 F en semaine et 200 F le week-end.
Accueil : club-house, bar, restaurant, piscine.
Hcp : non exigé.
Stages : contacter le golf.

Montpellier
Golf de La Grande-Motte

X X X

Adresse : 34280 La Grande-Motte.
Tél. : 04.67.56 05.00.
Accès : à 18 km de Montpellier. Voie rapide jusqu'à La Grande-Motte.
Ouverture : tous les jours.
Parcours : Les flamants roses : 18 trous - 6 161 m - Par 72 + Les goélands : 18 trous - 3 076 m - Par 58 + 6 trous (école) - 760 m - Par 19.

Tarifs : *Haute saison :* Les flamants roses : 240 F. Les goélands : 140 F. 6 trous : 80 F. *Basse saison :* Les flamants roses : 190 F en semaine et 240 F le week-end. Les goélands : 110 F en semaine et 140 F le week-end. 6 trous : 80 F.
Accueil : club-house, bar, restaurant, salons, salle de mise en forme, pro-shop, piscine, sauna, jacuzzi.
Hcp : 35 sur Les flamands roses.
Stages : contacter le golf.

Le magnifique parcours des Flamands roses, dessiné par Robert Trent-Jones, propose un tracé permettant aux joueurs déjà confirmés de s'offrir de belles émotions. La variété des trous dessinés au milieu d'un paysage naturel, où les étangs viennent s'ajouter à une végétation fournie de petits arbustes et de roseaux, demande aux joueurs de maîtriser tous les coups du golf, afin d'éviter les nombreux bunkers et obstacles d'eau qui jalonnent ce 18 trous. Les deux autres parcours méritent tout de même votre attention. Accueil agréable dans l'hôtel adjacent.

Montrond-les-Bains
Golf du Forez

X X

Adresse : Domaine de Presles,
Craintilleux,
42210 Montrond-les-Bains.
Tél. : 04.77.30.86.85.
Accès : R. N. 89 entre Lyon et Montbrison et R. N. 82 entre Roanne et Saint-Étienne.
Ouverture : tous les jours, sauf mardi.
Parcours : 18 trous - 5 672 m - Par 70.
Tarifs : 150 F en semaine et 200 F le week-end.
Accueil : club-house, bar, restaurant, pro-shop, salle de bridge, garderie (week-end, sur demande).
Hcp : non exigé.
Stages : contacter le golf.

Mooslargue
Golf de la Largue

X X X

Adresse : chemin du Largweg,
68580 Mooslargue.
Tél. : 03.89.07.67.67.
Accès : fléchage de Mooslargue, près de Ceppois.
Ouverture : fermé de mi-décembre à mi-janvier.
Parcours : 18 trous - 6 200 m - Par 72 + 9 trous compact.
Tarifs : *Haute saison :* 220 F en semaine et 320 F le week-end. *Basse saison :* 150 F en semaine et 200 F le week-end. 9 trous compact : 80 F.
Accueil : club-house, bar, restaurant, pro-shop, salle de séminaire.
Hcp : 35.
Stages : contacter le golf.

> Un cadre magnifique pour un golf au tracé accidenté. Les pièges y sont nombreux, principalement des bunkers de toute dimension et des bosquets d'arbres judicieusement placés. Méfiez-vous aussi des rares pièces d'eau présentes sur ce 18 trous. La proximité de la frontière suisse explique certainement l'engouement que portent nos voisins helvétiques à ce parcours.

Mortefontaine
Golf de Morfontaine

X X X X

Adresse : 60128 Mortefontaine,
Tél. : 03.44.54.68.27.
Accès : de Paris, autoroute A1, sortie Survilliers, vers Ermenonville, Saint-Witz, Plailly, Mortefontaine.
Ouverture : tous les jours, sauf le mardi.
Parcours : 18 trous - 5 804 m - Par 72 + 9 trous - 2 550 m - Par 36.
Tarifs : non communiqués. Golf ouvert uniquement aux membres du club.
Accueil : club-house, bar, restaurant (membres et leurs invités uniquement).
Hcp : hommes 24 – femmes 28.
Stages : non (réservé aux membres).

Les « on-dit » en font un des plus beaux parcours de France ? Mais hélas, il sera très difficile de le vérifier. Morfontaine reste réservé à une élite, qui semble vouloir demeurer à huis clos. Si par le plus grand des hasards, les portes de ce club vous étaient ouvertes, profitez-en ! Cela ne vous arrivera peut-être pas deux fois dans votre vie de golfeur.

Morzine-Avoriaz
Golf de Morzine-Avoriaz
X X

Adresse : 74110 Avoriaz-Morzine.
Tél. : 50.74.17.08.
Accès : autoroute A 40, sortie Cluses, puis prendre la direction de Taninges, puis Morzine et Avoriaz.
Ouverture : ouvert du 15 juin au 15 octobre.
Parcours : 9 trous - 3 180 m - Par 36 + 3 trous compact.
Tarifs : *Haute saison :* 120 F. *Basse saison :* 100 F.
Accueil : club-house, bar, restaurant, pro-shop.
Hcp : carte verte.
Stages : contacter le golf.

Mougins
Golf du Royal Mougins
X X X

Adresse : 424, avenue du Roi, 06250 Mougins.
Tél. : 04.92.92.49.69.
Accès : autoroute A 8, sortie Cannes-Mougins, puis prendre la R.N.85, ensuite le chemin de la Plaine et le chemin de Burel.
Ouverture : tous les jours.
Parcours : 18 trous - 6 004 m - Par 71.
Tarifs : 320 F en semaine et 400 F le week-end (sur réservation).
Accueil : club-house, bar, restaurant, pro-shop, salons.

Touring-pros : Ian Woosnam, Quentin Dabson.
Hcp : 24 pour les hommes, 28 pour les femmes.
Stages : contacter le golf.

> Ce jeune parcours mérite votre attention, c'est une réussite. Un tracé particulièrement accidenté, des pièces d'eau stratégiquement bien placées, des dénivelés importants, des greens très impressionnants font de ce parcours de championnat le lieu privilégié pour recevoir depuis 1995 l'Air France Cannes Open. Voiture indispensable.

Moulins
Golf-Club des Avenelles

✕ ✕

Adresse : Les Avenelles,
03400 Toulon-sur-Allier.
Tél. : 04.70.20.00.95.
Accès : à 5 km de Moulins, prendre la R. N. 7, suivre la direction Toulon-sur-Allier.
Ouverture : tous les jours (sauf le mardi en basse saison).
Parcours : 9 trous - 2 700 m - Par 36.
Tarifs : 100 F.
Accueil : club-house, bar, restaurant, pro-shop.
Hcp : 36.
Stages : contacter le golf.

Mouriès
Golf-Club de Servanes

✕ ✕ ✕

Adresse : Domaine de Servanes,
B. P. 6, 13890 Mouriès.
Tél. : 04.90.47.59.95.
Accès : R. N. 113, puis R. D. 17 direction Mouriès. Autoroute A7, sorties Cavaillon nord ou Salon sud.
Ouverture : tous les jours.

Parcours : 18 trous - 6 100 m - Par 72.
Tarifs : 180 F en semaine et 230 F le week-end.
Accueil : club-house, bar, salon, restaurant, pro-shop.
Hcp : 35 ou carte verte.
Stages : contacter le golf.

> Le mistral, une végétation d'oliviers, les Alpilles, tout est là pour vous rappeler l'atmosphère du bien-être provençal. Le parcours offre à tous les amateurs de balades golfiques un lieu idéal pour passer un agréable moment.

Mulhouse
Golf du Rhin

× ×

Adresse : Ile du Rhin,
68490 Chalampé.
Tél. : 03.89.26.07.86.
Accès : par le pont de l'Ile du Rhin à Chalampé.
Ouverture : tous les jours.
Parcours : 18 trous - 6 362 m - Par 72.
Tarifs : 240 F en semaine et 330 F le week-end sur invitation.
Accueil : club-house, bar, restaurant, pro-shop.
Hcp : 35 ou carte verte.
Stages : réservés aux membres.

Nampont-Saint-Martin
Golf de Nampont-Saint-Martin

× ×

Adresse : Maison Forte,
80120 Nampont-Saint-Martin.
Tél. : 03.22.29.92.90.
Accès : sur R. N. 1 entre Abbeville et Montreuil-sur-Mer, puis fléchage jusqu'au golf.
Ouverture : tous les jours.
Parcours : 18 trous - 5 649 m - Par 72 + 9 trous.

Nançay
Country Golf Club de Nançay

Adresse : Route de Bourges,
18330 Nançay.
Tél. : 02.48.51.83.80.
Accès : 2 km après Nancay sur la D. 944 en direction de Bourges.
Ouverture : tous les jours.
Parcours : 9 trous - 3 035 m - Par 36.
Tarifs : 100 F en semaine et 150 F le week-end.
Accueil : club-house, bar, restaurant, pro-shop.
Hcp : non exigé.
Stages : contacter le golf.

Nancy
Golf de Nancy-Aingeray

Adresse : 54460 Aingeray.
Tél. : 03.83.24.53.87.
Accès : sur R. N. 4 à la Poste de Vélaine prendre direction Aingeray.
Ouverture : tous les jours.
Parcours : 18 trous - 5 577 m - Par 69.
Tarifs : 200 F en semaine et 250 F le week-end.
Accueil : club-house, bar, restaurant, pro-shop.
Hcp : 35.
Stages : contacter le golf.

Voir liste des golfs p. 343

Un parcours assez court et sans grandes difficultés, qui permettra à tous les amateurs de la petite balle blanche de profiter d'un tracé agréable au milieu d'un cadre qui ne l'est pas moins.

Nancy-Pulnoy
Golf de la Mirabelle

X X X

Adresse : 10 rue du Golf,
54425 Pulnoy.
Tél. : 03.83.18.10.18.
Accès : de Nancy, prendre la direction de Sarreguemines, puis Pulnoy et le golf est indiqué.
Ouverture : tous les jours.
Parcours : 18 trous - 5 998 m - Par 71 + 9 trous compact.
Tarifs : 160 F en semaine et 230 F le week-end.
Hcp : carte verte.
Stages : juillet et août.

Nans-les-Pins
Golf de la Sainte-Baume

X X X

Adresse : La Mouchouane,
83860 Nans-les-Pins.
Tél. : 04.94.78.60.12.
Accès : autoroute de Marseille - sortie Saint-Maximin puis fléchage.
Ouverture : tous les jours.
Parcours : 18 trous - 6 167 m - Par 72.
Tarifs : 180 F en semaine et 250 F le week-end.
Accueil : club-house, bar, restaurant, pro-shop.
Hcp : 35 ou carte verte.
Stages : contacter le golf.

Au pied du massif de la Sainte-Baume et au cœur d'un magnifique domaine, ce golf propose un parcours agréable que tous les amateurs de swing apprécieront. Environnement majestueux et hôtel de grand luxe (Relais-Château) situé juste sur le site.

Nantes
Golf de Nantes
✗ ✗

Adresse : 44360 Vigneux-de-Bretagne.
Tél. : 02.40.63.25.82.
Accès : de Nantes R. N. 165, direction Vannes. Après Sautron, prendre la direction de Vigneux.
Ouverture : tous les jours.
Parcours : 18 trous - 5 788 m - Par 72.
Tarifs : 180 F en semaine, 230 F le week-end.
Tarifs spéciaux pour les membres des clubs de l'Ouest.
Accueil : club-house, bar, restaurant, pro-shop, salle de séminaires.
Hcp : non exigé.
Stages : contacter le golf.

Nantes
Golf de Nantes Erdre
✗ ✗

Adresse : Chemin du bout des Landes, 44300 Nantes.
Tél. : 02.40.59.21.21.
Accès : route de Rennes, direction La-Chapelle-sur-Erdre.
Ouverture : tous les jours.
Parcours : 18 trous - 6 003 m - Par 71.
Tarifs : 170 F en semaine et 220 F le week-end. *Juillet et août :* 135 F en semaine et 150 F le week-end.
Accueil : club-house, bar, restaurant (tél. : 02.40.40.62.62.), pro-shop, billard, garderie (sur demande).

Hcp : carte verte.
Stages : contacter le golf.

> Un club moderne, situé à 10 minutes du centre de Nantes, permettant de profiter d'un parcours et d'un club-house confortable pour un bon moment de détente.

Nérac
Golf d'Albret
✕ ✕

Adresse : Le Pusocq,
47230 Barbaste.
Tél. : 05.53.65.53.69.
Accès : A62 Bordeaux - Toulouse, sortie Damazan.
Ouverture : tous les jours.
Parcours : 18 trous - 5 927 m - Par 72.
Tarifs : 130 F en semaine et 160 F le week-end.
Accueil : club-house, bar, restaurant, vestiaires.
Hcp : non exigé.
Stages : contacter le golf.

Néris-les-Bains
Golf de Sainte-Agathe
✕

Adresse : Villebret,
03310 Néris-les-Bains.
Tél. : 04.70.03.21.77.
Ouverture : tous les jours.
Parcours : 18 trous - 5 663 m - Par 72.
Tarifs : *Haute saison :* 150 F en semaine et 200 F le week-end. *Basse saison :* 100 F en semaine et 150 le week-end.
Accueil : club-house, restaurant, pro-shop.
Hcp : 35 ou carte verte.
Stages : contacter le golf.

Neuvic-d'Ussel
Golf de Neuvic-d'Ussel
✕ ✕

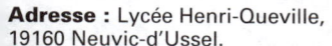

Adresse : Lycée Henri-Queville,
19160 Neuvic-d'Ussel.
Tél. : 05.55.95.98.89.
Accès : entre Clermont-Ferrand et Tulle ; prendre la R. N. 89 direction Ussel, puis Neuvic à 20 km d'Ussel.
Ouverture : tous les jours.
Parcours : 9 trous - 2 510 m - Par 35 + 9 trous compact.
Tarif : 100 F en semaine et 120 F le week-end.
Accueil : petit bar.
Hcp : non exigé.
Stages : contacter le golf.

Nevers
Golf public du Nivernais
✕ ✕

Adresse : Le Bardonnay,
58470 Magny-Cours.
Tél. : 03.86.58.18.30.
Accès : sur R. N. 7 direction Moulins.
Ouverture : tous les jours (practice fermé le mardi).
Parcours : 18 trous - 5 670 m - Par 72 + 5 trous école.
Tarifs : 130 F en semaine et 180 F le week-end.
Accueil : club-house, restaurant (tél. : 03.86.58.04.44), bar, pro-shop.
Hcp : 35 ou carte verte.
Stages : contacter le golf.

Nîmes
Golf de Nîmes - Campagne

✕ ✕ ✕

Adresse : route de Saint-Gilles,
30000 Nîmes
Tél. : 04.66.70.17.37.
Accès : de Nîmes, direction Saint-Gilles C. D. 42 puis Chemin du Mas de Campagne.
Ouverture : tous les jours, sauf le mardi.
Parcours : 18 trous - 6 200 m - Par 72.
Tarifs : 220 F en semaine et 250 F le week-end.
Accueil : club-house, bar, restaurant, pro-shop, piscine (tél. : 04.66 70.10.44).
Hcp : 35 ou carte verte.
Stages : pendant vacances scolaires.

> Une superbe réalisation ! La prudence sera votre meilleure conseillère sur ce parcours aux pièges multiples : le vent, les arbres, les greens de petite taille, les obstacles d'eau aux emplacements redoutables, les bunkers..., sans oublier un relief accentué sur les 9 trous du retour. Tous les coups du golf vous seront demandés ! Un club-house confortable et lumineux met un très beau point final à une journée passée dans le Gard.

Nîmes
Golf des Hauts de Nîmes-Vacquerolles

✕ ✕

Adresse : Route de Sauve,
30900 Nîmes.
Tél. : 04.66.23.33.33.
Accès : de Nîmes, prendre la D. 999 direction Sauve puis suivre les panneaux domaine de Vacquerolles.
Ouverture : tous les jours.
Parcours : 18 trous - 6 300 m - Par 72.
Tarifs : 160 F en semaine et 220 F le week-end.
Accueil : club-house, bar, restaurant, pro-shop.
Hcp : non exigé.
Stages : contacter le golf.

Un beau parcours situé dans une vallée, traversé à plusieurs reprises par un cours d'eau, entouré de garrigues. Un club-house agréable auquel s'ajoute un accueil chaleureux. Très belle réussite et excellent rapport qualité-prix.

Niort
Golf-Club Niortais
X

Adresse : Chemin du Grand-Ormeau, 79000 Niort.
Tél. : 05.49.09.01.41.
Accès : dans Niort, prendre la direction Saint-Jean-d'Angély derrière le champ de courses, puis fléchage.
Ouverture : tous les jours, sauf le mardi matin.
Parcours : 18 trous - 5 865 m - Par 71.
Tarifs : 145 F en semaine et 185 F le week-end.
Accueil : club-house, bar, restaurant, pro-shop.
Hcp : 36.
Stages : contacter le golf.

Nogent-le-Rotrou
Golf du Perche
X X

Adresse : La Vallée des Aulnes, 28400 Souancé-au-Perche,
Tél. : 02.37.29.17.33.
Accès : autoroute A11, direction Chartres. Sortie : Luigny.
Ouverture : tous les jours, sauf le mardi en basse saison.
Parcours : 18 trous - 6 073 m - Par 72.
Tarifs : *Haute saison :* 180 F en semaine et 290 F le week-end. *Basse saison :* 120 F en semaine et 190 F le week-end.
Accueil : club-house, bar, restaurant, pro-shop, garderie (sur demande).

Hcp. : non exigé.
Stages : contacter le golf.

Nonant-le-Pin
Golf des Haras

× ×

Adresse : Les Grandes-Bruyères, 61240 Nonant-le-Pin.
Tél. : 02.33.27.00.19.
Accès : d'Alençon, prendre la R.N. 138 vers Nonant-le-Pin.
Ouverture : tous les jours.
Parcours : 9 trous - 3 120 m - Par 36.
Tarifs : 110 F en semaine et 130 F le week-end.
Accueil : club-house, bar, pro-shop.
Hcp : carte verte.
Stages : contacter le golf.

Nonsard
Golf de Madine

×

Adresse : 55210 Nonsard.
Tél. : 03.29.89.56.00.
Accès : de Bar-le-Duc, prendre la direction de Commercy, Rambucourt par la R.D. 958, puis Thaucourt et lac de Madine, le golf est ensuite fléché.
Ouverture : ouvert d'avril à fin novembre.
Parcours : 9 trous - 3 027 m - Par 36.
Tarifs : 85 F en semaine et 100 F le week-end.
Accueil : club-house, pro-shop, tennis.
Hcp : non exigé.
Stages : contacter le golf.

Oléron
Golf d'Oléron

Adresse : La Vieille-Perrotine,
17310 Saint-Pierre-d'Oléron.
Tél. : 05.46.47.11.59.
Accès : autoroute Paris-Bordeaux, sortie Saintes direction Oléron, le golf est en bord de mer sur le C. D. 126 entre Dolus et Boyardville.
Ouverture : tous les jours, sauf le mardi de janvier à avril.
Parcours : 9 trous - 2 933 m - Par 36.
Tarifs : *Haute saison :* 155 F. *Basse saison :* 125 F.
Accueil : club-house, bar, snack, pro-shop.
Hcp : non exigé.
Stages : contacter le golf.

Olhain
Golf public d'Olhain

Adresse : Parc départemental de nature et de loisirs,
62150 Houdain.
Tél. : 03.21.02.17.03.
Accès : route entre Lens et Bruay.
Ouverture : tous les jours, sauf le mardi hors vacances scolaires.
Parcours : 9 trous - 2 611 m - Par 35.
Tarif : 100 F en semaine et 150 F le week-end.
Accueil : club-house, bar, snack.
Hcp : non exigé.
Stages : contacter le golf.

Olonne-sur-Mer
Golf des Olonnes
✕ ✕ ✕

Adresse : Gazé
Carrefour de la Pierre-Levée
85340 Olonne-sur-Mer.
Tél. : 02.51.33.16.16.
Accès : sur la route de La Roche-sur-Yon, direction Olonne au carrefour de la Pierre-Levée.
Ouverture : tous les jours, sauf le mardi en basse saison.
Parcours : 18 trous - 6127 m - Par 72.
Tarifs : *Haute saison :* 200 F en semaine et 250 F le week-end. *Moyenne saison :* 150 F en semaine et 170 F le week-end. *Basse saison :* 120 F.
Accueil : club-house, bar, restaurant, pro-shop.
Hcp : non exigé.
Stages : contacter le golf.

> Ce parcours vendéen aux paysages de bocages est un atout supplémentaire pour cette région très touristique, qui offre la possibilité de pratiquer le golf dans un cadre agréable, sur un terrain bien entretenu. Coup de chapeau à une équipe très dynamique !

Onet-le-Château
Golf du Grand Rodez
✕ ✕

Adresse : avenue de Vabre,
12850 Onet-le-Château.
Tél. : 05.65.78.38.00.
Accès : de Rodez, prendre la R.D. 901 en direction de Marcillac-Vallon, puis le golf est indiqué.
Ouverture : tous les jours.
Parcours : 18 trous - 5 536 m - Par 70 + 6 trous compact.
Tarifs : 125 F en semaine et 190 F le week-end. 6 trous compact : 52 F en semaine et 85 F le week-end.
Accueil : club-house, bar, restaurant, pro-shop, tennis.
Hcp : carte verte.
Stages : contacter le golf.

Onzain
Golf de la Carte
✗ ✗ ✗

Adresse : R. N. 152 Chouzy-sur-Cisse
41150 Onzain.
Tél. : 02.54.20.49.99.
Accès : de Blois, prendre la direction Tours rive droite de la Loire, le golf est à 12 km de Blois sur la droite.
Ouverture : tous les jours.
Parcours : 9 trous - 3010 m - Par 36 + 3 compact.
Tarifs : *Haute saison :* 120 F en semaine et 150 F le week-end. *Basse saison :* 100 F en semaine et 120 F le week-end.
Accueil : club-house, bar, restaurant, pro-shop.
Hcp : carte verte.
Stages : contacter le golf.

> Un très agréable club tourangeau, où la Loire sera votre compagne tout au long de votre parcours dans un cadre au passé chargé d'histoire. Une halte agréable, qui vous permettra peut-être de croiser au détour d'un green l'une des « pierres » légendaires du rock, Mick Jagger, qui a ses habitudes dans la région où il possède un château.

Orange
Golf du Moulin
✗

Adresse : Route de Camaret
84100 Orange.
Tél. : 04.90.34.34.04.
Accès : autoroute A7 sortie direction Camaret-Vaison-la-Romaine.
Ouverture : tous les jours sauf le mardi.
Parcours : 9 trous - 2 400 m - Par 34.
Tarifs : 100 F en semaine et 120 F le week-end (nombre de trous illimité).
Accueil : club-house, bar, pro-shop.
Hcp : non exigé.
Stages : à la demande, consulter le golf.

Un club qui mérite peut-être de s'agrandir au vu du dynamisme de cette région. L'accueil y est souriant et agréable.

Orléans
Golf d'Orléans-Donnery

X X X

Adresse : Château de la Touche,
45450 Donnery.
Tél. : 02.38.59.25.15
Accès : autoroute du Sud. A Mardié, prendre direction Donnery - Fay-aux-Loges (D. 709). Golf fléché en tournant à droite avant Donnery.
Ouverture : tous les jours (restaurant fermé le mardi).
Parcours : 18 trous - 5 771 m - Par 71.
Tarifs : 160 F en semaine et 190 F le week-end.
Accueil : club-house, bar, restaurant, pro-shop.
Hcp : non exigé.
Stages : contacter le golf.

Un tracé bucolique, où bois et obstacles d'eau seront vos principaux adversaires. Un club-house soigné et confortable où vous serez reçu dans une ambiance amicale.

Orléans
Golf de Limere Orléans

X X

Adresse : allée de la Pomme-de-pin,
45160 Ardun.
Tél. : 02.38.63.89.40.
Accès : d'Orléans, prendre la direction de Bourges/Vierzon, par la R.N. .20.
Ouverture : tous les jours.
Parcours : 18 trous - 6 232 m - Par 72 + 4 trous compact.

Tarifs : 210 F en semaine et 300 F le week-end.
Accueil : club-house, bar, restaurant, pro-shop.
Hcp : non exigé.
Stages : contacter le golf.

Ormesson
Golf d'Ormesson
X X

Adresse : chemin du Belvédère,
94490 Ormesson-sur-Marne.
Tél. : 01.45.76.20.71.
Accès : autoroute A4 sortie Joinville-le-Pont, R. N. 4 direction Nancy jusqu'au croisement R. D. 185. Prendre à droite. Entrée du golf première rue à gauche.
Ouverture : tous les jours, sauf le mardi.
Parcours : 18 trous - 6 130 m - Par 72.
Tarifs : 210 F en semaine et 350 F le week-end.
Accueil : club-house, bar, restaurant, pro-shop.
Hcp : 35 ou carte verte.
Stages : contacter le golf.

> Une nature superbe, où érables, chênes, peupliers, hêtres viennent border un parcours agréable. Les arbres et les multiples bunkers ainsi qu'un petit cours d'eau qui vient semer le trouble sur 3 trous sont autant d'obstacles qui permettent à ce golf de le rendre attrayant. Accueil : à revoir...

Ozoir-la-Ferrière
Golf d'Ozoir-la-Ferrière
X X X

Adresse : Château des Agneaux,
77330 Ozoir-la-Ferrière.
Tél. : 01.60.02.60.79.
Accès : autoroute A4 sortie Val-Maubué, direction Nancy par R. N. 4.
Ouverture : tous les jours.

Parcours : Parcours du Château : 18 trous - 5 840 m - Par 71 + 9 trous - 2 628 m - Par 35.
Tarifs : 200 F en semaine et 400 F le week-end pour le 18 trous, 130 F en semaine et 200 F le week-end pour le 9 trous.
Accueil : club-house, bar, restaurant (tél. : 01. 60.28.21.02), pro-shop, salon de bridge, salon de lecture et salles de séminaire, mini-club (de 3 à 14 ans).
Hcp : pour le parcours du Château : 30.
Stages : contacter le golf.

Le parc du château des Agneaux offre un cadre magnifique à ce golf. Les grands frappeurs pourront s'y exprimer, du fait de sa largeur et du peu de relief. Méfiez-vous tout de même de certains trous comme le 16 où un obstacle d'eau pourrait bien venir ajouter quelques points à votre carte et le 18 plus étroit.
Les 9 autres trous, où les obstacles d'eau sont très présents, permettront à certains de se procurer de belles sensations. Le confort du club-house et l'accueil que vous y recevrez vous feront oublier une éventuelle mauvaise carte.

Pau
Golf de Pau
X X X

Adresse : rue du Golf,
64140 Billière.
Tél. : 05.59.32.02.33.
Accès : R. N. 117. Commune de Billière.
Ouverture : tous les jours.
Parcours : 18 trous - 5 312 m - Par 69 + 3 trous compact.
Tarifs : 200 F en semaine et 250 F le week-end.
Accueil : club-house, bar, restaurant, salle de jeux, télévision.
Hcp : 35.
Stages : contacter le golf.

Fondé en 1856, le golf de Pau est le plus ancien parcours d'Europe continentale. Quelques retouches y ont été apportées, mais il n'en reste pas moins un tracé historique, aux points de vue superbes sur les Pyrénées. Le tracé est plat, étroit et encadré par un nombre important de hors limites. Le charme qui se dégage de ce club en fait une halte très appréciée des « historiens » de ce sport.

Pau
Golf de Pau-Artiguelouve

✕ ✕ ✕

Adresse : Domaine de Saint-Michel, 64230 Artiguelouve.
Tél. : 05.59.83.09.29.
Accès : de Pau, route de Bayonne, puis prendre la R. N. 117 à Lescar.
Ouverture : tous les jours.
Parcours : 18 trous - 5 850 m - Par 71 + 6 trous pitch and putt.
Tarifs : 190 F en semaine et 235 F le week-end.
Accueil : club-house, bar, restaurant, vestiaires, pro-shop, squash, tennis, piscine, billard.
Hcp : non exigé.
Stages : contacter le golf.

Pau est une ville où l'activité sportive est très dynamique, avec en tête de liste son équipe de basket. Le golf n'y est pas oublié, notamment grâce au club de Pau-Artiguelouve, qui offre à ses membres et aux visiteurs un parcours forestier où obstacles d'eau et bunkers seront des adversaires exigeant précision et technique. Pour ponctuer votre partie, le club-house vous recevra dans une ambiance où le sourire et la bonne humeur sont de mise.

Voir liste des golfs p. 343

Pelves
Golf des Bruyères

✕ ✕

Adresse : Complexe Cervantes
Chemin de l'Enfer
62118 Pelves.
Tél. : 03.21.58.95.42.
Accès : autoroute A1, sortie Fresnes-lès-Montauban, direction Pelves.
Ouverture : tous les jours.
Parcours : 18 trous - 6120 m - Par 72.
Tarifs : non communiqués.
Accueil : club-house, pro-shop, bar.
Hcp : non exigé.
Stages : contacter le golf.

> Ce parcours n'est pas un monstre de difficultés, mais il permet tout simplement d'allier une promenade aux allures champêtres avec le sport.

Périgueux
Golf public de Périgueux

✕ ✕

Adresse : Domaine de Saltgourde,
24430 Marsac.
Tél. : 05.53.53.02.35.
Accès : route d'Angoulême, route de Ribérac. Fléchage jusqu'au golf.
Ouverture : tous les jours.
Parcours : 18 trous - 5 847 m - Par 72.
Tarifs : *Haute saison :* 180 F. *Basse saison :* 150 F.
Accueil : club-house, bar, restaurant, pro-shop.
Hcp : non exigé.
Stages : contacter le golf.

Périgueux
Golf de la Croix de Mortemart

X X

Adresse : Saint-Félix-de-Reillac,
24260 Le Bugue
Tél. : 05.53.03.27.55.
Accès : à 30 km de Périgueux par la R. N. 710.
Ouverture : tous les jours.
Parcours : 18 trous - 6 222 m - Par 72 + 9 trous compact.
Tarifs : *Haute saison :* 150 F. *Basse saison :* 180 F en semaine et le week-end.
Accueil : club-house, bar, restaurant, pro-shop.
Hcp : licence.
Stages : contacter le golf.

Perpignan
Golf de Saint-Cyprien

X X X

Adresse : Mas d'Huston,
66750 Saint-Cyprien-Plage.
Tél. : 04.68.37.63.63.
Accès : sortie autoroute Perpignan-nord, Canet-Plage, puis Saint-Cyprien-Plage.
Ouverture : tous les jours (sauf restaurant et hôtel fermé en février).
Parcours : *L'Étang-Canigou :* 18 trous - 6 480 m - Par 73. *Saint-Cyprien :* 9 trous - 2 724 m - Par 35.
Tarifs : *Basse saison :* 195 F en semaine et 250 F le week-end.
Accueil : club-house, bar, restaurant gastronomique, pro-shop, piscine, tennis, billard.
Hcp : licence.
Stages : toute l'année.

La Tramontane et la présence quasi permanente d'eau sur le parcours de l'Etang-Canigou vous obligeront à rester prudent dans le choix de vos clubs. Les trous 8 (560 m, Par 5) et 15 (dog leg gauche) seront à aborder avec précaution. Le 9 trous sert principalement à l'enseignement très actif au sein de ce club.

Pessac
Golf de Pessac
× × ×

Adresse : rue de la Princesse,
33600 Pessac.
Tél. : 05.57.26.03.33.
Accès : A10, rocade de Bordeaux sortie n° 13, R. N. 250.
Ouverture : tous les jours.
Parcours : 18 trous - 5 935 m - Par 72. 9 trous - 2 971 m - Par 36.
Tarifs : 18 trous : 200 F en semaine et 260 F le week-end. 9 trous : 140 F en semaine et 170 F le week-end.
Accueil : club-house, bar, restaurant, salons, pro-shop.
Hcp : non exigé.
Stages : contacter le golf.

> Les grands crus sont nombreux dans cette région et Pessac peut être considéré comme l'un d'entre eux. Un superbe parcours tracé dans la pinède, alliant difficulté et technicité, qui vous laissera le souvenir d'une journée de golf réussie.

Peyrelevade
Golf du Chammet
× ×

Adresse : Genette,
19290 Peyrelevade.
Tél : 05.55.94.75.37.
Accès : de Limoges, direction Eymoutiers, puis prendre la D. 85 direction Peyrelevade. De Clermont-Ferrand, direction Ussel, Meynac, puis Peyrelevade.
Ouverture : tous les jours, sauf mercredi de novembre à mars.
Parcours : 9 trous - 2 630 m- Par 35.
Tarifs : 70 F en semaine et 80 F le week-end.
Accueil : club-house, bar, restauration rapide, pro shop.
Hcp : non exigé.
Stages : contacter le golf.

Un 9 trous qui permet à tous de pouvoir pratiquer le golf sur un site dominant un lac. Ouvert à tous, ne comportant pad de pièges particuliers. Bref l'idéal pour débuter.

Plaisir
Golf d'Isabella
× ×

Adresse : Sainte-Appoline,
78370 Plaisir.
Tél. : 01.30.54.10.62
Accès : autoroute de l'Ouest, branche Dreux-Houdan sortie Bois-d'Arcy, D. 134 et R. N. 12 jusqu'à Sainte-Appoline.
Ouverture : tous les jours, sauf le mardi.
Parcours : 18 trous - 5 652 m - Par 71.
Tarifs : 250 F en semaine et sur invitation 400 F le week-end.
Accueil : club-house, bar, restaurant, pro-shop.
Hcp : non exigé.
Stages : non.

Plan-de-Grasse
Golf de Saint-Donat
× ×

Adresse : 270 route de Cannes,
06130 Plan-de-Grasse.
Tél. : 04.93.09.76.60.
Accès : sur la route entre Grasse et Mougins, golf indiqué sur la droite.
Ouverture : tous les jours.
Parcours : 18 trous - 6 031 m - par 71 + 9 trous compact - 695 m- Par 27.
Tarifs : 260 F en semaine et 290 F le week-end.
Accueil : club-house, bar, restaurant, pro-shop.
Hcp : carte verte ou 35.
Stages : contacter le golf.

Plélan-le-Petit
Golf Club du Corbinais

Adresse : Saint-Michel-de-Plélan,
22980 Plélan-le-Petit.
Tél. : 02.96.27.64.81.
Accès : de Rennes, prendre la direction de Dinan par la R.N. 12, puis Saint-Brieuc par la R.N. 176 en direction de Plélan-le-Petit, puis Plancouët par la R.D. 19 et le golf est fléché.
Ouverture : tous les jours.
Parcours : 9 trous - 2 330 m - Par 33.
Tarif : 80 F.
Accueil : club-house, bar, restauration rapide.
Hcp : carte verte ou 36.
Stages : contacter le golf.

Pléneuf-Val-André
Golf de Pléneuf-Val-André

Adresse : rue de la Plage des Vallées,
22370 Pléneuf-Val-André.
Tél. : 02.96.63.01.12.
Accès : de Rennes, prendre la R.N. 12 vers Brest, puis prendre la direction de Lamballe et de Pléneuf-Val-André.
Ouverture : tous les jours.
Parcours : 18 trous - 6 052 m - Par 72.
Tarifs : *Haute saison :* 230 F. *Basse saison :* 180 F en semaine et 190 F le week-end.
Accueil : club-house, bar, restaurant, pro-shop.
Hcp : non exigé.
Stages : contacter le golf.

Tracé dans un esprit très britannique, ce parcours offre aux frappeurs la possibilité de s'exprimer, grâce à la largeur de ses fairways. Les greens sont très bien défendus par un nombre important de bunkers, car bien placés. Une belle réussite technique à laquelle s'ajoutent des vues superbes sur la mer ainsi qu'un club-house sympathique.

Pleumeur-Bodou
Golf de Saint-Samson

Adresse : avenue J.-Ferronière,
22560 Pleumeur-Bodou.
Tél. : 02.96.23.87.34.
Accès : de Lannion, prendre direction Trégastel-Plage. Golf fléché à 10 km.
Ouverture : tous les jours.
Parcours : 18 trous - 5 895 m - Par 71.
Tarifs : *Haute saison :* 220 F en semaine et 235 F le week-end. *Basse saison :* 130 F en semaine et 160 F le week-end.
Accueil : club-house, bar, restaurant, pro-shop, piscine, tennis, billard.
Hcp : carte verte.
Stages : contacter le golf.

Ploemeur
Golf Ploemeur Océan

Adresse : Saint-Jude-Kerham,
56270 Ploemeur.
Tél. : 02.97.32.81.82.
Accès : voie express Lorient-Quimper, sortie Ploemeur-aéroport, puis suivre le C. D. 163.
Ouverture : tous les jours.
Parcours : 18 trous - 5 957 m - Par 72.
Tarifs : *Haute saison :* 240 F. *Moyenne saison :* 200 F. *Basse saison :* 155 F.
Accueil : club-house, bar, restaurant, pro-shop, billard.
Hcp : 35.
Stages : toute l'année, contacter le golf.

> Sympathique golf de bord de mer, aux greens assez vastes mais bien défendus par la présence de bunkers et autres obstacles d'eau. Une étape agréable dans une région déjà riche en parcours de golf.

Ploërmel
Golf du Lac au Duc

Adresse : hôtel du Roi Arthur,
56800 Ploërmel.
Tél. : 02.97.73.64.65.
Accès : de Rennes, prendre la R.N. 24 vers Ploërmel et le golf est indiqué.
Ouverture : tous les jours.
Parcours : 9 trous - 2 935 m - Par 36.
Tarifs : *Haute saison :* 130 F. *Basse saison :* 100 F.
Accueil : club-house, bar, restaurant, pro-shop, centre de remise en forme, piscine.
Hcp : carte verte ou 35.
Stages : contacter le golf.

Plouarzel
Golf des Abers

Adresse : Keroaden
29810 Plouarzel.
Tél. : 02.98.89.68.33.
Accès : de Brest, prendre la direction de Renan et tourner à droite avant Plouarzel vers Lampaul Plouarzel, puis à droite vers Eloi.
Ouverture : tous les jours.
Parcours : 18 trous - 5 200 m - Par 68 + 4 trous école.
Tarif : *Haute saison :* 180 F. *Basse saison :* 150 F.
Accueil : club-house, bar, restaurant, pro-shop.
Hcp : non exigé.
Stages : contacter le golf.

> Christian Dunoyer de Ségonzac a réussi à faire de ce 18 trous un parcours, au relief marqué, qui permettra aux joueurs de tous les niveaux de passer un agréable moment. Golf idéal pour l'initiation.

Poissy
Béthemont Chisan Country-Club
× × ×

Adresse : 12, rue du parc de Béthemont,
78300 Poissy.
Accès : autoroute A13 direction Rouen, sortie Poissy direction Chambourcy sur la R. N. 13.
Ouverture : tous les jours sauf le mardi.
Parcours : 18 trous - 6 035 m - Par 72.
Tarifs : *Haute saison :* 300 F en semaine et 500 F le week-end. *Basse saison :* 200 F en semaine et 400 F le week-end.
Accueil : club-house, bar, restaurant, pro-shop, salle de réunion, bain japonais, jacuzzi, billard.
Hcp : carte verte.
Stages : non.

On connaît Bernhard Langer joueur ! Mais Bernhard Langer architecte ?
Et pourtant la réussite est là ! Un parcours au relief ondulé, entouré d'arbres et offrant une vue magnifique sur Paris. Ne pensez pas réaliser une bonne performance dès votre première visite, car les pièges y sont nombreux, bunkers, pièces d'eau...

Poitiers
Golf de Mignaloux-Beauvoir
×

Adresse : route de Beauvoir,
86650 Mignaloux.
Tél. : 05.49.61.23.13.
Accès : au nord de Poitiers, en direction de la Z.U.P. des Couronneries.
Ouverture : tous les jours.
Parcours : 18 trous - 6 032 m - Par 71.
Tarifs : 170 F en semaine et 200 F le week-end.
Accueil : club-house, bar, pro-shop, tennis.
Hcp : 35 ou carte verte.
Stages : contacter le golf.

Poitiers
Centre Golfique des Chalons
✕ ✕

Adresse : avenue de Northampton,
86021 Poitiers.
Tél. : 05.49.56.13.38.
Accès : de Poitiers, prendre la direction de la foire aux expositions, puis le golf est indiqué.
Ouverture : tous les jours.
Parcours : 9 trous - 2 697 m - Par 35.
Tarif : gratuit sur présentation de la carte étudiante et de la licence de golf. Ce golf est réservé aux étudiants.
Accueil : club-house.
Hcp : licence.
Stages : non.

> Le golf des Chalons est unique en France ! Quelle en est la raison ? Il est réservé principalement aux scolaires et aux universitaires. Sur place, les priorités sont : entretien et étiquette ! Denis Roch (entraîneur des équipes de France universitaires) y veille avec une main de fer dans un gant de velours. Avis aux étudiants golfeurs de passage !

Poitiers-Saint-Cyr
Golf du Haut-Poitou
✕ ✕

Adresse : 86130 Saint-Cyr.
Tél. : 05.49.62.53.62.
Accès : A10 sortie Châtellerault-sud ou Poitiers-nord ou Futuroscope. Golf fléché à partir de la R. N. 10.
Ouverture : tous les jours.
Parcours : 18 trous - 6 590 m - Par 73 + 9 trous - 1 800 m - Par 32.
Tarifs : *Haute saison :* 18 trous : 170 F en semaine, 200 F le week-end ; 9 trous : 120 F. *Basse saison :* 18 trous : 130 F en semaine et 160 F le week-end ; 9 trous : 90 F.
Accueil : club-house, bar, restaurant, pro-shop.
Hcp : non exigé.
Stages : contacter le golf.

Pont-l'Evêque
Golf de Saint-Julien

× ×

Adresse : 14130 Pont-l'Évêque.
Tél. : 02.31.64.30.30.
Accès : sortie Pont-l'Évêque par l'autoroute de l'Ouest. Golf à 3 km de Pont-l'Évêque, fléchage.
Ouverture : tous les jours (sauf le mardi d'octobre à mars).
Parcours : 18 trous - 6 291 m - Par 73 + 9 trous - 2 133 m - Par 33.
Tarifs : *Haute saison :* 18 trous : 170 F en semaine et 230 F le week-end. 9 trous : 115 F en semaine et 145 F le week-end. *Basse saison :* 18 trous : 130 F en semaine et 190 F le week-end ; 9 trous : 90 F en semaine et 120 F le week-end.
Accueil : club-house, bar, restaurant, pro-shop, tennis.
Hcp : non exigé.
Stages : contacter le golf.

> Un club qui depuis son changement de direction semble s'être redynamisé. De nombreux travaux y ont été effectués et ont permis à ce parcours normand d'offrir une halte agréable aux joueurs de passage.

Pornic
Golf de Pornic

× × ×

Adresse : 49 bis, boulevard de l'Océan, 44210 Pornic.
Tél. : 02.40.82.06.69.
Accès : à 51 km de Nantes, direction Pornic.
Ouverture : tous les jours.
Parcours : 18 trous - 6 112 m - Par 72.
Tarifs : *Juillet-août :* 230 F. *Moyenne saison :* 165 F. *Basse saison :* 105 F.
Accueil : club-house, bar, restaurant, pro-shop.

Hcp : non exigé.
Stages : contacter le golf.

> Des trous en forêt et d'autres dans le plus pur esprit d'un links se partagent le parcours de Pornic. Résultat : un golf agréable grâce à ses nombreux paysages et à une qualité de terrain permettant de le pratiquer toute l'année. L'accueil y est charmant et les installations hôtelières irréprochables.

Poses
Golf de Léry-Poses

✕ ✕

Adresse : Base de Loisir,
B. P. 7, 27740 Poses.
Tél. : 02.32.59.47.42.
Accès : autoroute A13, sortie Val-de-Reuil.
Ouverture : tous les jours.
Parcours : 18 trous - 6 148 m - Par 72 + 9 trous compact.
Tarifs : *18 trous :* 150 F en semaine et 200 F le week-end. *Compact :* 70 F en semaine et 90 F le week-end.
Accueil : club-house, bar, restaurant, pro-shop, billard.
Hcp : carte verte.
Stages : contacter le golf.

> Situé en bord de Seine, ce parcours offre un cadre agréable pour y effectuer une bonne partie de golf. Dommage toutefois que son fléchage laisse à désirer. Cela tient même du g.a.g. ! (groupuscule anti-golf, comme chacun sait).

Pouilly-en-Auxois
Golf-Club du Château de Chailly
✕ ✕ ✕

Adresse : 21320 Chailly-sur-Armançon.
Tél. : 03.80.90.30.40.
Accès : autoroute A6, sortie Pouilly-en-Auxois, puis direction Saulieu.
Ouverture : tous les jours, sauf fin décembre et janvier.
Parcours : 18 trous - 6150 m- Par 72.
Tarifs : 200 F en semaine et 300 F le week-end.
Accueil : club-house, bar, restaurant (tél. : 03.80.90.30.30), pro-shop, salle de billard, garderie (sur demande).
Hcp : carte verte.
Stages : à la demande.

> Si vous venez pour le paysage, vous ne serez pas déçu ! Un superbe château moyenâgeux vous ouvre ses portes pour séjourner quelques jours ou juste le temps d'un déjeuner, dans une ambiance détendue et souriante. Côté golf, ce n'est pas mal non plus ! Des fairways larges, des greens de bonne qualité et bien défendus par des bunkers et quelques pièces d'eau..., bref un parcours en parfaite harmonie avec le reste des installations. Bizarrement pourtant, ce golf tarde à « décoller » véritablement.

Pouligny-Notre-Dame
Golf des Dryades
✕ ✕ ✕

Adresse : 36160 Pouligny-Notre-Dame.
Tél. : 02.54.30.28.00.
Accès : de Châteauroux prendre la direction de Montluçon jusqu'à La Châtre, puis Guéret.
Ouverture : tous les jours.
Parcours : 18 trous - 6 120 m - Par 72 + 9 trous compact.
Tarifs : *Haute saison :* 170 F en semaine et 230 F le week-end. *Basse saison :* 120 F en semaine et 170 F le week-end.
Accueil : Club-house, bar, restaurant, pro-shop,

tennis, piscine, salle de jeux, salle de musculation, jacuzzi, garderie (le week-end).
Hcp : non exigé.
Stages : contacter le golf. Les stages seront organisés selon la demande.

> L'architecture extérieure de l'hôtel peut semble-t-il choquer ! Mais ne vous fiez pas uniquement aux apparences, car elles peuvent être trompeuses. Le confort des chambres et la qualité des différents plats vous feront oublier vos premières impressions. Le parcours de Michel Gayon est attrayant, grâce à son relief mouvementé et à ses importantes pièces d'eau, qui représentent les principaux pièges de ce 18 trous. Situé au pays de George Sand, cette étape restera ancrée dans vos mémoires et ne demandera qu'à revivre. Ce golf hôtel des Dryades est un must sur la route de l'harmonie et du bonheur...

Preux-au-Sart
Golf de Mormal
✕ ✕

Adresse : bois de Saint-Pierre, 59144 Preux-au-Sart.
Tél. : 03.27.63.07.00.
Accès : de Valenciennes, prendre la direction de Maubeuge par la R.N. 49, le golf est indiqué sur la droite.
Ouverture : tous les jours, sauf le mardi.
Parcours : 18 trous - 6 022 m - par 72 + 3 trous école.
Tarifs : 160 F en semaine et 210 F le week-end.
Accueil : club-house, bar, snack, pro-shop.
Hcp : carte verte.
Stages : contacter le golf.

Quétigny
Golf de Quétigny-Bourgogne

X X

Adresse : Rue du Golf,
21800 Quétigny.
Tél. : 03.80.48.95.20.
Accès : du centre de Dijon prendre direction Quétigny.
Ouverture : tous les jours.
Parcours : 18 trous - 5 761 m - Par 71.
Tarifs : 160 F en semaine et 230 F le week-end.
Accueil : club-house, bar, restaurant, pro-shop, salles de séminaire.
Hcp : 35 ou carte verte.
Stages : contacter le golf.

> L'esprit sportif et la convivialité semblent bien présents dans ce club situé à quelques minutes du centre-ville de Dijon. Un parcours agréable par la variété des obstacles et du terrain.

Quéven
Golf du Val-Quéven

X X

Adresse : Kerrousseau,
56530 Quéven.
Tél. : 02.97.05.17.96.
Accès : voie express R. N. 165, direction Quimperlé après Lorient, sortie Quéven, puis suivre la route de Pont-Scorff.
Ouverture : tous les jours.
Parcours : 18 trous - 6 140 m - Par 72.
Tarifs : *Haute saison :* 240 F. *Moyenne saison :* 200 F. *Basse saison :* 155 F.
Accueil : club-house, bar, restaurant, pro-shop, billard.
Hcp : carte verte.
Stages : contacter le golf.

Quimper
Golf de Cornouaille

✗ ✗

Adresse : Manoir de Mesmeur,
29940 La Forêt-Fouesnant.
Tél. : 02.98.56.97.09.
Accès : à 15 km au sud-est de Quimper, route de Quimper à Concarneau jusqu'à La Forêt-Fouesnant.
Ouverture : tous les jours.
Parcours : 18 trous - 5 657 m - Par 71.
Tarifs : *Juillet-août :* 240 F. *Moyenne saison :* 180 F. *Basse saison :* 140 F.
Accueil : club-house, bar, restaurant (sauf le mardi), pro-shop.
Hcp : carte verte.
Stages : contacter le golf.

Raray
Golf du Raray

✗ ✗ ✗

Adresse : château du Raray,
60810 Raray.
Tél. : 03.44.54.70.61.
Accès : à 50 km de Paris, par l'A 1 en direction de Lille, sortie n° 8 Senlis-Creil, puis suivre la direction du château de Raray.
Ouverture : tous les jours, sauf le mardi.
Parcours : 18 trous - 6 455 m - Par 72 + 9 trous 2 921 m - Par 35 + 9 trous compact.
Tarifs : *Haute saison :* 18 trous : 220 F en semaine et 420 F le week-end ; 9 trous : 100 F en semaine et 250 F le week-end. *Basse saison :* 150 F en semaine et 250 F le week-end ; 9 trous compact : 100 F.
Accueil : club-house, bar, restaurant, pro-shop, tennis, garderie (sur réservation).
Hcp : 35 sur le 18 trous.
Stages : contacter le golf.

Construit autour du château de Raray, cher à Jean Cocteau qui vint y tourner son film *La Belle et la Bête*, ce golf vous séduira par son cadre magnifique, un parcours qui ne l'est pas moins et son club-house aux fières allures XVIIe.

Réau
Golf de la Croix des Anges

Adresse : route de Villaroche,
77550 Réau.
Tél. : 03.60.60.18.76.
Accès : de Paris, autoroute A4, sortie Lésigny, R. D. 51, puis la R. N. 105 jusqu'à Réau. Par autoroute A6, sortie Corbeil-Melun-Sénart en direction de Melun, R. N. 447 vers Réau.
Ouverture : tous les jours, sauf mardi en hors-saison.
Parcours : 9 trous - 1 676 m - Par 30.
Tarifs : 60 F en semaine et 100 F le week-end.
Accueil : club-house, bar, pro-shop.
Hcp : non exigé.
Stages : non.

Reims
Golf de Reims-Champagne

Adresse : Château des Dames de France,
51390 Gueux.
Tél. : 03.26.05.46.11.
Accès : de Paris, autoroute A4, sortie Reims-Tinqueux, puis direction Soissons par R. N. 31.
Ouverture : tous les jours.
Parcours : 18 trous - 5 850 m - Par 72.
Tarifs : 220 F en semaine et 300 F le week-end.
Accueil : club-house, bar, restaurant, vestiaires avec douches, pro-shop.
Hcp : non exigé.
Stages : contacter le golf

Pétillant ! Voilà ce qui caractérise l'accueil qui vous sera réservé lors de votre passage dans ce club. Un parcours relativement simple et accessible à tous sera une bonne mise en train pour venir ensuite déguster « une coupe » dans un club-house où toutes les grandes familles du champagne ont laissé leurs empreintes.

Voir liste des golfs p. 343

Rennes
Golf de Rennes
X X X

Adresse : 35000 Saint-Jacques-de-la-Lande.
Tél. : 02.99.30.18.18.
Accès : de Rennes, route de Redon, R. N. 177, Chavagne. Fléchage jusqu'au golf.
Ouverture : tous les jours.
Parcours : 18 trous - 6 136 m - Par 72 + 9 trous – 2 068 m - Par 31 + 9 trous compact.
Tarifs : *Haute saison :* 200 F en semaine et 240 F le week-end. *Basse saison :* 155 F en semaine et 200 F le week-end.
Accueil : club-house, bar, restaurant, pro-shop.
Hcp : 35.
Stages : contacter le golf.

> Ce mélange de vallonnement et de plat vous réservera un certain nombre de surprises !
> La présence peut-être trop importante de buttes ne vous permettra pas toujours d'apercevoir les greens du 1er coup voire du 2e ! Cela vous obligera à travailler votre précision. Et lorsque les trous vous sembleront plats, il faudra alors vous méfier des obstacles d'eau et des bunkers qui défendent les greens (attention au 18 ! ! !).
> Emotions en perspective !

Rennes-Le Rheu
Golf de la Freslonnière
X X X

Adresse : 35650 Le Rheu.
Tél. : 02.99.14.84.09.
Accès : direction Lorient, sortie Le Rheu-Mordelles est puis sortie Le Rheu-centre, ensuite le golf est fléché.
Ouverture : tous les jours.
Parcours : 18 trous - 5 756 m - Par 72.
Tarifs : *Haute saison :* 200 F en semaine et 230 F le week-end. *Basse saison :* 180 F en semaine et 230 F le week-end.
Accueil : club-house, bar, restaurant, pro-shop.

Hcp : non exigé.
Stages : contacter le golf.

> La forêt et les greens à plateaux représentent les principales difficultés de ce parcours situé dans le parc du château de la Freslonnière.
> Une ancienne ferme transformée en club-house, à l'ambiance très britannique, vous donnera envie de revenir y jouer grâce à la chaleur et à la gentillesse de tous les membres du personnel.

Rochefort
Golf de Rochefort-en-Yvelines
X X X

Adresse : Route de la Bate,
78730 Rochefort-en-Yvelines
Tél. : 01.30.41.31.81.
Accès : de Paris, pont de Sèvres, prendre l'autoroute pour Chartres-Orléans, sortie Dourdan.
Ouverture : tous les jours, sauf le jeudi.
Parcours : 18 trous - 5 735 m - Par 71.
Tarifs : *Haute saison :* 300 F en semaine et 500 F le week-end. *Basse saison :* 200 F en semaine et 350 F le week-end.
Accueil : club-house, bar, restaurant, pro-shop, tennis, jacuzzi, billard, garderie (le week-end).
Hcp : non exigé.
Stages : contacter le golf.

> La forêt de Rambouillet offre un cadre superbe pour ce golf au relief varié, où les arbres et les bunkers vous obligeront à utiliser une belle panoplie de coups. Son terrain sablonneux permet aux membres et aux visiteurs de pratiquer le parcours toute l'année. Attention, très étroit !

Roquebrune-sur-Argens
Golf de Roquebrune

Adresse : C. D. 7,
83520 Roquebrune-sur Argens.
Tél. : 04.94.82.92.91.
Accès : R. N. 7 sortie Le Muy ou Puget, direction Roquebrune-sur-Argens.
Ouverture : tous les jours.
Parcours : 18 trous - 6 031 m - Par 72.
Tarifs : non communiqués.
Accueil : club-house, restaurant, pro-shop.
Hcp : non communiqué.
Stages : nombreux stages, contacter le golf.

Rosny-sous-Bois
Golf de Rosny-sous-Bois

Adresse : 12, rue Raspail,
Parc de Nanteuil,
93114 Rosny-sous-Bois.
Tél. : 01.48.94.01.81.
Accès : autoroute A86, sortie Rosny-centre.
Ouverture : tous les jours, sauf du 25 décembre au 1er janvier.
Parcours : 9 trous - 2 052 m - Par 33.
Tarifs : 120 F en semaine, 160 F le week-end et 100 F le lundi.
Accueil : club-house, bar, restaurant.
Hcp : 35 ou carte verte.
Stages : contacter le golf.

Rouen
Golf de Rouen-Mont-Saint-Aignan
X X X

Adresse : rue Francis-Poulenc,
76130 Mont-Saint-Aignan.
Tél. : 04.35.76.38.65. (secrétariat fermé le lundi).
Accès : nord-est de Rouen, rocade Bois-Guillaume, Mont-Saint-Aignan, fléchage.
Ouverture : tous les jours (pro-shop fermé le mardi).
Parcours : 18 trous - 5 556 m - Par 70.
Tarifs : 180 F en semaine et 250 F le week-end.
Accueil : club-house, bar, restaurant, pro-shop, garderie (le week-end sur demande).
Hcp : 35.
Stages : contacter le golf.

Très traditionnel, à la limite du snobisme selon certains !
Un parcours vallonné, boisé, avec des fairways étroits sur certains trous, qui vous demandera d'être exigeant avec votre technique.

Rouffach
Golf d'Alsace
X X X

Adresse : Moulin de Biltzheim,
route d'Oberhergheim,
68250 Rouffach.
Tél. : 03.89.78.59.59.
Accès : de Strasbourg, prendre la R.N. 83 en direction de Rouffach, puis le golf est indiqué.
Ouverture : tous les jours.
Parcours : 18 trous - 6 125 m - Par 72 + 9 trous - 3 060 m - Par 36 + 3 trous école.
Tarifs : non communiqués.
Accueil : club-house, bar, restaurant, pro-shop.
Hcp : carte verte.
Stages : contacter le golf.

Rougemont-le-Château
Golf de Rougemont-le-Château

✕ ✕

Adresse : route de Masevaux,
90110 Rougemont-le-Château.
Tél. : 03.84.23.74.74.
Accès : de Belfort, prendre la direction de Mulhouse par la R.N. 83, et après Roppe, prendre la R.D. 25 vers Rougemont-le-Château.
Ouverture : tous les jours.
Parcours : 18 trous - 6 010 m - Par 72 + 3 trous école.
Tarifs : 180 F en semaine et 300 F le week-end.
Accueil : club-house, bar, restaurant, pro-shop.
Hcp : carte verte.
Stages : contacter le golf.

Rouilly-Sacé
Golf de la Forêt d'Orient

✕ ✕

Adresse : route de Géraudot,
10220 Rouilly-Sacé.
Tél. : 03.25.43.81.81.
Accès : de Troyes, prendre la N. 260 direction Creney-Piney, puis direction Rouilly-Sacé.
Ouverture : tous les jours.
Parcours : 18 trous - 6 085 m - Par 71 ; 9 trous compact.
Tarifs : 18 trous : 170 F en semaine et 220 F le week-end. Compact : 50 F. 50% le mercredi et après 18 heures.
Accueil : club-house, bar, restaurant, pro-shop, piscine, billard, salle de jeux.
Hcp : carte verte.
Stages : contacter le golf.

> Une heureuse surprise pour ce golf situé un plein cœur d'un parc naturel et entouré par les lacs de la forêt d'Orient. Les installations y sont modernes mais agréables, et l'accueil sympathique.

Voir liste des golfs p. 343

Royan
Golf de Royan
X X X

Adresse : Maine-Gaudin,
17420 Saint-Palais-sur-Mer.
Tél. : 05.46.23.16.24.
Accès : Royan ouest, direction lieu-dit Maine-Gaudin à 7 km de Royan.
Ouverture : tous les jours, sauf le mardi (en basse et moyenne saison)
Parcours : 18 trous - 5 970 m - Par 71 + 6 trous compact.
Tarifs : *Haute saison :* 240 F. *Moyenne saison :* 180 F. *Basse saison :* 150 F.
Accueil : club-house, bar, restaurant, pro-shop.
Hcp : 35 ou carte verte.
Stages : contacter le golf.

Prenez une forêt, ajoutez-y un terrain vallonné, et un soupçon de vue sur l'océan, et vous obtiendrez un parcours très agréable, accessible aux joueurs de tous les niveaux, et qui vous permettra de passer un bon moment. Bonne nouvelle : une nouvelle direction a pris le golf en main.

Royat
Golf de la Charade
X X

Adresse : 63130 Royat.
Accès : à 8 km de Clermont-Ferrand par le circuit automobile des monts d'Auvergne.
Ouverture : tous les jours sauf le mardi en basse saison.
Parcours : 9 trous - (18 départs) 4 319 m - Par 64.
Tarifs : 150 F en semaine et 180 F le week-end.
Accueil : club-house, bar, restaurant, pro-shop.
Hcp : carte verte.
Stages : contacter le golf.

Rueil-Malmaison
Golf de Rueil-Malmaison

X

Adresse : boulevard Marcel-Pourtout,
92500 Rueil-Malmaison.
Tél. : 01.47.14.02.08.
Accès : de Paris, prendre la direction de Nanterre puis Rueil-Malmaison, ensuite le golf est indiqué.
Ouverture : tous les jours.
Parcours : 9 trous - 2 039 m - Par 32.
Tarifs : à la journée : 135 F en semaine et 197 F le week-end.
Accueil : club-house, cafétériat.
Hcp : carte verte le week-end.
Stages : contacter le golf.

> Un parcours assez court, étroit et jalonné d'obstacles d'eau. Golf naturel, idéal pour l'initiation, et donc très utile dans le panorama actuel.

Sablé
Golf de Sablé-Solesmes

X X

Adresse : Route de Pince,
Domaine de l'Outinière
72300 Sablé.
Tél. : 02.43.95.28.78.
Accès : autoroute A11, sortie Sablé, puis direction Sablé.
Ouverture : tous les jours (restaurant fermé le lundi d'octobre à mars).
Parcours : *La Forêt :* 9 trous - 3 197 m - Par 36. *La Rivière :* 9 trous - 3 010 m - Par 36. *La Cascade :* 9 trous - 3069 m - Par 36.
Tarifs : *Haute saison :* 220 F en semaine et 280 F le week-end. *Basse saison :* 190 F.
Accueil : club-house, bar, restaurant, pro-shop, salle de bridge.
Hcp : 35 ou carte verte.
Stages : consulter le golf.

L'abbaye semble veiller sur ce golf où règne une atmosphère de calme et de convivialité. Situés sur les bords de la Sarthe et entourés par la forêt de Pincé, ces trois 9 trous offrent de multiples combinaisons de jeu sur un terrain au relief varié et aux obstacles principalement faits de pièces d'eau et de bunkers. Un club qui a accueilli nombre de compétitions amateurs et professionnelles et qui mérite le détour.

Sables-d'Or-les-Pins
Golf des Sables-d'Or-les-Pins et de Penthièvre

X X

Adresse : Sables-d'Or-les-Pins, 22240 Fréhel.
Tél. : 02.96.41.42.57.
Accès : *Axe Paris-Brest :* sortie Lamballe, D. 791, D. 17 A, Plurien.
Axe Brest-Paris : sortie Saint-René, D. 786, D. 17 A, Plurien.
Axe Nord-Sud : Loudéac - Moncontour - Lamballe.
Ouverture : tous les jours.
Parcours : 18 trous - 5 565 m - Par 71.
Tarifs : *Haute saison :* 210 F. *Basse saison :* 170 F.
Accueil : club-house, bar (ouvert tous les jours en saison), pro-shop (ouvert en juillet-août), restaurant.
Hcp : 35 ou carte verte.
Stages : contacter le golf.

Sagelat
Golf de Lolivarie

X X

Adresse : Sagelat, 24170 Siorac-en-Périgord.
Tél. : 05.53.30.22.69.
Accès : par Siorac en Périgord, puis fléchage.
Ouverture : tous les jours, sauf le mardi, excepté du

15 juin au 15 septembre (club-house ouvert le samedi, dimanche et lundi).
Parcours : 9 trous - 2 650 m - Par 35.
Tarifs : 100 F en semaine et 120 F le week-end.
Accueil : club-house, bar.
Hcp : non exigé.
Stages : contacter le golf.

Saint-Aubin
Golf public de Saint-Aubin

Adresse : route du Golf,
91190 Saint-Aubin.
Tél. : 01.69.41.25.19.
Accès : de Paris, pont de Sèvres, prendre l'autoroute de Chartres, sortie Saclay-Rambouillet. Le golf est à 2 km à droite sur la R. N. 306.
Ouverture : tous les jours.
Parcours : 18 trous - 5 630 m - Par 71 + 9 trous - 1 918 m - Par 31 + 3 trous compact.
Tarifs : *juillet-août :* 18 trous : 100 F en semaine et 200 F le week-end ; 9 trous : 80 F en semaine et 100 F le week-end. *Haute saison :* 18 trous : 140 F en semaine et 270 F le week-end ; 9 trous : 110 F en semaine et 150 F le week-end. *Basse saison :* 18 trous : 125 F en semaine et 225 F le week-end ; 9 trous : 100 F en semaine et 115 F le week-end.
Accueil : club-house, bar, restaurant, pro-shop.
Hcp : 18 trous : carte verte.
Stages : contacter le golf.

> Historiquement le premier golf public en France, et aussi l'un des premiers pour la vente de green fees. Espérons que la qualité du terrain devienne proportionnelle à sa fréquentation !

Saint-Brieuc
Golf public des Ajoncs d'Or
✕ ✕

Adresse : Kergrain-en-Lantic,
22410 Lantic.
Tél. : 02.96.71.90.74.
Accès : D. 786 de Saint-Brieuc à Paimpol, sortie Binic, direction Notre-Dame-de-la-Cour, puis à droite direction Pleguien.
Ouverture : tous les jours.
Parcours : 18 trous - 6 230 m - Par 72.
Tarifs : *Haute saison :* 190 F. *Basse saison :* 170 F.
Accueil : club-house, bar, pro-shop, tennis.
Hcp : non exigé.
Stages : contacter le golf.

Saint-Cast
Golf de Pen-Guen
✕ ✕

Adresse : Pen-Guen,
22380 Saint-Cast-le-Guildo.
Tél. : 02.96.41.91.20.
Accès : à 25 km de Dinard.
Ouverture : tous les jours.
Parcours : 9 trous - 4 967 m - Par 67.
Tarifs : *Haute saison :* 280 F. *Moyenne saison :* 180 F. *Basse saison :* 150 F.
Accueil : club-house, bar, pro-shop.
Hcp : Haute saison : carte verte.
Stages : contacter le golf.

Saint-Céré
Golf Club des Trois Vallées du Haut-Quercy
✕ ✕

Adresse : Saint-Jean-l'Espinasse,
46400 Saint-Céré.

Tél. : 05.65.10.83.09.
Accès : de Brive, prendre la direction de Turenne, puis Bretenou par la R.D. 703, puis Saint Céré par la R.D. 673, château de Montral.
Ouverture : tous les jours.
Parcours : 9 trous - 2 515 m - Par 33.
Tarifs : *Haute saison :* 125 F. *Basse saison :* 100 F.
Accueil : club-house, bar, restaurant, pro-shop.
Hcp : non exigé.
Stages : contacter le golf.

Saint-Claude
Golf de Saint-Claude

Adresse : Villard-Saint-Sauveur,
39200 Saint-Claude.
Tél. : 03.84.41.05.14.
Accès : de Lyon, prendre l'A 46, sortie Sylans, puis prendre la direction de Saint-Germain-de-Joux, puis Saint-Claude.
Ouverture : tous les jours.
Parcours : 9 trous - 2 450 m - Par 34.
Tarifs : 80 F en semaine et 100 F le week-end.
Accueil : club-house, bar, restaurant, pro-shop.
Hcp : non exigé.
Stages : contacter le golf.

Saint-Cloud
Golf de Saint-Cloud

✕ ✕ ✕ ✕

Adresse : Parc de Buzenval,
60, rue du 19-Janvier,
92380 Garches.
Tél. : 01.47.01.01.85.
Accès : à 9 km à l'ouest de Paris, porte Dauphine, pont de Suresnes, hippodrome de Saint-Cloud.
Ouverture : tous les jours, sauf le lundi.
Parcours : *Jaune :* 18 trous - 4 857 m - Par 67. *Vert :* 18 trous - 5 992 m - Par 72.

Tarifs : 400 F en semaine, 500 F le samedi et 600 F le dimanche.
Accueil : club-house, bar, restaurant, tél. : 01.47.41.13.51 (réservés aux membres), pro-shop, tennis, salle de bridge et de billard.
Touring-pros : Eric Giraud, Christian Cevaer.
Hcp : 24 pour les hommes, 28 pour les femmes.
Stages : non.

Ce golf est aussi près de Paris qu'il est fermé au grand public !
Cependant, si vous avez l'honneur de pouvoir y taper la balle, vous y découvrirez deux parcours magnifiques : le Vert et le Jaune. Ce dernier s'affiche comme le plus facile des deux.
Quant au parcours Vert, les difficultés y sont nombreuses : des fairways assez étroits, dus aux bois qui les entourent, et vallonnés, ainsi que de nombreux bunkers très vastes qui ne faciliteront pas vos approches de greens
Le club-house, où vous serez reçu chaleureusement, vous permettra de vous remettre d'éventuels déboires dans une ambiance très « chic » où vous vous sentirez d'autant plus à l'aise si vous êtes bridgeur.

Saint-Cloud
Golf du Paris Country Club

Adresse : 1, rue du Camp-Canadien, 92210 Saint-Cloud.
Tél. : 01.47.71.39.22.
Accès : de Paris prendre la direction de l'hippodrome de Saint-cloud.
Ouverture : toute l'année, sauf les jours de courses hippiques.
Parcours : 9 trous - 2 682 m - Par 36 + 9 trous pitch and putt.
Tarifs : *Haute saison :* 180 F en semaine et 250 F le week-end. *Basse saison :* 150 F en semaine et 180 F le week-end.
Accueil : club-house, bar, restaurant.
Hcp : non exigé.
Stages : contacter le golf.

Situé au milieu du champ de courses de Saint-Cloud, ce club est surtout un haut lieu de l'apprentissage du golf dans la région parisienne. Vous pourrez en outre profiter d'un parcours sans grandes difficultés. Et puis, en rentrant, vous pourrez toujours dire que vous avez joué à… Saint-Cloud.

Saint-Cyr-sur-Mer
Golf de la Frégate

X X X

Adresse : R.D. 559,
83270 Saint-Cyr-sur-Mer.
Tél. : 04.94.32.50.50.
Accès : de Toulon, prendre l'autoroute vers Marseille, sortie Bandol, puis prendre la direction de Saint-Cyr-sur-Mer et le golf est fléché.
Ouverture : tous les jours.
Parcours : 18 trous - 6 209 m - Par 72 + 9 trous - 1 258 m - Par 29.
Tarifs : *juillet-août :* 275 F. *Basse saison :* 18 trous : 245 F en semaine et 275 F le week-end ; 9 trous : 125 F en semaine et 155 F le week-end.
Accueil : club-house, bar, restaurant, pro-shop, tennis, billard.
Touring-pro : Fabrice Tarnaud.
Hcp : carte verte ou 35.
Stages : contacter le golf.

Ronald Fream a dû faire avec la nature pour dessiner le golf de La Frégate. Entre Saint-Cyr-sur-Mer et Bandol, la côte méditerranéenne ressemble à de la dentelle et pas question d'y toucher. Ceci explique sans doute les nombreux dévers, trous aveugles, fairways étroits, mais quel plaisir de driver face à la Grande Bleue ! Un chariot électrique voire une voiturette seront toutefois conseillés pour rester vigilant et profiter du paysage, sans doute le meilleur atout de ce parcours varois.

Sainte-Maxime
Golf de Sainte-Maxime
✗ ✗ ✗

Adresse : Route du Débarquement,
B.P. 116
83120 Sainte-Maxime.
Tél. : 04.94.49.26.60.
Accès : N. 98 direction direction Fréjus, le golf se trouve sur la gauche.
Ouverture : tous les jours.
Parcours : 18 trous - 6 155 m - Par 71.
Tarif : 280 F.
Accueil : club-house, bar, restaurant (tél. : 04.94.49.23.32), pro-shop.
Hcp : carte verte en saison.
Stages : contacter le golf.

> Pour les yeux, c'est un ravissement ! Les vues sur la baie de Saint-Tropez et sur les massifs des Maures et de l'Estérel sont plus belles les unes que les autres. Le parcours exigera une bonne forme physique, car son relief particulièrement accidenté est dû à un tracé à flanc de colline. Avec la fatigue, les principaux obstacles seront les arbres et les fairways souvent étroits. Sainte-Maxime peut s'enorgueillir de tenir, avec ce club, un des « musts » de la région varoise.

Sainte-Maxime
Golf de Beauvallon
✗ ✗

Adresse : boulevard des Collines,
83120 Sainte-Maxime.
Tél. : 04.94.96.16.98.
Accès : 3 km de Sainte-Maxime, 10 km de Saint-Tropez.
Ouverture : tous les jours.
Parcours : 12 trous - 3 696 m - Par 36. 18 trous ouvert en octobre 1996
Tarifs : *Haute saison :* 250 F en semaine et 300 F le week-end. *Basse saison :* 210 F en semaine et 230 F le week-end.
Accueil : club-house, bar, restaurant, pro-shop, vestiaires, tennis.

Hcp : 24 pour les hommes et 28 pour les femmes en juillet et août.
Stages : non.

> Avec plus de soixante-dix ans d'existence, ce golf, tracé dans une forêt de pins et de chênes, passe enfin à 18 trous pour pouvoir prétendre concurrencer les grands clubs de la région. Il était temps ! Accueil en voie d'amélioration.

Saintes
Golf de Fontcouverte

× ×

Adresse : Route du Golf,
17100 Fontcouverte.
Tél. : 05.46.74.27.61.
Accès : Paris - Tours - Poitiers - Saintes par autoroute. Fléché à 18 km à l'ouest de Cognac.
Ouverture : tous les jours.
Parcours : 18 trous - 4 965 m - Par 68.
Tarifs : *Haute saison :* 200 F. *Moyenne saison :* 170 F. *Basse saison :* 150 F.
Accueil : club-house, bar, restaurant, pro-shop.
Hcp : non exigé.
Stages : contacter le golf.

> Passé à 18 trous, ce parcours offre la possibilité aux visiteurs de passer un agréable moment sur un golf traditionnel. Un accueil souriant vous sera réservé. Méfiance, le tracé peut être très sec et très jaune en été.

Saint-Etienne
Golf public de Saint-Etienne

× ×

Adresse : 62, rue de Saint-Simon,
42000 Saint-Etienne.

Tél. : 04.77.32.14.63.
Accès : autoroute A 72, sortie La Terrasse, puis boulevard Thiers.
Ouverture : tous les jours, sauf le mardi.
Parcours : 18 trous - 5 740 m - Par 72 + 6 trous - 450 m - Par 18.
Tarifs : 170 F en semaine et 220 F le week-end.
Accueil : club-house, bar, restaurant, pro-shop.
Hcp : non exigé.
Stages : contacter le golf.

Saint-Genis-Pouilly
Golf des Serves

✗ ✗

Adresse : route de Meyrin,
01630 Saint-Genis-Pouilly.
Tél. : 04.50.42.16.48.
Accès : de Divonne-les-Bains, suivre la direction de Gex, Chevry puis Saint-Genis où le golf est indiqué.
Ouverture : du 1er mars au 15 décembre.
Parcours : 9 trous - 2 717 m - Par 37.
Tarifs : 130 F en semaine et 160 F le week-end.
Accueil : club-house, bar.
Hcp : non exigé.
Stages : non.

Saint-Germain-en-Laye
Golf de Saint-Germain

✗ ✗ ✗

Adresse : route de Poissy,
78100 Saint-Germain-en Laye.
Tél. : 01.34.51.75.90.
Accès : de Paris, autoroute de l'Ouest direction Saint-Germain.
Ouverture : tous les jours, sauf le lundi.
Parcours : 18 trous - 6 024 m - Par 72 + 9 trous - 2 030 m - Par 33.
Tarif : 400 F (sur invitation uniquement).

Accueil : club-house, bar, restaurant, pro-shop, garderie, salle de bridge.
Hcp : 28 femmes - 24 hommes.
Stages : non.

La forêt de Saint-Germain est un cadre somptueux pour ce golf de renommée. Le calme et le chant des oiseaux vous accompagneront tout au long de ce parcours, où de vastes greens bien défendus par de nombreux bunkers seront là pour vous rappeler à la réalité du sport. Attention à la méchanceté des roughs. L'ambiance feutrée du club-house couronnera d'une façon souriante une de vos plus agréables parties de golf.

Saint-Germain-lès-Corbeil
Golf de Saint-Germain-lès-Corbeil

✕ ✕

Adresse : 6, avenue du Golf, 91250 Saint-Germain-lès-Corbeil.
Tél. : 01.60.75.81.54.
Accès : autoroute du Sud (A6), sortie Melun-Sénart et Francilienne.
Ouverture : tous les jours.
Parcours : 18 trous - 5 769 m - Par 70.
Tarifs : 190 F en semaine, 320 F le week-end et 150 F le mardi.
Accueil : club-house, bar, restaurant, pro-shop.
Hcp : 24 pour les hommes et 28 pour les femmes le week-end.
Stages : contacter le golf.

Jouxtant la forêt de Senart, ce parcours est caractérisé par la présence importante d'obstacles d'eau en jeu, avec notamment au trou 13 un green en île. La prudence pourrait donc s'avérer bonne conseillère ! Le seul petit reproche que l'on pourrait émettre, c'est la présence parfois trop proche de l'autoroute. Pour vous faire oublier ce désagrément, vous pourrez compter sur un accueil sympathique et un club-house à l'ambiance conviviale. Excellent restaurant.

Saint-Gildas-de-Rhuys
Golf du Rhuys

Adresse : Domaine de Kerver,
56730 Saint-Gildas-de-Rhuys.
Tél. : 02.97.45.30.09.
Accès : voie express Vannes-Nantes, sortie Sarzeau-presqu'île de Rhuys, direction Arzon.
Ouverture : tous les jours.
Parcours : 18 trous - 6 204 m - Par 72.
Tarifs : *Haute saison :* 240 F. *Moyenne saison :* 200 F. *Basse saison :* 155 F.
Accueil : club-house, bar, pro-shop, billard.
Hcp : carte verte.
Stages : contacter le golf.

Saint-Hilaire-de-Gondilly
Golf de la Vallée de Germigny

Adresse : Domaine de Villefranche,
18320 Saint-Hilaire-de-Gondilly.
Tél. : 02.48.80.23.43.
Accès : de Nevers, prendre la direction de Fourchambault, puis la R.D. 12 jusqu'à Saint-Hilaire-de-Gondilly.
Ouverture : tous les jours.
Parcours : 9 trous - 2 830 m - Par 35.
Tarifs : *Haute saison :* 70 F en semaine et 92 F le week-end.
Tarifs : *Basse saison :* 62 F en semaine et 82 F le week-end.
Accueil : club-house, bar, restauration rapide.
Hcp : carte verte ou 35.
Stages : contacter le golf.

Voir liste des golfs p. 343

Saint-Jean-de-Gonville
Golf du domaine de Gonville

Adresse : route des Chênes,
01630 Saint-Jean-de-Gonville.
Tél. : 04.50.56.40.62.
Accès : de Divonne-les-Bains, prendre la direction de Bellegarde, Saint-Jean-de-Gonville, puis le golf est indiqué.
Ouverture : tous les jours.
Parcours : 18 trous - 4 797 m - Par 66.
Tarifs : 160 F en semaine et 220 F le week-end.
Accueil : club-house, bar, restaurant, pro-shop, tennis.
Hcp : carte verte.
Stages : contacter le golf.

Saint-Jean-de-la-Rivière
Golf de la Côte-des-Isles

Adresse : Chemin des Mielles,
50270 Saint-Jean-de-la-Rivière.
Tél. : 02.33.93.44.85.
Accès : prendre la N. 13, puis la D. 903 à partir de Carentan. Autoroute A42, sortie Ambérien - Château-Gaillard, prendre direction Priay.
Ouverture : tous les jours, sauf le mardi en basse saison.
Parcours : 9 trous - 2 295 m - Par 33.
Tarif : 130 F.
Accueil : club-house, bar, pro-shop.
Hcp : non exigé.
Stages : contacter le golf.

Saint-Jean-de-Luz
Golf de Chantaco
X X X X

Adresse : route d'Ascain,
64500 Saint-Jean-de-Luz.
Tél. : 05.59.26.14.22.
Accès : au sud de Saint-Jean-de-Luz, route d'Ascain.
Ouverture : tous les jours, sauf le mardi, club-house fermé en basse saison.
Parcours : 18 trous - 5 723 m - Par 70.
Tarifs : 250 F en semaine et 330 F le week-end.
Accueil : club-house, bar, restaurant, pro-shop, tennis, garderie, salle de bridge.
Hcp : 28 femmes - 24 hommes.
Stages : contacter le golf.

Lorsque vous franchirez les portes de ce « crocodile » du golf basque qu'est Chantaco, vous aurez l'impression de retourner sur les bancs de l'école, car un grand nombre de nos joueurs nationaux y ont effectué leurs classes. Les neuf premiers trous tracés en forêt rempliront vos poumons de l'odeur de multiples essences d'arbres. Pour les derniers, le terrain relativement plat sera jalonné de quelques obstacles d'eau. Ce golf, son magnifique club-house rose sont imprégnés du souvenir de l'inoubliable René Lacoste.

Saint-Jean-de-Luz
Golf de La Nivelle
X X X

Adresse : Place William-Sharp,
64500 Ciboure.
Tél. : 05.59.47.18.99.
Accès : traverser le pont de Saint-Jean-de-Luz (pont Charles-de-Gaulle). Première route à gauche, prendre la route d'Olhette à 400 m.
Ouverture : tous les jours, sauf le jeudi (hors-saison et hors périodes de vacances).
Parcours : 18 trous - 5 587 m - Par 70.
Tarifs : *Haute saison :* 320 F. *Basse saison :* 220 F en semaine et 260 F le week-end.

Accueil : club-house, bar, restaurant (tél. : 05.59.47.04.37), pro-shop, tennis, squash.
Hcp : 35 ou carte verte.
Stages : contacter le golf.

> Très ancien parcours complétant à merveille l'offre incomparable du Pays Basque. La Nivelle, du nom de la rivière qui y coule est un club où l'« après golf » est aussi heureux que ce qui précède...

Saint-Jean-de-Monts
Golf de Saint-Jean-de-Monts

✕ ✕

Adresse : avenue des Pays-de-la-Loire, 85160 Saint-Jean-de-Monts.
Tél. : 02.51.58.82.73.
Accès : dans la ville, prendre le bd des Maréchins.
Ouverture : tous les jours, sauf club-house fermé le mardi de novembre à mars.
Parcours : 18 trous - 5 962 m - Par 72 + 5 trous pitch & putt.
Tarifs : *Haute saison :* 280 F. *Moyenne saison :* 180 F. *Basse saison :* 150 F.
Accueil : club-house, bar, restaurant, pro-shop, piscine.
Hcp : non exigé.
Stages : contacter le golf.

> Haut lieu de la Chouannerie, la Vendée devient petit à petit le royaume du golf, comme en témoigne ce parcours de Saint-Jean-de-Monts, qui joue à merveille sur l'alternance de trous en forêt et en bord de mer.

Saint-Junien
Golf de Saint-Junien

Adresse : Les Jouberties,
87200 Saint-Junien.
Tél. : 05.55.02.96.96.
Accès : de Limoges, prendre la R.N. 141 en direction d'Angoulême, puis à Saint-Junien, le golf est indiqué.
Ouverture : tous les jours.
Parcours : trois 9 trous : la Limousine - 2 865 m - Par 36 ; la Charentaise - 2 812 m - Par 35 ; Pierre-Blanche - 1 315 m - Par 28.
Tarifs : 18 trous : 100 F ; 9 trous : 40 F.
Accueil : club-house, bar, restaurant, pro-shop.
Hcp : carte verte ou 35.
Stages : contacter le golf.

Saint-Laurent-de-Cerdans
Golf de Falgos

Adresse : 66260 Saint-Laurent-de-Cerdans.
Tél. : 04.68.39.51.42.
Accès : de Perpignan, prendre l'A 7, sortie le Boulou, puis prendre la R.D. 115 vers Ceret, Amelie, Arles-sur-Tech, puis la R.D. 3 vers Saint-Laurent de Cerdans.
Ouverture : tous les jours.
Parcours : 18 trous - 5 671 m - Par 70.
Tarifs : *Haute saison :* 200 F. *Basse saison :* 150 F.
Accueil : club-house, bar, restaurant, pro-shop, tennis, salla de musculation, piscine, garderie, sauna
Hcp : non exigé.
Stages : contacter le golf.

Saint-Laurent-Nouan
Golf des Bordes

✗ ✗ ✗ ✗ ✗

Adresse : Les Bordes,
41220 Saint-Laurent-Nouan.
Tél. : 02.54.87.72.13.
Accès : A10 en direction de Bordeaux, sortie Meung-sur-Loire après Orléans - R. N. 152 jusqu'à Beaugency ; itinéraire vert Châteauroux-Limoges sur 5 km ; au carrefour : fléchage.
Ouverture : tous les jours.
Parcours : 18 trous - 6 409 m - Par 72.
Tarifs : 350 F en semaine et 550 F le week-end. *Hors-saison :* 300 F.
Accueil : club-house, bar, restaurant, pro-shop.
Hcp : non exigé.
Stages : non.

> Tout est réuni sur ce golf des Bordes pour en faire l'un des plus beaux de France, si ce n'est le plus beau ! Mieux que les mots, il faut le jouer, mais avec respect, car sinon la sanction peut être lourde. L'eau, les bunkers, des greens où les attaques pitchées vous sont conseillées, les arbres... seront là pour vous rappeler que vous n'êtes pas venu que pour la beauté du paysage et pour le calme qui y règne. Le club-house, l'hôtel et le restaurant, sont au diapason du reste. Magnifique !

Saint-Laurent-Nouan
Golf de Ganay

✗ ✗ ✗

Adresse : Prieuré de Ganay,
41220 Saint-Laurent-Nouan.
Tél. : 02.54.87.26.24.
Accès : à 25 km de Blois et d'Orléans, prendre la R.N. 152 en direction de Beaugency, puis Châteauroux.
Ouverture : tous les jours, sauf le mardi.
Parcours : 18 trous - 6 095 m - Par 72.
Tarifs : 100 F en semaine et 120 F le week-end.
Accueil : club-house, bar, pro-shop, restauration rapide la semaine et buffet le week-end.

Hcp : carte verte.
Stages : contacter le golf.

> Ce golf harmonieux, au tracé ondulé et aux difficultés variées, offre aux visiteurs et à ses membres une ambiance où il fait bon vivre.

Saint-Maixme-Hauterive
Golf du Bois d'Ô

Adresse : Ferme de Gland,
28170 Saint-Maixme-Hauterive.
Tél. : 02.37.51.04.61.
Accès : prendre la D. 939, direction Le Mans.
Ouverture : tous les jours.
Parcours : 18 trous - 6 534 m - Par 73.
Tarifs : 90 F en semaine et 140 F le week-end.
Accueil : club-house, bar, restauration rapide, pro-shop.
Hcp : non exigé.
Stages : contacter le golf.

Saint-Malo
Saint-Malo Golf-Club

Adresse : Le Tronchet,
35540 Miniac-Morvan.
Tél. : 02.99.58.96.69.
Accès : à 23 km de Saint-Malo, par la R. N. 137. A 48 km de Rennes par la R. N. 137.
Ouverture : tous les jours (sauf le mardi hors-saison).
Parcours : 18 trous - 6 014 m - Par 72 + 9 trous - 2 684 m - Par 36.
Tarif : *Haute saison :* 240 F. *Basse saison :* 190 F.
Accueil : club-house, bar, restaurant, grande salle panoramique, pro-shop.

Hcp : non exigé.
Stages : contacter le golf.

> Racheté par les Thermes marins de Saint-Malo, le golf du Tronchet a subi depuis de gros travaux de réaménagement (drainage, réfection des greens et des bunkers) afin de lui redonner une qualité de jeu qui lui faisait défaut depuis plusieurs années.
> Sans grand danger, ce parcours vallonné, parsemé de bouquets d'arbres et de rochers, vous fera passer un agréable moment. Méfiez-vous tout de même des rares obstacles d'eau, notamment sur le trou n° 5 !
> Vous pourrez ensuite profiter du club-house aménagé dans un prieuré datant du XVIIe siècle. Belle réussite.

Saint Martin-d'Aubigny
Golf de Centre-Manche

✗ ✗

Adresse : Le Haut-Bosc,
50190 Saint-Martin-d'Aubigny.
Tél. : 02.33.45.24.52.
Accès : de Caen ou d'Alençon, prendre la R.N. 175, puis la R.N. 174 vers Saint-Lô, puis la R.D. 900 vers Saint-Martin-d'Aubigny.
Ouverture : ouvert toute l'année, sauf en janvier.
Parcours : 9 trous - 2 230 m - Par 33 + 3 trous école.
Tarifs : 110 F en semaine et 130 F le week-end.
Accueil : club-house, bar.
Hcp : carte verte.
Stages : non.

Saint-Nom-la-Bretèche
Golf de Saint-Nom-la-Bretèche

✗ ✗ ✗ ✗

Adresse : Hameau de la Tuilerie-Bignon,
78860 Saint-Nom-la-Bretèche.
Tél. : 01.30.80.04.40.

Accès : de Paris, autoroute A13, deuxième sortie pour Versailles R. N. 307, 1 km à gauche avant Saint-Nom-la-Bretèche.
Ouverture : tous les jours, sauf le mardi.
Parcours : *Rouge :* 18 trous - 6 215 m - Par 72 ; *Bleu :* 18 trous - 6 130 m - Par 72.
Tarifs : 400 F en semaine et 600 F le week-end (sur invitation uniquement).
Accueil : club-house, bar, restaurant, pro-shop, piscine.
Hcp : 24 pour les hommes - 28 pour les femmes.
Stages : non.

Certainement l'un des plus célèbres parcours de France, mais aussi malheureusement l'un des clubs les plus fermés.
Si vous avez l'occasion d'y jouer, n'hésitez pas une seule seconde, car vous y découvrirez deux parcours : le Bleu et le Rouge, où chaque année se déroule le Trophée Lancôme. Vous aurez ainsi l'impression de marcher dans les traces des monstres sacrés du golf comme Arnold Palmer, Gary Player ou plus récemment Seve Ballesteros, Ian Woosnam et Colin Montgomerie.

Saint-Pierre-du-Perray
Golf de Greenparc

X X

Adresse: route de Villepécle,
91280 Saint-Pierre-du-Perray.
Tél. : 03.60.75.40.60.
Accès : de Paris, prendre l'A 6, sortie Saint-Germain-les-Corbeil puis suivre la R.N. 104, sortie n° 27 vers Saint-Pierre-du-Perray.
Ouverture : tous les jours.
Parcours : 18 trous - 5 839 m - Par 71 + 5 trous compact.
Tarifs : 120 F en semaine et 250 F le week-end.
Accueil : club-house, bar, restaurant, pro-shop.
Hcp : carte verte ou 35.
Stages : contacter le golf.

Voir liste des golfs p. 343

Saint-Pierre-du-Perray
Golf public de Villeray

✕ ✕

Adresse : 91280 Saint-Pierre-du-Perray.
Tél. : 01.60.75.17.47.
Accès : autoroute A6, sortie Corbeil-centre, Saint-Germain-lès-Corbeil, Saint-Pierre-du-Perray, fléchage jusqu'au golf.
Ouverture : tous les jours.
Parcours : 18 trous - 6 155 m - Par 72 + 3 trous compact.
Tarifs : 125 F en semaine et 260 F le week-end, 100 F le mercredi. *3 trous compact :* 50 F la journée.
Accueil : club-house, restaurant, bar, pro-shop, vestiaires, douches.
Hcp : carte verte.
Stages : toute l'année, contacter le golf.

> Une ambiance souriante, dans un cadre agréable, vous est offerte à une demi-heure de Paris et vous permettra de découvrir un parcours assez facile et qui ne mettra, semble-t-il, pas votre handicap en péril.

Saint-Pourçain-sur-Sioule
Golf de la Briaille

✕ ✕

Adresse : 03500 Saint-Pourçain-sur-Sioule.
Tél. : 04.70.45.49.49.
Accès : de Vichy, prendre la direction de Saint-Pourçain-sur-Sioule.
Ouverture : tous les jours.
Parcours : 9 trous - 2 076 m - par 32.
Tarifs : 120 F ; invité : 70 F.
Accueil : club-house, vestiaires.
Hcp : carte verte ou 35.
Stages : contacter le golf.

Saint-Quentin-en-Yvelines
Golf National

X X X X

Adresse : 2, avenue du Golf - 78280 Guyancourt.
Tél. : 01.30.43.36.00 et 01.30.57.65.65.
Accès : N 118 depuis Paris, Chartres (A 10), sortie Saclay (D 36) puis Châteaufort, Trappes ou (A 13), (A 12) sortie Saint-Quentin-en-Yvelines puis Montigny-le-Bretonneux.
Ouverture : tous les jours.
Parcours : *Albatros* : 18 trous - 6 500 m - Par 72 ; *Aigle* : 18 trous - 6 000 m - Par 72 ; *Oiselet* : 3 trous - 2 020 m - Par 31.
Tarifs : 220 F en semaine, 330 F le week-end.
Accueil : club-house, bar, restaurant, pro-shop.
Hcp : 24 messieurs et 28 dames sur l'Albatros, libre sur les deux autres parcours.
Stages : contacter le golf.

Le premier « stade » de golf construit en France sous la houlette d'Aubert Chesneau et de Bob von Hagge. Théâtre chaque année du Peugeot Open de France, on se remémore son spectaculaire 18ᵉ green, ceinturé d'eau. Mais ce qui précède mérite tout autant le détour, particulièrement cette initiale boucle où étangs et arbres se font concurrence.
Ce parcours est candidat à l'organisation d'une future Ryder Cup, et seule l'architecture trop... futuriste de son hôtel club-house n 288 289 o u s empêche de lui attribuer une cinquième étoile...

Saint-Quentin-en-Yvelines
Golf public
de Saint-Quentin-en-Yvelines

X X X X

Adresse : R. D. 912 - 78190 Trappes.
Tél. : 01.30.50.86.40.
Accès : autoroute de Chartres. A Trappes, C. D. 912 - Dreux.
Ouverture : tous les jours.
Parcours : 18 trous - 6 204 m - Par 72 + 18 trous - 5 696 m - Par 70 + 9 trous compact.

Tarifs : *Haute saison :* 18 trous : 140 F en semaine et 270 F le week-end ; 9 trous : 110 F en semaine et 140 F le week-end. *Basse saison :* 18 trous : 125 F en semaine et 240 F le week-end ; 9 trous : 100 F en semaine et 125 F le week-end.
Accueil : club-house, restaurant, bar, pro-shop.
Hcp : non exigé.
Stages : toute l'année, contacter le golf.

Certainement l'un des champions du plus grand nombre de green fees vendus dans une saison !
Ce golf se voulant ouvert à tous avec ses deux parcours, le blanc étant réputé comme étant le plus coriace et le rouge plus facile, permet aux golfeurs de tous niveaux de pouvoir s'exprimer. Vestiaires et installations annexes à revoir.

Saint-Raphaël
Golf de l'Esterel-Latitudes

✕ ✕ ✕

Adresse : avenue du Golf, 83700 Saint-Raphaël.
Tél. : 04.94.82.47.88.
Accès : autoroute A8 sortie Saint-Raphaël, Fréjus, puis direction Saint-Raphaël (direction Agay par Valescure).
Ouverture : tous les jours.
Parcours : 18 trous - 5 921 m - Par 71 + 9 trous compact.
Tarifs : 280 F.
Accueil : club-house, bar, restaurant, pro-shop, tennis, jacuzzi, sauna, mini-club.
Hcp : 35 sur le 18 trous.
Stages : nombreux stages toute l'année, contacter le golf.

Un parcours de plus à l'actif de Robert Trent-Jones. Un relief varié additionné à des greens travaillés font un 18 trous assez technique qui vous obligera à varier vos coups. Quelques bunkers et obstacles d'eau viendront taquiner un peu plus votre carte de score. Le 15 sera le point d'orgue d'une belle partie de golf. Un regret peut-être, la présence parfois trop visible de constructions immobilières.

Saint-Raphaël
Golf de Valescure

Adresse : route du Golf,
83704 Valescure-Saint-Raphaël.
Tél. : 04.94.82.40.46.
Accès : Saint-Raphaël, route de Valescure, à 5 km.
Ouverture : tous les jours.
Parcours : 18 trous - 5 061 m - Par 68.
Tarifs : 250 F. Noël, Pentecôte, Pâques : 280 F.
Accueil : club-house, restaurant (tél. : 04.94.52.01.57), pro-shop, bar, tennis, billard.
Hcp : carte verte.
Stages : toute l'année.

> Une association hôtel-golf qui vous permettra de vous détendre et de perfectionner votre swing dans un cadre agréable. Golf à l'ancienne à l'atmosphère feutrée.

Saint-Romain-Le Puy
Golf de Superflu

Adresse : domaine des Sucs,
42610 Saint-Romain-Le Puy.
Tél. : 04.77.76.00.14.
Accès : de Saint-Etienne, prendre la direction d'Andrezieux, Bonson, puis Saint-Romain-Le Puy où le golf est fléché.
Ouverture : tous les jours.
Parcours : 9 trous - 2 400 m - Par 34.
Tarifs : 80 F en semaine et 100 F le week-end.
Accueil : club-house, bar, restaurant (fermé le lundi), pro-shop.
Hcp : 35.
Stages : non.

Saint-Saëns
Golf de Saint-Saëns
X X X

Adresse : Domaine du Vaudichon, B. P. 20,
76680 Saint-Saëns.
Tél. : 04.35.34.25.24.
Accès : à 30 km au nord de Rouen, à 120 km de Paris en direction de Forges-les-Eaux. De Saint-Saëns, prendre le C. D. 154 vers Rosay-Dieppe, à 2 km sur la gauche, entrée du domaine.
Ouverture : tous les jours.
Parcours : 18 trous - 6 000 m - Par 71.
Tarifs : 180 F en semaine et 250 F le week-end (– 20 % pour les membres de la ligue de Normandie).
Accueil : club-house, restaurant, vestiaires, salle de réunion, bar, salle de jeux, billard.
Hcp : 35 le week-end.
Stages : contacter le golf.

Ah, le charmant endroit ! A l'image d'une équipe dirigeante qui « y croit » et qui sait faire partager son enthousiasme. Saint-Saëns n'est pas un monstre de difficulté : intelligent de la part de son architecte-concepteur, qui a pensé à 90 % de sa clientèle... et non à 10 %, comme on le constate si souvent !

Salies-de-Béarn
Golf de Salies-de-Béarn
X

Adresse : Domaine d'Hélios,
64270 Salies-de-Béarn.
Tél. : 05.59.38.37.59.
Accès : autoroute Pau-Bayonne, sortie Orthez.
Ouverture : tous les jours.
Parcours : 12 trous - 4 637 m - Par 68.
Tarifs : 100 F en semaine et 120 F le week-end.
Accueil : club-house, bar, restaurant, pro-shop, tennis, piscine.
Hcp : non exigé.
Stages : contacter le golf.

Salives
Golf de Salives

✕ ✕

Adresse : Larçon,
21580 Salives.
Tél. : 03.80.75.66.45.
Accès : de Dijon, prendre la direction de Montigny-sur-Aube par la R.D. 996, puis à Larçon le golf est fléché.
Ouverture : tous les jours, sauf le mardi et en janvier et février.
Parcours : 9 trous - 2 869 m - Par 36.
Tarifs : 100 F en semaine et 140 F le week-end.
Accueil : club-house, bar, restaurant, piscine.
Hcp : non exigé.
Stages : contacter le golf.

Salon-de-Provence
Golf de l'Ecole de l'Air

✕ ✕

Adresse : Base aérienne 701,
13661 Salon-Air.
Tél. : 04.90.53.90.90. Poste 83.336.
Accès : A7 sortie Salon-sud, à 2 km au sud de Salon, se présenter au poste d'entrée de l'École de l'Air.
Ouverture : tous les jours.
Parcours : 18 trous - 5 780 m - Par 71.
Tarifs : 120 F en semaine et 200 F le week-end.
Accueil : club-house, bar, restaurant, pro-shop.
Hcp : 35 ou carte verte.
Stages : non (réservé aux militaires).

L'armée de l'Air semble très attachée au golf, car avec ses deux parcours de Villacoublay et de Salon-de-Provence, elle tient là deux très beaux 18 trous où l'entretien et la propreté sont de rigueur. Discipline oblige !

Sancerre
Golf du Sancerrois

X X

Adresse : Saint-Thilbault B.P. 09,
18300 Sancerre.
Tél. : 02.48.54.11.22.
Accès : R. N. 7 direction Paris-Province. 6 km après Cosne-sur-Loire, prendre direction Sancerre.
Ouverture : tous les jours.
Parcours : 18 trous - 5 828 m - Par 72 + 6 trous d'initiation.
Tarifs : *Haute saison :* 170 F en semaine et 220 F le week-end. *Basse saison :* 120 F en semaine et 180 F le week-end.
Accueil : club-house, bar, salon, restaurants (gastronomique et restauration rapide), pro-shop.
Hcp : 35 ou carte verte.
Stages : nombreux stages, contacter le golf.

Sargé-lès-Le Mans
Golf des Maréchaux

X X

Adresse : La Petite Blanchardière, route de Bonnétable, 72190 Sargé-lès-Le Mans.
Tél. : 02.43.76.25.07.
Accès : Autoroute A11, sortie Le Mans-Est puis suivre la route de Bonnétable.
Ouverture : tous les jours.
Parcours : 18 trous - 6013 m - Par 73 + 5 trous compact.
Tarifs : 120 F en semaine et 180 F le week-end 5 trous compact : 60 F.
Accueil : club-house, bar, restaurant (le dimanche uniquement).
Hcp : non exigé.
Stages : contacter le golf.

> Parcours qui s'inscrit parfaitement dans une région de bocage, où le golf semble prendre une part prépondérante au tourisme grandissant.

Saumane
Provence Golf Country-Club
X X

Adresse : route de Fontaine-de-Vaucluse, 84800 Saumane.
Tél. : 04.90.20.20.65.
Accès : d'Avignon, prendre la route de l'Isle-sur-Sorgue.
Ouverture : tous les jours.
Parcours : 9 trous - 1 100 m - Par 28 ; 18 trous - 6 098 m - Par 72.
Tarifs : 18 trous : 240 F. 9 trous : 60 F.
Accueil : bar, petite restauration.
Hcp : 36 pour le 18 trous.
Stages : contacter le golf.

Saumur
Golf du Saumurois
X X

Adresse : Saint-Hilaire-Saint-Florent, 49400 Saumur.
Tél. : 02.41.50.87.00.
Accès : de Saumur, prendre la direction de Saint-Hilaire-Saint-Florent et le golf est fléché.
Ouverture : tous les jours.
Parcours : 9 trous - 2 938 m - Par 36 + 4 trous école.
Tarifs : *Haute saison :* 120 F en semaine et 150 F le week-end. *Basse saison :* 100 F en semaine et 130 F le week-end.
Accueil : club-house, bar, pro-shop.
Hcp : carte verte ou 35.
Stages : contacter le golf.

Sauveterre
Golf des Roucous-Sauveterre

✕ ✕

Adresse : 82110 Sauveterre.
Tél. : 05.63.95.83.70
Accès : de Cahors, prendre la direction de Castelnau, puis Sauveterre et le golf est ensuite indiqué.
Ouverture : tous les jours.
Parcours : 9 trous - 2 622 m - Par 35.
Tarif : 150 F pour la journée.
Accueil : club-house, bar, restaurant, pro-shop, tennis, piscine.
Hcp : non exigé.
Stages : contacter le golf.

Savenay
Golf de Savenay

✕ ✕ ✕

Adresse : 44260 Savenay.
Tél. : 02.40.56.88.05.
Accès : de Nantes, voie rapide direction La Baule, sortie Blain-Bouvron.
Ouverture : tous les jours (restaurant fermé sauf juillet et août).
Parcours : 18 trous - 6 339 m - Par 73 ; 9 trous compact.
Tarifs : *Haute saison :* 240 F en semaine et 95 F (compact). *Moyenne saison :* 200 F et 80 F (compact). *Basse saison :* 155 F et 65 F (compact).
Accueil : club-house, bar, restaurant, pro-shop.
Hcp : 35 en été.
Stages : contacter le golf.

Savenay s'inscrit dans une région très dynamique sur le plan golfique, proposant de nombreux parcours de qualité. Ce 18 trous dessiné par Michel Gayon en est un bon exemple et offre une qualité de jeu agréable, grâce à la variété de ses trous et de son environnement.

Savigneux
Golf de Savigneux-les-Etangs
× ×

Adresse : 42600 Savigneux.
Tél. : 04.77.58.70.74.
Accès : de Saint-Etienne, prendre l'A 72, sortie Montbrison, puis le golf est fléché.
Ouverture : tous les jours.
Parcours : 15 trous - 4 800 m - Par 54 (3 trous à venir).
Tarifs : 130 F en semaine et 150 F le week-end.
Accueil : club-house, bar, restaurant, pro-shop, salle de bridge.
Hcp : carte verte ou 35.
Stages : contacter le golf.

Savigny-sur-Clairis
Golf de Clairis
× ×

Adresse : Domaine de Clairis,
89150 Savigny-sur-Clairis.
Tél. : 03.86.86.33.90.
Accès : autoroute A6, sortie Courtenay, direction Sens puis direction Chéroy.
Ouverture : tous les jours, sauf le mercredi.
Parcours : 18 trous - 5 945 m - Par 72.
Tarifs : *Haute saison :* 100 F en semaine et 180 F le week-end. *Basse saison :* 80 F en semaine et 150 F le week-end.
Accueil : club-house, bar.
Hcp : non exigé.
Stages : contacter le golf, juillet et août.

L'appel de la forêt, aurait dit Jack London ! Clairis offre un parcours technique qui vous demandera beaucoup de concentration et de rigueur car vos balles pourraient bien rejoindre les bois ! Un club-house confortable vous tendra les bras à votre arrivée au 18.

Seignosse
Golf de Seignosse

X X X

Adresse : avenue du Belvédère,
40510 Seignosse.
Tél. : 05.58.43.17.32.
Accès : autoroute A63 sortie Hossegor/Capbreton, puis R. N. 652 direction Seignosse.
Ouverture : tous les jours.
Parcours : 18 trous - 6 124 m - Par 72.
Tarifs : *Haute saison :* 330 F. *Moyenne saison :* 280 F. *Basse saison :* 250 F.
Accueil : club-house, bar, restaurant, salons, pro-shop.
Hcp : carte verte.
Stages : contacter le golf.

> Les avis semblent partagés lorsque l'on parle de Seignosse. Peut-être est-ce dû à des résultats pas toujours à la hauteur des espérances de certains joueurs ? En tout cas, ce parcours landais fait partie des « musts », car il propose un 18 trous aux multiples facettes : relief accidenté bordé de pins et de chênes, fairways étroits, bunkers toujours stratégiquement bien placés, obstacles d'eau..., bref un parcours sportif et technique ! Le club-house sera alors un bon refuge pour venir vous consoler d'une possible désillusion. Voiturette indispensable, surtout l'été !

Seppois-le-Bas
Golf de la Largue

X X

Adresse : Mooslargue,
68580 Seppois-le-Bas.
Tél. : 03.89.07.67.67.
Accès : de Mulhouse, prendre la R.D. 432 en direction de Altkirch, puis Seppois-le-Bas, Mooslargue.
Ouverture : fermé de mi-décembre à mi-janvier.
Parcours : 18 trous - 6 200 m - Par 72 + 9 trous compact.
Tarifs : 220 F en semaine et 320 F le week-end 9 trous compact : 80 F.
Accueil : club-house, bar, restaurant, pro-shop.

Hcp : 30.
Stages : contacter le golf.

Seraincourt
Golf de Seraincourt

X X

Adresse : 95450 Seraincourt
Tél. : 01.34.75.47.28.
Accès : autoroute de l'Ouest sortie Les Mureaux, direction Meulan, puis Magny-en-Vexin.
Ouverture : tous les jours.
Parcours : 18 trous - 5 760 m - Par 70.
Tarifs : *Haute saison :* 160 F en semaine et 300 F le week-end. *Basse saison :* 130 F en semaine et 240 F le week-end.
Accueil : club-house, bar, restaurant, pro-shop, vestiaires, salles vidéo, snack, piscine, tennis, garderie (le week-end).
Hcp : le week-end : 24 pour les hommes et 28 pour les femmes.
Stages : se renseigner au golf.

> Ce club semble avoir enfin trouvé une certaine stabilité. Il offre la possibilité de jouer un parcours agréable, où le calme sera votre principal compagnon.

Soufflenheim
Golf Club de Soufflenheim
Baden-Baden

X X X

Adresse : allée du Golf,
67620 Soufflenheim.
Tél. : 03.88.05.77.00.
Accès : de Strasbourg, prendre l'A 4, sortie Lauterbourg, prendre la voie rapide, sortie Sessenheim, puis Soufflenhieim.

Ouverture : tous les jours.
Parcours : 18 trous - 6 357 m - Par 72 + 9 trous - 2 277 m - Par 32 + 6 trous.
Tarifs : 18 trous : 300 F en semaine et 400 F le week-end.
Accueil : club-house, bar, restaurant, pro-shop.
Hcp : hommes : 32 ; femmes : 34.
Stages : contacter le golf.

Souraïde
Golf de Epherra

✕ ✕

Adresse : 64250 Souraïde.
Tél. : 05.59.93.84.06.
Accès : de Biarritz, prendre la direction de Ustaritz par la R.D. 932, puis Souraïde où le golf est indiqué.
Ouverture : tous les jours, sauf le mercredi matin hors vacances scolaires.
Parcours : 9 trous - 2 330 m - Par 34.
Tarifs : 70 F en semaine et 80 F le week-end.
Accueil : club-house, bar, restaurant.
Hcp : carte verte ou 35 en août.
Stages : non.

Strasbourg
Le Kempferhof Golf-Club

✕ ✕ ✕

Adresse : 351 route du Moulin, 67115 Plobsheim.
Tél. : 03.88.98.72.72.
Accès : A35 sortie Illkirch/aéroport de Strasbourg puis direction Entzheim.
Ouverture : tous les jours sauf le mardi (club-house fermé en hors-saison).
Parcours : 18 trous - 5 980 m - Par 72.
Tarifs : 330 F en semaine et 450 F le week-end.
Accueil : club-house, bar, restaurant, pro-shop.
Hcp : 35.
Stages : contacter le golf.

Un parcours qui mérite toute l'attention des amateurs de golf et de l'Alsace, car ici règne une parfaite harmonie entre le sport et le charme d'une région où la gastronomie et le vin ne sont plus à présenter.

Strasbourg
Golf de Strasbourg-Illkirch

X X X

Adresse : route du Rhin,
67400 Illkirch-Graffenstaden.
Tél. : 03.88.66.17.22.
Accès : de Strasbourg, R. N. 83 autoroute 33 et 34.
Ouverture : tous les jours (club-house fermé le mercredi en hors-saison).
Parcours : 3 x 9 trous : *Jaune :* 3 208 m - Par 37. *Blanc :* 2 930 m - Par 35. *Rouge :* 2 897 m - Par 36.
Tarifs : 230 F en semaine et 300 F le week-end.
Accueil : club-house, bar, restaurant, pro-shop.
Hcp : être membre d'un club et 35.
Stages : non.

Un golf qui flattera votre ego, car son relief plat et l'absence d'obstacles pénalisants permet à tous d'espérer faire une bonne performance. Quelques trous peuvent cependant susciter de la méfiance, à l'image du 5 où jouer hors-limites est fréquent. Un club-house situé dans une maison à colombages, vous permettra de profiter du charme de l'hospitalité alsacienne.

Sully-sur-Loire
Golf de Sully-sur-Loire

X X

Adresse : Domaine de l'Ousseau,
45600 Sully-sur-Loire.
Tél. : 02.38.36.52.08.

Accès : à 3 km de Sully-sur-Loire. Fléchage au départ de Sully et de Viglain.
Ouverture : tous les jours, sauf le mardi.
Parcours : 18 trous - 6 083 m - Par 72 + 9 trous - 2 927 m - Par 36.
Tarifs : 180 F en semaine et 250 F le week-end.
Accueil : club-house, bar, restaurant, pro-shop, garderie (week-end), salle de bridge.
Hcp : non exigé.
Stages : contacter le golf.

> Ne vous fiez pas à la relative facilité des neuf premiers trous du parcours, car la suite pourrait vous réserver une bien mauvaise surprise. La forêt et les obstacles d'eau veillent ! Un club-house plein de charme vous permettra d'achever de très belle manière une agréable journée de golf.

Talmont-Saint-Hilaire
Golf de Port-Bourgenay

✗ ✗

Adresse : avenue de la Mino,
85440 Talmont-Saint-Hilaire.
Tél. : 02.51.23.35.45.
Accès : de Nantes, prendre direction Les Sables d'Olonne, puis la D. 949 direction Talmont-Saint-Hilaire.
Ouverture : tous les jours, sauf le mardi en hors-saison.
Parcours : 18 trous - 5830 m - Par 72.
Tarifs : *Haute saison :* 260 F. *Moyenne saison :* 210 F. *Basse saison :* 105 F.
Accueil : club-house, bar, restaurant, pro-shop.
Hcp : carte verte ou 35.
Stages : contacter le golf.

Voir liste des golfs p. 343

Tanlay
Golf de Tanlay

Adresse : Château de Tanlay
89430 Tanlay.
Tél. : 03.86.75.72.92.
Accès : autoroute A6, sortie Auxerre-Sud, prendre direction Tonnerre.
Ouverture : tous les jours.
Parcours : 9 trous - 2 688 m - Par 35.
Tarifs : 100 F en semaine et 130 F le week-end.
Haute saison : 150 F. Mardi : 50 F.
Accueil : club-house, bar, restauration rapide.
Hcp : non exigé.
Stages : non.

Neuf trous seulement, mais riches en histoire ! Situé dans le superbe parc du château de Tanlay, ce club vous offre un site idéal pour un séjour golf-château.

Tarbes
Golf de l'Hippodrome

Adresse : rue de la Châtaigneraie,
65310 Laloubère.
Tél. : 05.62.45.07.10.
Accès : de Tarbes, route de l'Hippodrome.
Ouverture : tous les jours, sauf les jours de courses de chevaux.
Parcours : 9 trous - 2 990 m - Par 36.
Tarifs : 110 F la semaine et 135 F le week-end.
Accueil : club-house, bar, petite restauration, pro-shop.
Hcp : non exigé.
Stages : contacter le golf.

Tende
Golf de Viévola

✗ ✗

Adresse : Domaine de Viévola,
06430 Tende.
Tél. : 04.93.04.61.02.
Accès : de Nice par R. N. 204, Sospel, Breil-sur-Roya.
Ouverture : tous les jours.
Parcours : 9 trous - 2 004 m - Par 32.
Tarifs : 100 F la journée.
Accueil : club-house, bar, restaurant, pro-shop.
Hcp : non exigé.
Stages : contacter le golf.

Thoury-Ferrottes
Golf de la Forteresse

✗ ✗ ✗

Adresse : Domaine de la Forteresse,
77940 Thoury-Ferrottes.
Tél. : 01.60.96.95.10.
Accès : prendre l'autoroute A6 et la R. N. 5 à partir de Fontainebleau, puis la D. 129.
Ouverture : tous les jours.
Parcours : 18 trous - 6 025 m - Par 72.
Tarifs : *Haute saison :* 180 F en semaine et 350 F le week-end. *Basse saison :* 180 F en semaine et 280 F le week-end. *Mardi :* 100 F.
Accueil : club-house, bar, restaurant, nursery (sur réservation).
Hcp : 35 ou carte verte.
Stages : toute l'année, contacter le golf.

> Très belle réalisation, à mi-chemin entre Paris et la Bourgogne, la Forteresse est un endroit magique où les trous se succèdent sans jamais se ressembler. Ondulés, variés et offrant un réel sentiment de liberté et de bonheur...

Tignes
Golf de Tignes
X X

Adresse : Val Claret,
73320 Tignes.
Tél. : 04.79.06.37.42.
Accès : Albertville, R. N. 90 - Moutiers - Bourg-Saint-Maurice - Séez, D. 902 - Tignes.
Ouverture : du 15 juin au 15 septembre.
Parcours : 18 trous - 4 800 m - Par 68.
Tarif : 200 F.
Accueil : club-house, bar, restaurant.
Hcp : non exigé.
Stages : 26 juin - 1er septembre, toutes les semaines.

> Situé à plus de 2 000 mètres d'altitude, entre Grande-Motte et le lac de Tignes, ce parcours a la particularité d'être le plus haut d'Europe.
> La précision de votre jeu de fer vous sera fort utile pour éviter tous les pièges que sont les obstacles d'eau et les bunkers situés tout au long de ce 18 trous. Seuls quelques habitants du parcours pourront venir troubler votre quiétude par leurs sifflements : nos amies les marmottes !

Tillac
Golf du Château de la Pallanne
X X

Adresse : 32170 Tillac.
Tél. : 05.62.70.00.06.
Accès : entre Auch et Tarbes sur la R.N. 21, direction Marcillac sur la R.D. 3, et le golf est indiqué.
Ouverture : tous les jours.
Parcours : 9 trous - 2 670 m - Par 36.
Tarif : 150 F.
Accueil : club-house, bar, restauration sur demande, pro-shop.
Hcp : 36.
Stages : contacter le golf.

Voir liste des golfs p. 343

Toulouse
Golf de Saint-Gabriel

✗ ✗

Adresse : Lieu-dit « Castié »,
31850 Montrabé.
Tél. : 05.61.84.16.65.
Accès : à 8 km de Toulouse, sur la route de Lavaur R.D. 112.
Ouverture : tous les jours, sauf le club-house fermé le mardi.
Parcours : 9 trous - 3 436 m - Par 35 + 3 trous école.
Tarifs : 100 F en semaine et 150 F le week-end.
Accueil : club-house, bar, restaurant, pro-shop, piscine.
Hcp : carte verte.
Stages : contacter le golf.

Toulouse
Golf de Toulouse

✗ ✗ ✗

Adresse : 31230 Vieille-Toulouse.
Tél. : 05.61.73.45.48.
Accès : de Toulouse, direction Lacroix-Falgarde, longer la Garonne jusqu'à Vieille-Toulouse.
Ouverture : tous les jours, sauf le mardi pour le restaurant.
Parcours : 18 trous - 5 296 m - Par 71.
Tarifs : 180 F en semaine et 250 F le week-end.
Accueil : club-house, bar, restaurant, pro-shop.
Hcp : carte verte.
Stages : contacter le golf.

Surplombant la vallée de la Garonne et la ville rose, ce golf offre un parcours très vallonné, parfois pentu, où de nombreux dog-legs et arbres viendront corser votre partie. Ambiance du club-house très conviviale.

Toulouse
Golf de Toulouse Borde Haute
╳

Adresse : 31280 Lafage.
Tél. : 05.62.18.84.09.
Accès : R.N. 126 direction Castres.
Ouverture : tous les jours sauf le lundi.
Parcours : 9 trous - 2 220 m - Par 34.
Tarifs : non communiqués.
Accueil : club-house, bar, restaurant gastronomique, piscine, billard.
Hcp : non exigé.
Stages : non.

Toulouse
Golf-Club de Toulouse-Palmola
╳ ╳ ╳

Adresse : Route d'Albi,
31660 Buzet-sur-Tarn.
Tél. : 05.61.84.20.50.
Accès : route d'Albi R. N. 88 à 20 km de Toulouse.
Ouverture : tous les jours, sauf le mardi.
Parcours : 18 trous - 6 156 m - Par 72.
Tarifs : *Haute saison :* 210 F en semaine et 260 F le week-end.
Accueil : club-house, bar, restaurant, pro-shop, tennis, piscine, garderie (week-end).
Hcp : 35 et 30 le week-end.
Stages : uniquement pour les femmes.

> Sport et détente peuvent faire bon ménage ! Palmola en est un bon exemple. Les joueurs de tous niveaux trouveront de multiples raisons de l'apprécier : le cadre, la technique et la qualité de l'accueil qui est réservé aussi bien aux membres qu'aux visiteurs.

Toulouse
Golf international de Toulouse-Seilh

X X X

Adresse : route de Grenade,
31840 Seilh.
Tél. : 05.62.13.14.14.
Accès : autoroute Bordeaux-Carcassonne, sortie Saint-Jouy. De Toulouse, sortie vers Grenade, après Blagnac.
Ouverture : tous les jours.
Parcours : *Rouge :* 18 trous - 6 330 m - Par 72 – *Jaune :* 18 trous - 4 171 m - Par 63.
Tarifs : *Rouge :* 165 F en semaine et 235 F le week-end. *Jaune :* 130 F en semaine et 160 F le week-end.
Accueil : club-house, bar, restaurant, pro-shop, piscine, tennis.
Hcp : hommes 28 - femmes 30 pour le *Rouge,* et 35 ou carte verte.
Stages : contacter le golf.

> Un terrain mouvementé, agrémenté de nombreux bunkers et obstacles d'eau, le plus souvent latéraux, permet aux joueurs de profiter d'un cadre agréable tout en espérant pouvoir réaliser une bonne carte. Une très belle étape.

Toulouse 31
Golf de Téoula

X X

Adresse : 71 avenue des Landes,
31380 Plaisance-du-Touch.
Tél. : 05.61.91.98.80.
Accès : route de Lombez, le golf se trouve après Plaisance-du-Touch. Sur la route d'Auch, sortie Colomiers Z. I. direction La Salvetat-Saint-Gilles, puis suivre le fléchage du parc zoologique.
Ouverture : tous les jours.
Parcours : 18 trous - 5 410 m - Par 69.
Tarifs : 140 F en semaine et 230 F le week-end.
Accueil : club-house, bar, restaurant, pro-shop, billard.

Hcp : carte verte.
Stages : initiation et perfectionnement en alternance, contacter le golf.

> De beaux paysages additionnés à un parcours agréable offrent une possibilité supplémentaire de pratiquer le golf, dans des conditions agréables, dans une région déjà riche en parcours. A connaître !

Toulouse
Golf de Toulouse-La Ramée

× ×

Adresse : Ferme de Cousturier,
31170 Tournefeuille.
Tél. : 05.61.07.09.09.
Accès : de Toulouse, prendre direction Lardennes.
Ouverture : tous les jours.
Parcours : 18 trous - 5 605 m - Par 71 ; 9 trous compact.
Tarifs : 130 F en semaine et 170 F le week-end.
9 trous compact : 70 F.
Accueil : club-house, bar, restaurant, pro-shop.
Hcp : 35, carte verte.
Stages : tous les week-ends, contacter le golf.

Tourgéville
Golf de l'Amirauté

× × ×

Adresse : C.D 278,
14800 Tourgéville.
Tél. : 02.31.14.12.00.
Accès : autoroute A 13, sortie Deauville-Trouville, puis direction Deauville et le golf est indiqué.
Ouverture : tous les jours.
Parcours : 18 trous - 6 017 m - Par 73 + 7 trous - 1 435 m - Par 24 + 7 trous de nuit - 1 800 m - Par 26.
Tarifs : 220 F en semaine et 330 F le week-end ; *août* : 250 F en semaine et 350 F le week-end.

Accueil : club-house, bar, restaurant, pro-shop.
Hcp : carte verte ou 35.
Stages : contacter le golf.

Le Calvados compte un parcours de qualité de plus à son actif. Situé non loin de ses célèbres voisins de Deauville, ce golf offre un parcours au relief ondulé et aux obstacles principalement représentés par de nombreuses pièces d'eau dues à son sol marécageux. La possibilité de jouer au golf la nuit vous est offerte sur 7 trous.

Tours
Golf d'Ardrée-Tours

✕ ✕ ✕

Adresse : 37360 Saint-Antoine-du-Rocher.
Tél. : 02.47.56.77.38.
Accès : à proximité de Tours, prendre la direction Saint-Antoine-du-Rocher.
Ouverture : tous les jours.
Parcours : 18 trous - 5 758 m - Par 70 + 3 trous école.
Tarifs : 190 F en semaine, 260 F le week-end.
Accueil : club-house, bar, restaurant, pro-shop.
Hcp : non exigé.
Stages : contacter le golf.

Dans un site au relief ondulant, au milieu de chênes et de cèdres centenaires, le parcours d'Ardrée vous obligera à rester sur vos gardes, pour ne pas risquer de boire la tasse. Les obstacles d'eau, au nombre de huit sur le parcours, seront vos principaux adversaires. Une halte aux charmes multiples dont la gastronomie régionale n'est plus à vanter.

Tours
Golf de Touraine

× × ×

Adresse : Château de la Touche,
37510 Ballan-Miré.
Tél. : 02.47.53.20.28.
Accès : sortie d'autoroute à Chambray-lès-Tours. Revenir sur Tours et prendre la route de Chinon. Golf fléché après le feu tricolore de Ballan.
Ouverture : tous les jours.
Parcours : 18 trous - 5 671 m - Par 71.
Tarifs : 230 F en semaine et 300 F le week-end.
Accueil : club-house, bar, restaurant, pro-shop, tennis.
Hcp : 35 exigé le week-end.
Stages : contacter le golf.

> L'ancêtre des parcours tourangeaux offre un 18 trous où tous les joueurs trouveront leur compte : de larges fairways pour les grands frappeurs ainsi que des alignements étroits, des obstacles d'eau demandant de la précision et un bon jeu de fer et des greens où chaque putt ne sera pas forcément donné. Enfin, un tracé qui vous tiendra en haleine et qui pourra peut-être sourire à votre carte de score.

Trémargat
Golf de Tir Na N'Og

×

Adresse : 22110 Trémargat.
Tél. : 02.96.36.53.44.
Accès : de Kérien, prendre direction Trémargat, puis le golf est fléché.
Ouverture : tous les jours
Parcours : 9 trous (18 départs) - 4 900 m - Par 66 + 5 trous école.
Tarifs : 100 F en semaine et 120 F le week-end et vacances.
Accueil : club-house, bar, restauration rapide, pro-shop.
Hcp : carte verte ou 35.
Stages : contacter le golf.

Troyes
Golf de la Cordelière

× ×

Adresse : Château de la Cordelière,
10210 Chaource.
Tél. : 03.25.40.18.76.
Accès : de Troyes, direction Tonnerre, R. N. 71 - D. 444 et 443.
Ouverture : tous les jours (secrétariat fermé mardi matin).
Parcours : 18 trous - 6 154 m - Par 72.
Tarifs : *Haute saison :* 180 F du lundi au jeudi, 100 F le vendredi et 250 F le week-end. *Basse saison :* 100 F en semaine et 150 F le week-end.
Accueil : club-house, bar, restaurant, pro-shop.
Hcp : 35.
Stages : contacter le golf

Uriage
Golf-Club d'Uriage

× ×

Adresse : Les Alberges,
Vaulnaveys-le-Haut,
38410 Uriage.
Tél. : 04.76.89.03.47.
Accès : de Grenoble, D. 524.
Ouverture : tous les jours.
Parcours : 9 trous - 2 005 m - Par 32.
Tarif : 120 F en semaine et le week-end.
Accueil : club-house, bar, restaurant, pro-shop.
Hébergement : hôtels à Grenoble.
Hcp : non exigé.
Stages : contacter le golf.

Uzès
Golf Club d'Uzès

✕ ✕

Adresse : Mas de la Place,
Pont des Charrettes,
30700 Uzès.
Tél. : 04.66.22.40.03.
Accès : autoroute A9, sortie Remoulins.
Ouverture : tous les jours.
Parcours : 9 trous - 3 050 m - Par 36 + 4 trous compact.
Tarifs : 120 F en semaine et 130 F le week-end.
Accueil : club-house, bar, restaurant, pro-shop.
Hcp : 35 ou carte verte.
Stages : contacter le golf.

Valbonne
Golf d'Opio-Valbonne

✕ ✕

Adresse : château de la Bégude,
route de Roquefort-les-Pins,
06650 Opio.
Tél. : 04.93.12.00.08.
Accès : de Cannes, prendre la direction de Valbonne, puis le golf est indiqué.
Ouverture : tous les jours.
Parcours : 18 trous - 5 930 m - Par 72.
Tarifs : 310 F en semaine et 340 F le week-end.
Accueil : club-house, bar, restaurant, pro-shop, tennis, piscine.
Hcp : 35 ou carte verte.
Stages : contacter le golf.

> Parcours qui ne posera pas de réel problème, malgré un relief marqué sur certain trous et la présence d'un petit cours d'eau. Ce golf mériterait peut-être quelques améliorations, car son entretien semble laisser à désirer.

Voir liste des golfs p. 343

Valbonne
Victoria Golf Club

Adresse : Chemin du Val-Martin,
06260 Valbonne.
Tél. : 04.93.12.23.26.
Accès : par l'autoroute de Nice, prendre la sortie Sophia-Antipolis, après le troisième village, prendre à droite + fléchage.
Ouverture : tous les jours.
Parcours : 9 trous - 2 400 m - Par 34.
Tarifs : 9 trous : 120 F en semaine et 150 F le week-end. 18 trous : 180 F en semaine et 210 F le week-end.
Accueil : club-house, bar, restaurant.
Hcp : 35 le week-end.
Stages : le week-end, contacter le golf.

Valence
Golf du Bourget

Adresse : quartier du Bourget,
26120 Montmeyran.
Tél. : 04.75.59.48.18.
Accès : de Valence, prendre la direction de Beaumont, puis Montmeyran et le golf est fléché.
Ouverture : tous les jours.
Parcours : 9 trous - 2 437 m - Par 33 + 3 trous pitch and putt.
Tarifs : 60 F en semaine et 80 F le week-end.
Accueil : club-house, bar, restaurant, pro-shop, billard.
Hcp : non exigé.
Stages : contacter le golf.

Valence
Golf de Valence-Saint-Didier
✕ ✕

Adresse : Saint-Didier-de-Charpey,
26300 Charpey.
Tél. : 04.75.59.67.01.
Accès : Valence sortie Nord ou Sud, direction Montellier + fléchage.
Ouverture : tous les jours.
Parcours : 18 trous - 5 807 m - Par 71.
Tarifs : *Haute saison :* 160 F en semaine et 210 F le week-end. *Basse saison :* 130 F en semaine et 160 F le week-end.
Accueil : club-house, bar, restaurant, pro-shop.
Hcp : non exigé.
Stages : contacter le golf.

Valence-d'Agen
Golf-Club d'Espalais
✕ ✕

Adresse : L'illot,
82400 Valence-d'Agen.
Tél. : 05.63.29.04.56.
Accès : A 62 sortie Saint-Loup, Valence-d'Agen - Espalais. R. N. 113 - Espalais.
Ouverture : tous les jours.
Parcours : 9 trous - 2 717 m - Par 35 + 3 trous école.
Tarifs : 100 F en semaine et 120 F le week-end.
Accueil : club-house, bar, restaurant, pro-shop.
Hcp : non exigé.
Stages : contacter le golf.

Valenciennes
Golf de Valenciennes
✕ ✕

Adresse : 39, rue du Chemin-Vert,
59770 Marly-lès-Valenciennes.

Tél. : 03.27.46.30.10.
Accès : sortie de Valenciennes, direction Maubeuge par D. 934.
Ouverture : tous les jours.
Parcours : 9 trous - 4 738 m - Par 65.
Tarifs : 110 F en semaine et 180 F le week-end.
Accueil : club-house, bar, vestiaires.
Hcp : carte verte ou 35.
Stages : contacter le golf.

Vaucresson
Golf du Haras Lupin

Adresse : 131, avenue de La Celle-Saint-Cloud, 92420 Vaucresson.
Tél. : 01.47.01.15.04.
Accès : première sortie de l'autoroute de l'Ouest, prendre la direction Vaucresson. Le golf est en bordure du bois de Saint-Cucufa.
Ouverture : tous les jours.
Parcours : 9 trous - 2 077 m - Par 32.
Tarifs : 130 F en semaine et 170 F le week-end.
Accueil : club-house, restaurant, bar.
Hcp : carte verte.
Stages : contacter le golf.

Ce parcours de 9 trous, géré par le Stade-Français, est idéal pour faire ses premières armes. Vous pourrez ainsi avoir la possibilité d'y faire un bon score, et de profiter ensuite d'un club-house où l'ambiance est chaleureuse, sans oublier le practice où les balles sont à discrétion.

Vedène
Golf du Grand-Avignon
✕ ✕ ✕

Adresse : Domaine de la Blanchère,
Les Chênes Verts,
84270 Vedène.
Tél. : 04.90.31.49.94.
Accès : sortie autoroute : Avignon nord, puis fléchage.
Ouverture : tous les jours.
Parcours : 18 trous - 6 071 m - Par 72 + 9 trous compact - 1 044 m - Par 27.
Tarifs : 18 trous : 200 F en semaine et 230 F le week-end + 9 trous : 120 F.
Accueil : club-house, bar, restaurant, salon, salle de bridge.
Touring-pro : Laurent Lassalle.
Hcp : 35 (pour le 18 trous uniquement).
Stages : contacter le golf.

> Une belle réussite pour ce golf qui offre non seulement un parcours très agréable, qui charmera bon nombre de joueurs, mais aussi des installations confortables et modernes qui raviront les non-golfeurs.

Vendôme
Golf de la Bosse
✕ ✕

Adresse : « La Guignardière »,
La Bosse,
41290 Oucques.
Tél. : 02.54.23.02.60.
Accès : A10 sortie Thivars, direction Châteaudun, Oucques puis fléchage.
Ouverture : tous les jours sauf le mardi (hors période scolaire).
Parcours : 9 trous - 2 996 m - Par 36 + 3 trous compact.
Tarifs : 110 F en semaine et 155 F le week-end.
Accueil : club-house, bar, restaurant, pro-shop.
Hcp : non exigé.
Stages : stages tous les mois, contacter le golf.

Verneuil-sur-Avre
Golf de Center Parcs

X X

Adresse : domaine des Bois-Francs,
Les Barils,
27130 Verneuil-sur-Avre.
Tél. : 02.32.23.50.02.
Accès : R. N. 12 direction Alençon-Mortagne.
Ouverture : tous les jours.
Parcours : 9 trous - 3 250 m - Par 37 + 3 trous.
Tarifs : 105 F en semaine et 150 F le week-end.
Accueil : club-house, bar, restaurant, pro-shop, piscine, tennis, sauna, garderie.
Hcp : carte verte.
Stages : contacter le golf.

Le golf est une pierre de plus à l'édifice de ce parc de vacances, Center Parcs, où les activités ne manquent pas. Ce parcours tracé à la lisière de la forêt ne demande pas un haut niveau de jeu, mais offre un agréable moment de détente. Que demander de plus !

Versailles
Golf du Racing-Club de France

X X X X

Adresse : La Boulie,
78000 Versailles.
Tél. : 01.39.50.59.41.
Accès : R. N. 186, sortie Versailles-sud.
Ouverture : tous les jours, sauf le mardi.
Parcours : *de la Vallée :* 18 trous - 5 963 m - Par 71 ; *de la Forêt :* 18 trous - 6 277 m - Par 72 + 9 trous compact.
Tarifs : 450 F en semaine et 550 F le week-end (sur invitation uniquement).
Accueil : club-house, bar, restaurant (tél. : 01.39.51.24.65), pro-shop, tennis.
Hcp : hommes 24 - femmes 28.
Stages : réservés aux membres.

Pour le plus vieux golf de Paris, La Boulie ne se porte pas si mal.

Le golf du Racing-Club de France vous proposera deux parcours qui ont reçu, durant de nombreuses années, des tournois aussi importants que l'Open de France.
La forêt, des fairways étroits et vallonnés sont au programme de votre partie, en présence de spectateurs privilégiés, les célèbres petits lapins de La Boulie !

Vézac-Aurillac
Golf de Vézac-Aurillac

X X

Adresse : mairie de Vézac,
15130 Vézac.
Tél. : 04.71.62.40.09.
Accès : d'Aurillac le golf est indiqué.
Ouverture : tous les jours.
Parcours : 9 trous - 2 391 m - Par 33.
Tarifs : *Haute saison :* 80 F. *Basse saison :* 50 F.
Accueil : club-house, bar, restaurant, pro-shop.
Hcp : non exigé.
Stages : contacter le golf.

Vichy
Golf de Vichy

X X X

Adresse : allée Bougnies,
03700 Bellerive-sur-Allier.
Tél. : 04.70.32.39.11.
Accès : pont de Bellerive, R. N. 9 à 2 km au sud-ouest de Vichy.
Ouverture : tous les jours, sauf le mardi (hors-saison).
Parcours : 18 trous - 5 623 m - Par 69.
Tarifs : *Haute saison :* 250 F. *Basse saison :* 190 F.
Accueil : club-house, bar, restaurant (tél. : 04.70.32.71.31), pro-shop, piscine, tennis.

Hcp : 35 ou carte verte.
Stages : contacter le golf.

Vichy et ses cures ! Vichy et son eau ! Eh, Vichy et son golf alors ? Un parcours séduisant et reposant grâce au calme et au silence qui y règnent. Attention tout de même à ne pas vous laisser endormir, car les pièges veillent : les arbres, les bunkers, les obstacles d'eau, certains greens aux reliefs marqués... Ils seront là, pour vous rappeler que le golf est aussi une affaire de concentration. Certainement l'un des clubs les plus « pétillants » ! Quant à la ville elle-même, elle offre de nombreuses distractions en plus.

Vierzon
Golf de la Picardière

X X

Adresse : Chemin de la Picardière
18100 Vierzon.
Tél. : 02.48.75.21.43.
Accès : autoroute A71, sortie Vierzon-Est.
Ouverture : tous les jours.
Parcours : 18 trous - 6 077 m - Par 72 ; 6 trous compact.
Tarifs : 18 trous : 150 F en semaine et 220 F le week-end. 6 trous : 50 F.
Accueil : club-house, bar, snack, pro-shop.
Hcp : non exigé.
Stages : toute l'année, consulter le golf.

Villacoublay
Golf-Club de Villacoublay

X X

Adresse : Base aérienne 107,
78129 Villacoublay.
Tél. : 01.46.32.85.28.
Accès : A86 Pont-de-Sèvres, direction Vélizy-Orléans.

Ouverture : tous les jours, sauf le lundi.
Parcours : 18 trous - 6 025 m - Par 72 (Réservé au personnel de l'Armée de l'air et invités.)
Tarif : Golf réservé aux militaires et sur invitation.
Hcp : 35 ou carte verte.
Stages : réservés aux membres.

La succession du regretté général Olivier est assurée ! Le colonel Deroudilhe y veille.
Les priorités : qualité du parcours, entretien et propreté !
Le seul gros reproche que l'on puisse faire est qu'il ne soit pas ouvert au public. Dommage !

Villars-les-Dombes
Golf du Clou
X X X

Adresse : R.N. 83,
01330 Villars-les-Dombes.
Tél. : 04.74.98.19.65.
Accès : entre Lyon et Bourg-en-Bresse, par la R. N. 83.
Ouverture : tous les jours.
Parcours : 18 trous - 5 000 m - Par 67.
Tarifs : 160 F en semaine et 200 F le week-end.
Accueil : club-house, bar, restaurant, pro-shop, garderie.
Hcp : non exigé.
Stages : contacter le golf.

Le Clou de la région lyonnaise offre un parcours attrayant pour tous les amateurs de nature, où obstacles d'eau et forêt viendront jalonner un terrain légèrement vallonné. Une occasion comme celle-ci de vous faire plaisir ne se refuse pas.

Villedieu-sur-Indre
Golf du val de l'Indre
X X

Adresse : parc du château de Villedieu, 36320 Villedieu-sur-Indre.
Tél. : 02.54.26.59.44.
Accès : R. N. 143 direction Tours en sortant de Châteauroux.
Ouverture : tous les jours d'avril à octobre et fermé le mardi en saison.
Parcours : 18 trous - 6 225 m - Par 72 + 3 trous école.
Tarifs : *Haute saison :* 190 F en semaine et 220 F le week-end. *Basse saison :* 155 F en semaine et 195 F le week-end.
Accueil : club-house, bar, pro-shop, restaurant.
Hcp : carte verte.
Stages : contacter le golf.

> Ce parcours serpente dans une forêt de chênes et de cèdres centenaires, au milieu d'un parc de 60 hectares autour du château de Villedieu. Ce 18 trous ne présentant pas de difficultés majeures, il vous faudra toutefois vous méfier du 15, où l'étroitesse du fairway pourrait occasionner quelques dégats.

Villeneuve-sur-Lot
Golf de
Castelnaud-de-Gratecambe
X X

Adresse : 47290 Castelnaud-de-Gratecambe.
Tél. : 05.53.01.60.19.
Accès : autoroute jusqu'à Bordeaux puis Villeneuve-sur-Lot, R. N. 21 en direction de Bergerac.
Ouverture : tous les jours (fermé en janvier).
Parcours : 18 trous - 6 322 m - Par 72 + 9 trous - 1 092 m - Par 27.
Tarifs : 170 F en semaine et 220 F le week-end. 70 F pour le 9 trous.
Accueil : club-house, bar, restaurant, pro-shop, piscine, tennis, sauna.

Hcp : non exigé.
Stages : contacter le golf.

> Rien ne semble avoir été laissé au hasard ! Telle est la première remarque que l'on se fait lorsque l'on franchit les portes de ce club. Un parcours technique où l'on enchaîne les difficultés : larges bunkers, greens aux reliefs variés, obstacles d'eau, terrain vallonné... Le club-house et l'accueil sont à l'image du reste, sans reproche. Région heureuse et golf qui l'est tout autant...

Villennes-sur-Seine
Golf public de Villennes-sur-Seine

X X

Adresse : route d'Orgeval,
78670 Villennes-sur-Seine.
Tél. : 01.39.75.30.00.
Accès : autoroute A13 vers Rouen, sortie Poissy-Villennes. Golf fléché.
Ouverture : tous les jours.
Parcours : 18 trous - 5 552 m - Par 70 + 6 trous d'entraînement.
Tarifs : *Haute saison :* 140 F en semaine et 270 F le week-end. *Basse saison :* 125 F en semaine et 225 F le week-end. 6 trous : 70 F.
Accueil : club-house, bar, restaurant, pro-shop.
Hcp : carte verte.
Stages : nombreux stages toute l'année, contacter le golf.

Villerest
Golf de Champlong

X

Adresse : Domaine de Champlong,
Villerest,
42300 Villerest.

Tél. : 04.77.69.70.60.
Accès : de Lyon, prendre direction Roanne, puis Thiers. De Clermont-Ferrand, A72 sortie Saint-Germain - Laval puis direction Roanne.
Ouverture : tous les jours.
Parcours : 9 trous (18 départs) - 4 041 m - Par 61.
Tarifs : 120 F en semaine et 150 F le week-end.
Accueil : club-house, bar, restaurant sur le golf (en été), tennis.
Hcp : carte verte.
Stages : contacter le golf.

Villers-le-Tilleul
Golf des Ardennes

Adresse : Domaine des Poursaudes,
Villers-le-Tilleul,
08430 Villers-le-Tilleul.
Tél. : 03.24.35.64.65.
Accès : de Sedan, prendre la direction de Don-le-Mesnil, puis Flize, Boutencourt, Elan et enfin Villers-le-Tilleul.
Ouverture : fermé du 20 décembre au 5 janvier.
Parcours : 9 trous - 2 816 m - Par 36.
Tarifs : *Haute saison :* 100 F en semaine et 150 F le week-end. *Basse saison :* 80 F en semaine et 100 F le week-end.
Accueil : bar, restaurant, pro-shop.
Hcp : non exigé.
Stages : contacter le golf pour les stages en été.

Vire
Golf de Vire-la-Dathée

Adresse : Ferme de la Basse Haie,
Lac de Dathée,
14380 Saint-Mauvien-Bocage.
Tél. : 02.31.67.71.01.

Accès : à la sortie de Vire, direction Rennes, puis direction Saint-Pois et barrage de la Dathée.
Ouverture : tous les jours.
Parcours : 9 trous - 2 708 m - Par 35.
Tarif : 80 F.
Accueil : club-house, bar.
Hcp : carte verte ou 35.
Stages : contacter le golf.

Vitrac
Golf du domaine de Rochebois

X X

Adresse : route de Monfort, Vitrac,
24200 Sarlat.
Tél. : 05.53.31.52.80.
Accès : R. N. 20 par Brive - D. 703 par Bergerac - N. 89 et D. 704 par Périgueux.
Ouverture : tous les jours sauf le mardi en Basse saison et le samedi matin.
Parcours : 9 trous - 2 992 m - Par 36.
Tarifs : *Haute saison :* 150 F. *Moyenne saison :* 130 F. *Basse saison :* 120 F.
Accueil : club-house, snack-bar, restaurant, pro-shop.
Hcp : 35 et licence.
Stages : nombreux stages, contacter le golf.

En plein coeur du Périgord noir, le golf de Rochebois vous fera découvrir un parcours entouré par la Dordogne et des collines de chênes verts.
Sur ce 9 trous la tranquillité et le charme ne doivent pas pour autant vous faire oublier la présence de bunkers et d'obstacles d'eau.
De quoi vous rappeler que le golf reste avant tout un jeu ! Le plus beau qui soit.

Vitré
Golf des Rochers-Sévigné
× ×

Adresse : route d'Argentré-du-Plessis, 35500 Vitré.
Tél. : 02.99.96.52.52.
Accès : de Rennes, prendre la R.N. 157 sortie Vitré, puis direction d'Argentré-du-Pléssis où le golf est fléché.
Ouverture : tous les jours.
Parcours : 18 trous - 5 700 m - Par 71.
Tarifs : *Haute saison :* 180 F en semaine et 200 F le week-end. *Basse saison :* 150 F
Accueil : club-house, bar, restaurant.
Hcp : carte verte.
Stages : contacter le golf.

Vittel
Golf-Club de Vittel
× × × ×

Adresse : 88800 Vittel.
Tél. : standard Club Méditerranée : 03.29.08.18.80.
Accès : 70 km de Nancy, 42 km d'Épinal.
Ouverture : tous les jours.
Parcours : 18 trous : 6 326 m - Par 73 - 18 trous - 6 100 m - Par 72 + 9 trous compact. 5 trous école.
Tarifs : 220 F en semaine et le dimanche, 270 F le samedi. 9 trous : 75 F.
Accueil : club-house, bar, restaurant, vestiaires, pro-shop.
Hcp : 36.
Stages : contacter le golf.

Les stations thermales sont généralement synonymes de calme et de repos. En ce qui concerne le golf, le calme sera toujours au rendez-vous, mais cette fois-ci associé à la fatigue, car le parcours au relief particulièrement accidenté vous demandera un bon physique. Boire de l'eau et éliminer, voilà un conseil qui pourrait s'avérer judicieux. Pour vous remettre de vos émotions, un club-house situé dans un magnifique complexe hôtelier vous accueillera dans un cadre luxueux où règne une ambiance conviviale. Certainement l'un des plus beaux clubs de France...

Wimereux
Golf de Wimereux
X X

Adresse : route d'Ambleteuse,
62930 Wimereux.
Tél. : 03.21.32.43.20.
Accès : au nord de Wimereux sur R. N. 940, à 6 km de Boulogne-sur-Mer et 25 km de Calais.
Ouverture : tous les jours.
Parcours : 18 trous - 6 150 m - Par 72.
Tarifs : *Haute saison :* 200 F en semaine et 250 F le week-end. *Basse saison :* 120 F en semaine et 180 F le week-end.
Accueil : club-house, bar, restaurant, pro-shop.
Hcp : 35 exigé.
Stages : en juillet et août.

> Ce links entre les dunes et la mer ne présente pas de réelles difficultés techniques, mais comme tout parcours à l'écossaise qui se respecte, le vent reste votre principal adversaire. Toutefois, quelques fairways étroits et des greens bien défendus sont au programme de votre partie.

Wittelsheim
Golf Club des Bouleaux
X X

Adresse : 238, rue de Reiningue,
68310 Wittelsheim.
Tél. : 89.55.55.07.
Accès : de Mulhouse, prendre la R.N. 66 vers Thann.
Ouverture : tous les jours, sauf le pro-shop fermé le mardi.
Parcours : 9 trous - 2 081 m - Par 32.
Tarifs : 125 F en semaine et 160 F le week-end.
Accueil : club-house, bar, restaurant, pro-shop.
Hcp : carte verte.
Stages : contacter le golf.

LES GOLFS D'OUTRE-MER

Saint-François-Guadeloupe
Golf international de Saint-François

✕ ✕

Adresse : avenue de l'Europe,
97118 Saint-François,
Guadeloupe.
Tél. : 0590 88.41.87.
Accès : R. N. de Pointe-à-Pitre, vers Sainte-Anne, vers Saint-François.
Ouverture : tous les jours.
Parcours : 18 trous - 5 970 m - Par 71.
Tarif : 250 F.
Accueil : club-house, bar, snack, restaurant midi et soir, terrasse, pro-shop.
Hcp : 35.
Stages : contacter le golf.

La griffe de Robert Trent-Jones n'a pas permis de faire de ce golf l'équivalent de son homologue martiniquais, mais offre à cette île de la Guadeloupe un atout supplémentaire pour y passer d'agréables vacances.

La Réunion
Golf de Bourbon

✕ ✕

Adresse : 42, rue des Sables,
97427 Étang-Salé-les-Bains.
Tél. : 0262 26.33.39.
Accès : à 2 km de l'Étang-Salé-les-Bains, R. N. 1 vers le sud.
Ouverture : tous les jours.
Parcours : 18 trous - 6 267 m - Par 72 + 3 trous école.
Tarifs : 187 F en semaine et 252 F le week-end.

Accueil : club-house, bar, restaurant (fermé le lundi), pro-shop, piscine, tennis.
Hcp : carte verte.
Stages : contacter le golf.

La Réunion
Golf du Colorado
× ×

Adresse : 97417 La Montagne-La Réunion.
Tél. : 0262 23.79.50.
Ouverture : tous les jours sauf lundi matin.
Parcours : 9 trous - 2 010 m - Par 32.
Tarifs : 120 F en semaine et 180 F le week-end.
Accueil : club-house, bar, restaurant, pro-shop.
Hcp : 35 le week-end.
Stages : contacter le golf.

Les Trois Ilets-Martinique
Golf de la Martinique
× × × ×

Adresse : Commune des Trois-Ilets,
Au bord de mer,
97229 Trois-Ilets.
Tél. : 0596 68.33.49.
Accès : Fort-de-France vers Trois-Ilets, par la mer 6 km, par la route 25 km.
Ouverture : tous les jours.
Parcours : 18 trous - 6 003 m - Par 71.
Tarif : 270 F.
Accueil : club-house, bar, restaurant, pro-shop, tennis.
Hcp : non exigé.
Stages : à la demande.

Les superlatifs sont nombreux pour ce parcours qui domine la baie des Trois-Ilets. La technique du tracé, la beauté des paysages vous permettront de tomber sous le charme de ce 18 trous conçu par l'architecte américain Robert Trent-Jones, à ses plus belles heures.

Nouméa-Nouvelle-Calédonie
Golf municipal de Dumbea

X X X

Adresse : 98830 Dumbea.
Tél. : 00 (687).41.80.00.
Accès : à 16 km de Nouméa.
Ouverture : tous les jours.
Parcours : 18 trous - 6 279 m - Par 72.
Tarifs : *semaine :* 3 800 CFP - *week-end :* 5 000 CFP.
Accueil : club-house, bar, restaurant, pro-shop, tennis, garderie.
Hcp : carte verte.
Stages : contacter le golf.

Nouméa
Golf de Tina

X X

Adresse : Magenta,
98000 Nouméa.
Tél. : (687) 27.42.72.
Accès : de Nouméa, direction de l'aérodrome, puis Magenta, ensuite golf fléché.
Ouverture : tous les jours.
Parcours : 18 trous - 6 045 m - Par 71 + 5 trous pitch and putt.
Tarif : semaine : 4 500 CFP ; week-end : 6 000 CFP.
Accueil : club-house, bar, restaurant, pro-shop.
Hcp : carte verte.
Stages : contacter le golf.

Nouméa
Golf de la Ouenghi

X X

Adresse : Boulouparis,
B.P. 56,
98980 Nouméa.

Tél. : (687) 35.17.35.
Accès : de l'aéroport, à 18 km vers le nord.
Ouverture : tous les jours.
Parcours : 18 trous - 6 150 m - Par 72.
Tarifs : semaine : 2 000 CFP ; week-end : 3 000 CFP.
Accueil : club-house, bar, restaurant.
Hcp : non exigé.
Stages : contacter le golf.

Saint-Gilles-les-Hauts
Golf du Bassin Bleu

✕ ✕

Adresse : Pavé Mahatma Gandhi,
Villele,
97435 Saint-Gilles-les-Hauts.
Tél. : (262) 55.53.58.
Accès : de Saint-Gilles-les-Hauts, prendre la direction de Villele.
Ouverture : tous les jours.
Parcours : deux 9 trous - 5 931 m - Par 71.
Tarifs : 18 trous : 150 F en semaine et 250 F le week-end ; 9 trous : 90 F en semaine et 140 F le week-end.
Accueil : club-house, bar, restaurant, pro-shop.
Hcp : non exigé.
Stages : contacter le golf.

Papeete-Tahiti
Golf-Club d'Atimaono

✕ ✕ ✕

Adresse : Papeete.
Tél. : 00.(689) 57.43.41.
Accès : de Papeete, par la route de ceinture, côte ouest, P. K. 41.
Ouverture : tous les jours.
Parcours : 18 trous - 6 000 m - Par 72.
Tarifs : non communiqués.
Accueil : club-house, bar, restaurant, pro-shop.

Hcp : carte verte.
Stages : contacter le golf.

> Beaucoup de caractère pour ce parcours tracé à quelques mètres du lagon. Cocotiers, pamplemoussiers, palmiers offrent à chaque trou sa spécificité. Théâtre chaque année de l'Open de Tahiti, épreuve du circuit Pacifique-Sud, ce parcours bénéficie de nombreux efforts de la part des équipes d'entretien. Très typique, vous pourrez y croiser des Tahitiennes en paréo, club en main.
> Un vrai dépaysement !

LES GOLFS
DE BELGIQUE

Aartselaar (Anvers)
Cleydael Golf-Club

✕ ✕

Adresse : Kasteel Cleydael, Cleydaellaan, 36, 2630 Aartselaar.
Tél. : (03) 887.00.79.
Accès : autoroute Bruxelles-Anvers, direction Hemiksem.
Ouverture : tous les jours.
Parcours : 18 trous - 6 059 m - Par 72.
Tarifs : 1 500 FB en semaine et 2 000 FB le week-end.
Accueil : club-house, bar, restaurant, pro-shop, salle de bridge.
Hcp : 36 ou brevet.
Stages : contacter le golf.

Andenne
Golf-Club d'Andenne

✕

Adresse : Ferme du Moulin, rue de Stud, 52, 5220 Andenne.
Tél. : (085) 84.34.04.
Accès : à partir d'Andenne, prendre la route de Bonneville, tourner rue de Stud.
Ouverture : tous les jours.
Parcours : 9 trous - 2 447 m - Par 35.
Tarifs : 500 FB en semaine et 700 FB le week-end.
Accueil : club-house, bar, restaurant, pro-shop.
Hcp : non.
Stages : contacter le golf.

Anderlecht
Royal Amicale Anderlecht Golf-Club

X X

Adresse : rue Scholle, 1,
1070 Bruxelles.
Tél. : (02) 521.16.87.
Accès : sortie n°15 du ring en venant de la direction Mons, sortie n°16 bis du ring en venant de la direction Oostende. Le golf est fléché depuis les sorties du ring.
Ouverture : tous les jours, sauf le lundi.
Parcours : 18 trous - 5 150 m - Par 70.
Tarifs : 1 000 FB en semaine et 1 500 FB le week-end.
Accueil : club-house, bar, restaurant, pro-shop.
Hcp : 36.
Stages : contacter le golf.

Anvers
Royal Antwerp Golf-Club

X X X

Adresse : G. Capiaulei, 2,
2950 Kapellen.
Tél. : (03) 666.84.56.
Accès : autoroute E3, sortie Hoevenen, puis direction Kapellen et direction Essen.
Ouverture : tous les jours, sauf lundi en hors-saison.
Parcours : 18 trous - 6 187 m - Par 73 + 9 trous - 2 618 m - Par 34
Tarifs : semaine : 2 000 FB ; week-end réservé aux membres (1 500 FB sur invitation).
Accueil : club-house, bar, restaurant, pro-shop, salle de bridge.
Hcp : 28 sur le 18 trous, 36 pour le 9 trous.
Stages : non.

Ce golf est à l'image des architectes britanniques du début du siècle. Ils avaient le don de dessiner des parcours qui ne se sont pas démodés au fil des ans. Bunkers et arbres stratégiquement bien placés, greens torturés... Tout cela en fait un 18 trous de haut niveau qui accueille régulièrement chaque année de nombreuses compétitions internationales amateurs.

Anvers
Ternesse Golf & Country-Club

× × ×

Adresse : Uilenbaan, 15,
2220 Wommelgem.
Tél. : (03) 355.14.30.
Accès : sur le ring d'Anvers, direction Hasselt et Eindhoven, première sortie : Wommelgem.
Ouverture : tous les jours.
Parcours : 18 trous - 5 863 m - Par 72 + 6 pitch and putt.
Tarifs : semaine : 1 500 FB ; week end : 2 500 FB.
Accueil : club-house, bar, restaurant, pro-shop, salle de bridge.
Hcp : 30.
Stages : contacter le golf.

Ardennes
Golf-Club du Château Royal d'Ardennes

× ×

Adresse : Tour Leopold,
Ardenne,
5560 Houyet.
Tél. : (082) 66.62.28.
Accès : autoroute E40, sortie Ciergnon, puis direction Dinan prendre à gauche au niveau du restaurant La Marquisette.
Ouverture : tous les jours de mars à octobre, sauf le mercredi.
Parcours : 18 trous - 5 395 m - Par 71.
Tarifs : *Haute saison :* 1 200 FB en semaine et 1 800 FB le week-end. *Basse saison :* 900 FB en semaine et 1 500 FB le week-end.
Accueil : club-house, bar, restaurant, pro-shop.
Hcp : 30 pour les hommes, 36 pour les femmes.
Stages : contacter le golf.

Barvaux-sur-Ourthe
Golf de Durbuy
X X X

Adresse : route d'Oppagne 34,
6940 Barvaux-sur-Ourthe.
Tél. : (086).21.44.54.
Accès : de Liège, prendre l'A 26, sortie n° 48, puis la R.N.66, et la R.N. 86 vers Durbuy-Barvaux-sur-Ourthe.
Ouverture : tous les jours.
Parcours : 18 trous - 5 963 m - par 72 + 9 trous pitch and putt.
Tarifs : *Haute saison :* semaine : 1 100 FB ; week-end : 1 500 FB. *Basse saison :* semaine : 950 FB ; week-end : 1 300 FB.
Accueil : club-house, bar, restaurant, pro-shop, tennis, salle de bridge, garderie.
Hcp : non exigé.
Stages : contacter le golf.

Baudour
Golf du Mont-Garni
X X X

Adresse : rue du Mont-Garni, 3,
7331 Baudour.
Tél. : (065). 62.27.19.
Accès : de Bruxelles, prendre la R.N. 6 en direction de Mons, puis la R.N. 56 en direction de Baudour, et le golf est indiqué.
Ouverture : tous les jours.
Parcours : 18 trous - 6 353 m - Par 74.
Tarifs : semaine : 1 000 FB ; week-end : 1 500 FB (sur réservation).
Accueil : club-house, bar, restaurant, pro-shop.
Hcp : 32 le week-end.
Stages : contacter le golf.

Voir liste des golfs p. 343

Bercuit
Golf du Bercuit

X X X

Adresse : Domaine du Bercuit,
Les Gottes, 3,
1390 Grez-Doiceau
Tél. : (010) 84.15.01.
Accès : autoroute E40, sortie n° 7 Gembloux, Louvain-la-Neuve, puis direction Perwez, ensuite direction Dion-le Val.
Ouverture : tous les jours.
Parcours : 18 trous - 5 931 m - Par 72.
Tarifs : semaine : 1 450 FB ; week-end : 2 500 FB.
Accueil : club-house, bar, restaurant, pro-shop, piscine.
Hcp : 32 pour les hommes, 36 pour les femmes.
Stages : réservés aux membres.

Un parcours aux multiples pièges, si vous le jouez pour la première fois. Un terrain accidenté, des greens aux formes variées (pentus, à plateaux, ondulés), une présence importante d'arbres et d'eau ne permettent pas aux frappeurs de s'y exprimer. Pour espérer réaliser une bonne carte, il vous est donc conseillé de jouer droit. Très droit !

Braine-l'Alleud
Golf-Club des Sept Fontaines

X X X

Adresse : chaussée d'Alsemberg, 1021,
1420 Braine-l'Alleud.
Tél. : (02) 353.02.46.
Accès : autoroute Bruxelles-Paris sortie n° 15 Tubize.
Ouverture : tous les jours, sauf le lundi club-house fermé.
Parcours : 18 trous - 6 066 m - Par 72 + 9 trous pitch and putt + 18 trous - 4 870 m - Par 69.
Tarifs : 1 200 FB en semaine et 2 100 FB le week-end.
Accueil : club-house, bar, restaurant, pro-shop, tennis, piscine, salle de bridge, garderie.
Hcp : 34 sur le 18 trous.
Stages : contacter le golf.

Brasschaat
Brasschaat Golf Club

Adresse : Miksebaan, 248,
2930 Brasschaat.
Tél. : (03).653.10.84.
Accès : d'Anvers, prendre la R.N. 1 vers Brasschaat et à Brasschaat le golf est indiqué.
Ouverture : tous les jours.
Parcours : 9 trous - 2 855 m - Par 36 + 9 trous pitch and putt.
Tarifs : 9 trous : semaine : 800 FB ; week-end : 1 200 FB ; 9 pitch and putt : semaine : 400 FB ; week-end : 600 FB.
Accueil : club-house, bar, restaurant, pro-shop.
Hcp : 36 le week-end.
Stages : contacter le golf.

Broechem
Bossenstein Golf & Polo-Club

Adresse : Kastel Bossenstein,
2250 Broechem.
Tél. : (03) 485.64.46.
Accès : par ring Anvers, direction Eindhoven puis sortie n° 19 (Ranst), ensuite Broechem.
Ouverture : tous les jours, sauf le lundi.
Parcours : 18 trous - 6 232 m - Par 72 + 9 trous pitch and putt.
Tarifs : semaine : 1 000 FB ; week-end : 1 500 FB.
Accueil : club-house, bar, restaurant, pro-shop, squash.
Hcp : 30 pour le 18.
Stages : contacter le golf.

Bruxelles
Brussels Golf Club

Adresse : chaussée de la Hulpe, 53a,
1170 Bruxelles.
Tél. : (02).672.22.22.
Accès : de Bruxelles, le golf est indiqué.
Ouverture : tous les jours.
Parcours : 9 trous - 1 600 m - Par 31.
Tarifs : semaine : 600 FB ; week-end : 900 FB.
Accueil : club-house, bar, restaurant.
Hcp : 36.
Stages : contacter le golf.

Bruxelles
Royal Golf-Club de Belgique

Adresse : Château de Ravenstein,
3080 Tervuren.
Tél. : (02) 767.58.01.
Accès : ring O, sortie Tervuren au carrefour des Quatre-Bras.
Ouverture : tous les jours (fermé le lundi en hiver).
Parcours : 18 trous - 6 082 m - Par 73 + 9 trous - 3 865 m - Par 32.
Tarifs : semaine : 2 000 FB ; week end - 3 000 FB.
Accueil : club-house, bar, restaurant, pro-shop, salle de bridge.
Hcp : hommes 20 / femmes 24.
Stages : non.

> Que dire de ce club du Ravenstein si ce n'est que le parcours est magnifique et que le paysage l'est tout autant. Une végétation faite de chênes, de cèdres, de bouleaux entoure un 18 trous relativement court, mais toutefois assez technique : greens roulants, relief ondulé, arbres en jeu... Malheureusement, pour le vérifier, il vous faudra user de toutes vos relations, car ce club élitiste, ayant pour président d'honneur le roi des Belges, est un des clubs les plus fermés d'Europe... ce qui n'est pas peu dire. Plusieurs générations de sang bleu sont recommandées dans sa lignée pour y accéder.

Bruxelles
Royal Waterloo Golf-Club
✕ ✕ ✕

Adresse : vieux chemin de Wavre, 50,
1380 Ohain.
Tél. : (02) 633.18.50.
Accès : prendre le ring direction Charleroi-Waterloo, sortir à Ohain-Lasne, première à gauche puis le golf est indiqué.
Ouverture : tous les jours.
Parcours : 18 trous - 6 235 m - Par 73 + 18 trous - 6 215 m - Par 72 + 9 trous - 2 142 m - Par 33.
Tarifs : semaine : 1 750 FB ; week-end : 2 950 FB.
Accueil : club-house, bar, restaurant, bridge, pro-shop.
Hcp : 28 sur le 18 trous, 36 sur le 9 trous.
Stages : réservés aux membres.

Le coup de crayon d'Hawtree offre un parcours boisé et vallonné, sur lequel le jeu de fer est très important, vous obligeant à avoir une frappe de balle droite, si vous ne voulez pas voir votre carte de score gonfler démesurément. Au contraire de l'histoire, le parcours de Waterloo fut le théâtre de la première victoire professionnelle d'une Française sur le tour européen féminin : Marie-Laure de Lorenzi.

Duisbourg
Duisbourg Military Golf-Club
✕

Adresse : Hertswegenstraat, 39,
3080 Duisbourg.
Tél. : (02) 767.97.52.
Accès : à 10 minutes de Tervuren.
Ouverture : non communiquée.
Parcours : 9 trous - 1 977 m - Par 32.
Tarifs : non communiqués.
Accueil : club-house, bar.
Hcp : non.
Stages : non.

Voir liste des golfs p. 343

Erbisœul
Royal Golf-Club du Hainaut

✕ ✕ ✕

Adresse : chemin de la Verrerie, 2
7050 Erbisœul-Les-Mons.
Tél. : (065) 22.94.74.
Accès : autoroute Bruxelles-Paris, sortie Nimy-Ath, prendre à droite au feu, puis le golf est indiqué.
Ouverture : tous les jours.
Parcours : 3 X 9 trous - 3 117 m - 2 925 m - 3 218 m - Par 36.
Tarifs : semaine : 1 400 FB ; week-end : 2 000 FB.
Accueil : club-house, bar, restaurant, pro-shop.
Hcp : 36.
Stages : non.

Gand (Gent)
Royal Latem Golf-Club

✕ ✕

Adresse : Latemstraat, 120,
B-9830 Sint-Martens-Latem.
Tél. : (09) 282.54.11.
Accès : à 10 km au sud-ouest de Gand-Gent sur la N. 43.
Ouverture : tous les jours.
Parcours : 18 trous - 5 767 m - Par 72.
Tarifs : semaine : 1 500 FB ; week-end : 2 000 FB.
Accueil : club-house, bar, restaurant, pro-shop.
Hcp : 36 en semaine, 28 le week-end.
Stages : non.

Gemmenich
Golf de Mergelhof

✕

Adresse : rue de Terstraeten, 254,
4851 Gemmenich.

Tél. : (087). 78.73.00.
Accès : de Aix, prendre la direction de Vaals, puis Gemmenich où le golf est fléché.
Ouverture : tous les jours.
Parcours : 9 trous - 2 758 m - Par 36.
Tarifs : semaine : 600 FB ; week-end : 1 200 FB.
Accueil : club-house, bar, restaurant, pro-shop.
Hcp : 36.
Stages : non.

Genappe
Golf de la Bruyère

✕ ✕

Adresse : 1, rue de Jumerée,
6328 Sart-Dames-Avelines.
Tél. : 071.87.72.67.
Accès : De Nivelles, prendre direction Namur, puis l'accès est fléché à partir de Sart-Dames-Avelines.
Ouverture : tous les jours.
Parcours : 18 trous - 5 912 m - Par 71 + 4 trous école.
Tarifs : 800 FB en semaine et 1 300 FB le week-end.
Accueil : club-house, bar, restaurant, pro shop.
Hcp : brevet.
Stages : contacter le golf.

Genk
Spiegelven Golf-Club Genk

✕ ✕

Adresse : Wiemesmeerstraat, 109
3600 Genk.
Tél. : (089) 35.96.16.
Accès : autoroute A2 Lummen-Genk-Aix-la-Chapelle, sortie 32 Genk est, prendre direction Zutendaal.
Ouverture : tous les jours.
Parcours : 18 trous - 6 198 m - Par 72 + 9 trous compact.
Tarifs : 1 100 FB en semaine et 1 600 FB le week-end.

Accueil : club-house, pro-shop, bar, restaurant.
Hcp : brevet en semaine et 35 le week-end.
Stages : contacter le golf.

Gomzé
International Gomzé Golf-Club

X X X

Adresse : rue de Gomzé 30,
4140 Gomzé-Andoumont.
Tél. : (041) 60.92.07.
Accès : à 15 minutes de Spa.
Ouverture : tous les jours, sauf le lundi.
Parcours : 18 trous - 5 918 m - Par 72.
Tarifs : 1 200 FB en semaine et 1 600 FB le week-end.
Accueil : club-house, bar, restaurant, pro-shop, salle de séminaire.
Hcp : 36.
Stages : contacter le golf.

> Situé non loin du fameux circuit de Spa-Francorchamps, ce 18 trous au relief vallonné et parfois en dévers sera une halte agréable pour les amateurs de golf autant que de paysages magnifiques.

Hannut
Avernas Golf Club

X

Adresse : 19, route de Grand Hallet
4280 Hannut.
Tél. : (019) 51.30.66.
Accès : autoroute Bruxelles-Liège, prendre la sortie 28, puis direction Avernas.
Ouverture : tous les jours.
Parcours : 9 trous - 2 674 m - Par 34.
Tarifs : 600 FB en semaine et 800 FB le week-end.
Accueil : club-house, bar, restauration rapide, pro-shop.

Hcp : brevet d'aptitude.
Stages : contacter le golf.

Hasselt
Vlaams-Japanese
(Flandres-Nippon)
Golf & Business-Club V. Z. W.

X X X

Adresse : Vissenbroekstraat, 15,
3500 Hasselt.
Tél. : (011) 26.34.80.
Accès : de Hasselt prendre la direction de Godscheide.
Ouverture : tous les jours.
Parcours : 18 trous - 6 000 m - Par 72 + 9 trous pitch and putt.
Tarifs : 18 trous : 1 000 FB en semaine et 1 500 FB le week-end.
Accueil : club-house, bar, restaurant, pro-shop.
Hcp : 35 pour le 18 trous.
Stages : non.

Henri-Chapelle
Golf & Business-Club
de Henri-Chapelle

X X

Adresse : Rue du Vivier, 3,
4841 Henri-Chapelle.
Tél. : (087) 88.19.91.
Accès : autoroute Liège-Aix-la-Chapelle sortie Welkenraedt, prendre direction Welkenraedt.
Ouverture : tous les jours.
Parcours : 18 trous - 6 045 m - Par 72 + 9 trous - 2 250 m - Par 34 + 6 trous compact.
Tarifs : 18 trous : 1 200 FB en semaine et 1 600 FB le week-end. 9 trous : 900 FB en semaine et 1 200 FB le week-end.

Accueil : club-house, bar, restaurant, salles de séminaires, pro-shop.
Hcp : 36 sur les 18 trous, sinon brevet d'aptitude.
Stages : stages collectifs, contacter le golf.

Hollebeke-Leper
Golf & Country Club de Palingbeek
× ×

Adresse : Eakhofstraat, 14,
8902 Hollebeke-Leper.
Tél. : (057).20.04.36.
Accès : de Ypres, prendre la direction de Hollebeke, puis à Hollebeke le golf est indiqué.
Ouverture : tous les jours.
Parcours : 18 trous - 6 159 m - Par 72.
Tarifs : semaine : 1 000 FB ; week-end : 1 200 FB.
Accueil : club-house, bar, restaurant, pro-shop, salles de réunions.
Hcp : 36.
Stages : en été.

Houthalen
Limburg Golf & Country-Club
× × ×

Adresse : Golfstraat 1,
3530 Houthalen.
Tél. : (089) 38.35.43.
Accès : autoroute E314, sortie Houthalen, deuxième à droite, puis le golf est indiqué.
Ouverture : tous les jours.
Parcours : 18 trous - 6 128 m - Par 72.
Tarifs : 1 400 FB en semaine et 1 800 FB le week-end.
Accueil : club-house, bar, restaurant, pro-shop.
Hcp : 36.
Stages : contacter le golf.

Kampenhout
Golf & Business-Club Kampenhout

✗ ✗ ✗

Adresse : 56, Wildersedreef,
1910 Kampenhout.
Tél. : (016) 65.12.16.
Ouverture : tous les jours.
Parcours : 18 trous - 6 142 m - Par 72.
Tarifs : 1000 FB en semaine et 1500 FB le week-end.
Accueil : club-house, bar, restaurant, pro-shop, garderie.
Hcp : 36 le week-end.
Stages : contacter le golf.

> Les « Business-Clubs », denrée rare en France, se développent beaucoup chez nos voisins belges. Un exemple pris, bien entendu, aux Etats-Unis, où ils sont légion. Spacieuses salles de réunion, restaurants, bar, etc. On en oublierait presque le parcours ! On a tort, car celui-ci est particulièrement réussi : boisé et varié à souhait.

Keerbergen
Keerbergen Golf-Club

✗ ✗

Adresse : Vlieghavenlaan, 50,
3140 Keerbergen.
Tél. : (015) 23.49.61.
Accès : de Bruxelles, direction Keerbergen, puis direction lac de Meer.
Ouverture : tous les jours.
Parcours : 18 trous - 5 502 m - Par 70.
Tarifs : semaine 1 200 FB ; week-end : 1 800 FB.
Accueil : club-house, bar, restaurant, pro-shop.
Hcp : 36.
Stages : réservés aux membres.

Knokke-le-Zoute
Royal Zoute Golf-Club
✕ ✕ ✕ ✕

Adresse : Caddiespad, 14,
8300 Knokke-Heist.
Tél. : (050) 60.12.27.
Accès : suivre les panneaux « Zwin » puis prendre à droite à Sparren Dreef.
Ouverture : tous les jours.
Parcours : 18 trous - 6 172 m - Par 72 + 18 trous - 3 607 m - Par 64.
Tarifs : *Haute saison :* semaine : 1 800 FB ; week-end : 2 300 FB. *Basse saison :* semaine : 1 800 FB ; week-end : 2 300 FB.
Accueil : club-house, bar, restaurant, pro-shop, salle de bridge.
Hcp : 20 sur le championship.
Stages : non.

Construit dans le plus pur esprit britannique, ce parcours a reçu durant de nombreuses années l'Open de Belgique, où des joueurs comme Nick Faldo ou Miguel-Angel Jimenez se sont imposés. Le vent sera bien entendu votre pire adversaire, ainsi que les nombreux bunkers jalonnant le parcours et plus particulièrement autour des greens. Pour tous les amateurs de sensations, à vos clubs ! Parcours très « classe », traditionnel à souhait.

Les-Bons-Villiers
Golf Club de Pierpont
✕ ✕

Adresse : chemin du Grand-Pierpont, 1,
6210 Les Bons-Villiers.
Tél. : (071).85.14.19.
Accès : de Waterloo, prendre la direction de Charleroi sur la R.N. 5, puis le golf est indiqué.
Ouverture : tous les jours.
Parcours : 18 trous - 6 207 m - Par 72 + 5 trous compact.
Tarifs : semaine : 800 FB ; week-end : 1 800 FB.
Accès : club-house, bar, restaurant, pro-shop.

Hcp : certificat.
Stages : contacter le golf.

Liège
Golf de Bernalmont

Adresse : rue de Bernalmont, 2,
4000 Liège.
Tél. : (041).27.44.66.
Accès : de Liège, le golf est indiqué.
Ouverture : tous les jours.
Parcours : 9 trous - 2 458 m - Par 34.
Tarifs : semaine : 600 FB ; week-end : 900 FB.
Accueil : club-house, bar, restaurant, pro-shop, garderie.
Hcp : licence.
Stages : contacter le golf.

Liège
Royal Golf-Club du Sart-Tilman

Adresse : route du Condroz, 541,
4031 Angleur-Liège.
Tél. : (041) 36.20.21.
Accès : de Liège, direction Dinant Marche. L'entrée du golf est près du centre commercial de Boncelles.
Ouverture : tous les jours sauf du 20 décembre au 3 janvier.
Parcours : 18 trous - 6 002 m - Par 72.
Tarifs : semaine : 1 250 FB ; week-end : 2 000 FB.
Accueil : club-house, bar, restaurant, pro-shop, bridge.
Hcp : 36.
Stages : non.

Lille
Lilse Golf-Club

Adresse : Haarlebeek, 3,
2418 Lille.
Tél. : (014) 55.19.30.
Accès : autoroute Anvers-Eindhoven sortie n° 22 Beerse-Gierle, 1re à gauche après le pont, golf à 2 km.
Ouverture : tous les jours, sauf le mardi.
Parcours : 9 trous - 2 291 m - Par 33.
Tarifs : contacter le golf.
Accueil : club-house, restaurant, pro-shop.
Hcp : 30.
Stages : non.

Louvain-la-Neuve
Golf Club de Louvain-la-Neuve

Adresse : rue A. Hardy 68,
1348 Ottignies-Louvain-la-Neuve.
Tél. : (010) 45.05.15.
Accès : autoroute Bruxelles-Namur sortie n° 7 ou 9, puis prendre la R. N. 4 vers Louvain-la-Neuve.
Ouverture : tous les jours.
Parcours : 18 trous - 6 226 m - Par 72 + 4 trous.
Tarifs : lundi, mardi, vendredi : 900 FB ; mercredi et jeudi : 1 200 FB ; week-end : 2 000 FB.
Accueil : club-house, bar, restaurant, billard, salle de bridge.
Hcp : 36 en semaine et 28 le week-end.
Stages : nombreux stages, contacter le golf.

Voir liste des golfs p. 343

Lummen
Golf de Golfforum

X

Adresse : Golfweg, 1,
3560 Lummen.
Tél. : (013) 52.20.74.
Accès : de Asselt, prendre l'autoroute en direction de Liège, sortie Zolder, puis le golf est fléché.
Ouverture : tous les jours.
Parcours : 9 trous - 2 200 m - Par 35.
Tarifs : semaine : 500 FB ; week-end : 700 FB.
Accueil : club-house, bar.
Hcp : 36.
Stages : non.

Mazy
Golf de Falnuee

X X

Adresse : Ferme-château de Falnuée, chée de Vivelles 34,
5032 Mazy.
Tél. : (081) 63.30.90.
Accès : autoroute Liège-Mons sortie n° 13 Spy, prendre direction Nivelles sur 2 km, puis tourner à droite au fond du village vers Onoz.
Ouverture : tous les jours.
Parcours : 18 trous - 5 512 m - Par 70.
Tarifs : *Haute saison :* 850 FB en semaine et 1 350 FB le week-end. *Basse saison :* 600 FB en semaine et 1 100 FB le week-end (sur rendez-vous).
Accueil : club-house, bar, pro-shop.
Hcp : 36.
Stages : contacter le golf.

Melsbroek
Brabantse Golf V. Z. W.

✕ ✕

Adresse : Steenwagenstraat, 11,
1820 Melsbroek.
Tél. : (02) 751.82.05.
Accès : autoroute Bruxelles-Anvers, sortir vers Brucargo.
Ouverture : tous les jours.
Parcours : 18 trous - 4 653 m - Par 69.
Tarifs : 800 FB en semaine et 1 500 FB le week-end.
Accueil : club-house, bar, restaurant, pro-shop.
Hcp : 36.
Stages: non.

Mol
Kempense Golf Club

✕ ✕

Adresse : Kiezelweg, 78,
2400 Mol.
Tél. : (014).81.46.41.
Accès : d'Anvers, prendre l'autoroute E. 313, sortie n° 23, puis prendre la R.N. 71 vers Mol.
Ouverture : tous les jours.
Parcours : 18 trous - 6 000 m - par 72.
Tarifs : *Haute saison :* semaine : 1 000 FB ; week-end : 1 500 FB. *Basse saison :* semaine : 700 FB ; week-end : 1 000 FB.
Accueil : club-house, bar, restaurant, pro-shop.
Hcp : non exigé.
Stages : contacter le golf.

Nivelles
Golf-Club de la Tournette ASBL

✕

Adresse : Chemin de Baudemont, 23,
1400 Nivelles.

Tél. : (067) 21.95.25.
Accès : autoroute Bruxelles-Paris, sortie n° 22 Nivelles-nord.
Ouverture : tous les jours.
Parcours : 18 trous - 6 024 m - Par 71 - 18 trous : 6 028 - Par 72.
Tarifs : 1 200 FB en semaine et 2 000 FB le week-end.
Accueil : club-house, bar, restaurant, pro-shop, garderie, salle de bridge.
Hcp : 36.
Stages : contacter le golf.

Ostende
Koninklijke Golf-Club Ostende

X X

Adresse : Koninklijke Baan, 2,
8420 De Haan.
Tél. : (059) 23.32.83.
Accès : N. 72, direction Ostende.
Ouverture : tous les jours.
Parcours : 18 trous - 5 517 m - Par 70.
Tarifs : *Haute saison :* 1 500 FB en semaine et 2 200 FB le week-end. *Basse saison :* 1 200 FB en semaine et 1 900 FB le week-end.
Accueil : club-house, bar, restaurant, pro-shop.
Hcp : 34.
Stages : non.

Oudenaarde
Golf-Country-Club Oudenaarde

X X X

Adresse : Kortrijkstraat, 52,
9790 Wortegem-Petegem.
Tél. : (055) 31.54.81.
Accès : E17 direction Kortrijk (Courtrai), puis N. 459 direction Ninove, et N. 453 à droite.
Ouverture : tous les jours.

Parcours : 18 trous - 6 172 m - Par 72 + 9 trous - 2 536 m - Par 34.
Tarifs : semaine : 1 200 FB ; week-end : 1 500 FB.
Accueil : club-house, bar, restaurant, pro-shop.
Hcp : 36.
Stages : non.

Overijse (Bruxelles)
Overijse Golf-Club

✕ ✕

Adresse : Gemslaan, 55,
3090 Overijse.
Tél. : (02) 687.50.30.
Accès : autoroute Bruxelles-Namur sortie Jesus-Elk, prendre ancienne route d'Overijse vers Wavre.
Ouverture : tous les jours.
Parcours : 9 trous (13 départs) - 5 723 m - Par 71.
Tarifs : 800 FB en semaine et 1 500 FB le week-end.
Accueil : club-house, bar.
Hcp : 36 avec licence FFG et carte de membre de club.
Stages : contacter le golf.

Postel-Mol
Steenhoven Country-Club

✕ ✕

Adresse : Eerselseweg, 40,
2400 Postel-Mol.
Tél. : (014) 37.36.61.
Accès : autoroute Bruxelles-Anvers sortie Retie, puis direction Postel.
Ouverture : tous les jours sauf le mardi.
Parcours : 18 trous - 6 000 m - Par 72.
Tarifs : 1 500 FB en semaine, 2 000 FB le samedi et 2 500 FB le dimanche. (Club très privé, téléphoner avant d'aller jouer).
Accueil : club-house, bar, restaurant.
Hcp : licence FFG, 36.
Stages : sur réservation.

Profondeville
Golf-Club de Rougemont

Adresse : Chemin du Beau-Vallon, 45,
5170 Profondeville.
Tél. : (081) 41.14.18.
Accès : autoroute Bruxelles-Namur sortie Namur-Champion, direction Dinant, prendre le chemin du Beau-Vallon sur la droite, le golf est fléché.
Ouverture : tous les jours, sauf le lundi.
Parcours : 18 trous - Par 72.
Tarifs : 1 250 FB en semaine et 1 500 FB le week-end.
Accueil : club-house, bar, pro-shop, restaurant, salle de bridge.
Hcp : 36 pour les femmes et 30 pour les hommes.
Stages : en été, contacter le golf.

Saint-Ghislain
Golf du Mont-Garni

Adresse : rue du Mont-Garni, 3,
7420 Saint-Ghislain.
Tél. : (065) 62.27.19.
Accès : autoroute Bruxelles-Paris, sortie n° 23 bis, direction Baudour puis Mont-Garni.
Ouverture : tous les jours.
Parcours : 18 trous - 6 353 m - Par 74.
Tarifs : 900 FB en semaine et 1 300 FB le week-end.
Accueil : club-house, bar, restaurant, pro-shop.
Hcp : 32 ou brevet d'aptitude.
Stages : pendant les vacances scolaires.

Schilde
Antwerp International Golf & Country-Club « Rinkven »
✕ ✕ ✕

Adresse : Sint Jobsteenweg, 120,
2970 Schilde's Gravenwezel.
Tél. : (03) 385.04.83.
Accès : autoroute E19 sortie Sint Job.
Ouverture : tous les jours.
Parcours : 3 x 9 trous : 18 trous - 6 220 m - Par 73 + 18 trous - 6 094 m - Par 72 + 18 trous - 6 219 m - Par 73.
Tarifs : 1 400 FB en semaine et 2 500 FB le week-end.
Accueil : club-house, restaurant, pro-shop, tennis, garderie, salle de séminaires.
Hcp : 28.
Stages : contacter le golf.

Sijsele-Damme
Damme Golf & Country Club
✕ ✕ ✕

Adresse : Doornstraat, 16,
8340 Sijsele-Damme.
Tél. : (050).35.35.72.
Accès : de Bruges, prendre la direction de Gand par la R.N. 32 et le golf est fléché.
Ouverture : tous les jours.
Parcours : 18 trous - 6 046 m - Par 72 + 9 trous pitch and putt.
Tarifs : 18 trous : semaine : 1 300 FB ; week-end 1 700 FB ; 9 trous : semaine : 500 FB ; week-end 750 FB.
Accueil : club-house, bar, restaurant, pro-shop.
Hcp : 35 sur le 18 trous.
Stages : réservés aux membres.

Sint-Joris-Winge
Winge Golf & Country-Club
× ×

Adresse : Leuvensesteenweg 206,
3390 St-Joris-Winge.
Tél. : (016) 63.40.53.
Accès : à 25 minutes de Bruxelles, au carrefour des routes nationales n° 223 (Tienen-Aarschot) et 2 (Leuven-Diest). Sortie n° 22 sur l'autoroute A2 (Leuven-Genk).
Ouverture : tous les jours, sauf le lundi.
Parcours : 18 trous - 6 149 m - Par 72 + 3 pitch and putt.
Tarifs : 1 500 FB en semaine et 1 800 FB le week-end.
Accueil : club-house, bar, restaurant, pro-shop.
Hcp : 36.
Stages : pour les membres.

Spa
Royal Golf-Club des Fagnes
× × ×

Adresse : avenue de l'Hippodrome 1,
4900 Spa.
Tél. : (087) 77.16.13.
Accès : autoroute E5, direction Verviers, sortie Spa.
Ouverture : tous les jours.
Parcours : 18 trous - 6 010 m - Par 72.
Tarifs : semaine : 1 600 FB ; week-end : 2 000 FB.
Accueil : club-house, bar, restaurant, pro-shop.
Hcp : carte fédérale.
Stages : non.

Nombre de pilotes de formule 1 sont de fervents amateurs de swings. Ne vous étonnez pas si un jour vous croisez Damon Hill ou tout autre as du volant sur ce parcours entouré de forêt, au relief ondulé et qui vous demandera une bonne précision dans vos coups d'approche afin d'éviter tous les pièges comme les bois, les bunkers, les roughts... Ce 18 trous vous offrira la possibilité de passer un très agréable moment.

Vieux-Genappe
Golf-Club d'Hulencourt
✕ ✕

Adresse : 15, rue Bruyère-d'Hulencourt,
1472 Vieux-Genappe.
Tél. : (067) 79.40.40.
Accès : ring Est de Bruxelles, prendre la sortie 20 direction Nivelles, puis à Lillois premier feu à gauche.
Ouverture : tous les jours, sauf le mardi.
Parcours : 18 trous - 6 215 m - Par 72 + 9 trous pitch and putt.
Tarifs : 1 400 FB en semaine et 2 100 FB le week-end.
Accueil : club-house, bar, restaurant, pro-shop.
Hcp : 28 (jeans interdit).
Stages : contacter le golf.

Villers-la-Ville
Golf de Rigenée
✕ ✕ ✕

Adresse : rue de Chatelet, 62,
1495 Villers-la-Ville.
Tél. : (071) 87.77.65.
Accès : sur la route Nivelles-Namur, à gauche entre le village de Sart-Dames-Avelines et Marbais.
Ouverture : tous les jours, sauf le lundi.
Parcours : 18 trous - 6 036 m - Par 73.
Tarifs : semaine : 1 000 FB ; week-end : 1 900 FB.
Accueil : club-house, bar, restaurant, pro-shop.
Hcp : 30 pour les hommes et 36 pour les femmes.
Stages : contacter le golf.

Waregem
Waregem Happy Golf-Club
✕ ✕

Adresse : Bergstraat, 41
8790 Waregem.
Tél. : (056) 60.88.08.

Accès : autoroute E17, sortie 5 Waregem direction Ronse, puis direction « Flanders Fields », ensuite le golf est fléché.
Ouverture : tous les jours.
Parcours : 18 trous - 6 038 m - Par 72.
Tarifs : 1 100 FB en semaine et 1 600 FB le week-end.
Accueil : club-house, bar, restaurant, pro-shop, tennis, squash, sauna.
Hcp : 36.
Stages : non.

Wavre
Golf du château de la Bawette

✕ ✕

Adresse : chaussée du château de la Bawette, 5, 1300 Wavre.
Tél. : (010) 22.33.32.
Accès : autoroute Bruxelles-Namur, sortie n° 5, puis N. 4 à droite, 300 m plus loin prendre le chemin à gauche.
Ouverture : tous les jours.
Parcours : 18 trous - 6 076 m - Par 72 + 9 trous - 2 161 m - Par 33.
Tarifs : 1 200 FB en semaine et 2 000 FB le week-end.
Accueil : club-house, bar, restaurant, billard.
Hcp : 18 trous : 36 pour les femmes et 34 pour les hommes.
Stages : contacter le golf.

Ways
Golf de l'Empereur

✕ ✕ ✕

Adresse : 9, rue Emile-François, 1474 Ways.
Tél. : (067) 77.15.71.
Accès : N.5 direction Bruxelles et Charleroi puis N.25 direction Wavre, prendre la sortie Ways.
Ouverture : tous les jours.
Parcours : 18 trous - 6 037 m - Par 72 ; 9 trous - 1 660 m - Par 31.

Tarifs : 18 trous : 1 000 FB en semaine et 1 800 FB le week-end. 9 trous : 700 FB en semaine et 900 FB le week-end.
Accueil : club-house, bar, restaurant, pro-shop.
Hcp : 30 pour le 18 trous.
Stages : contacter le golf.

Westerlo
Olen Golf Club

Adresse : Vsd Britselaan,
2260 Westerlo.
Tél. : (075). 46.29.45.
Accès : d'Anvers, prendre l'autoroute E. 313 en direction de Hasselt, sortie n° 22 Olen, puis prendre la direction de Westerlo.
Ouverture : tous les jours.
Parcours : 9 trous (18 départs) - 4 722 m - Par 70.
Tarifs : semaine : 700 FB ; week-end : 900 FB.
Accueil : club-house, bar, snack, pro-shop.
Hcp : certificat de golf.
Stages : stages prévus.

Ypres
Ieper Open Golf-Club

Adresse : Industrielaan, 24,
8900 Ypres.
Tél. : (057). 21.66.88.
Accès : de Courtray, prendre l'A 19, puis sortie Ypres-Nord, puis zone industrielle d'Ypres.
Ouverture : tous les jours, sauf le mardi.
Parcours : 9 trous - 2 020 m - Par 32.
Tarifs : semaine : 600 FB ; week-end : 800 FB.
Accueil : club-house, bar, restaurant, pro-shop, salles de séminaire.
Hcp : brevet.
Stages : contacter le golf.

LES GOLFS
DE SUISSE

Arosa
Golf-Club d'Arosa

×

Adresse : Maranerstrasse,
CH - 7050 Arosa.
Tél. : (081) 377.42.42.
Accès : sur l'autoroute N13, direction Chur, sortir à Chur, puis direction Arosa.
Ouverture : tous les jours, du 15 juin à mi-octobre.
Parcours : 9 trous - 2 225 m - Par 33.
Tarif : 50 FS.
Accueil : club-house, bar, restaurant, pro-shop.
Hcp : non.
Stages : contacter le golf.

Ascona
Golf-Club Patriziale Ascona

× × ×

Adresse : Via al Lido 83,
6612 Ascona.
Tél. : (091) 791.21.32.
Accès : autoroute direction Locarno, sortie Ascona.
Ouverture : tous les jours de mars à novembre.
Parcours : 18 trous - 5 893 m - Par 71.
Tarifs : 70 FS.
Accueil : Club-house, bar, restaurant, pro-shop.
Hcp : 30.
Stages : non.

La région de Lugano ne se décrit pas, elle se visite et se respire…
Pour le golf d'Ascona, il en va de même car il vous réserve un tracé étroit, technique et boisé, qui ne se révélera peut-être pas très flatteur pour votre carte de score, mais qui vous laissera un souvenir inoubliable.

Bad Ragaz
Bad Ragaz Golf-Club

✕ ✕ ✕

Adresse : Hans-Albrechtstrasse,
7310 Bad Ragaz.
Tél. : (081) 303.37.17.
Accès : autoroute N3, sortie Bad Ragaz, traverser la ville puis le golf est indiqué.
Ouverture : tous les jours, sauf du 9 décembre au 19 janvier.
Parcours : 18 trous - 5 750 m - Par 70.
Tarifs : semaine : 100 FS ; week-end : 120 FS.
Accueil : club-house, bar, restaurant, pro-shop.
Hcp : 30 et membre d'un club.
Stages : non.

Blumisberg
Golf & Country-Club Blumisberg

✕ ✕

Adresse : 3184 Wünnewil.
Tél. : (026) 496.34.38.
Accès : N. 12 de Berne vers Lausanne, sortir à Wünnewil, puis direction Blumisberg.
Ouverture : tous les jours de mars à novembre.
Parcours : 18 trous - 6 048 m - Par 72.
Tarif : en semaine uniquement : 80 FS.
Accueil : club-house, bar, restaurant, pro-shop.
Hcp : 30.
Stages : non.

Bonmont
Club de Bonmont

✕ ✕ ✕

Adresse : 1261 Chéserex.
Tél. : (022) 369.23.45.

Accès : de Genève, N. 1 direction Lausanne, à 30 km de Genève, prendre à gauche vers Saint-Cergue.
Ouverture : tous les jours.
Parcours : 18 trous - 6 120 m - Par 72.
Tarifs : 90 FS en semaine et 100 FS le week-end, invité et accompagné par un membre.
Accueil : club-house, bar, restaurant, pro-shop, piscine, sauna, garderie (week-end).
Hcp : 30.
Stages : non.

> Ce golf a pour cadre une superbe propriété aux arbres centenaires, où trône un magnifique club-house confortable et accueillant, qui vous permettra de vous remettre de vos émotions après un parcours aux multiples facettes : tracé ondulé, obstacles d'eau... Une halte très agréable.

Breitenloo
Golf-Club Breitenloo

✗ ✗

Adresse : 8309 Nürensdorf.
Tél. : (01) 836.40.80.
Accès : de Zurich prendre la N. 1 direction Winterthur, 12 km apres Zurich prendre direction Nürensdorf.
Ouverture : tous les jours d'avril à octobre.
Parcours : 18 trous - 5 750 m - Par 72.
Tarifs : semaine : 100 FS ; week-end (sur invitation uniquement).
Accueil : club-house, bar, restaurant, pro-shop.
Hcp : 30.
Stages : non.

Voir liste des golfs p. 343

Bürgenstock
Golf-Club de Bürgenstock

✗

Adresse : 6366 Bürgenstock.
Tél. : (041) 611.05.45.
Accès : de Lucerne prendre l'autoroute N2, sortie Buochs, puis direction Bürgenstock.
Ouverture : tous les jours, d'avril à octobre.
Parcours : 9 trous - 2 030 m - Par 32.
Tarif : 55 FS.
Accueil : club-house, bar, restaurant, pro-shop.
Hcp : 36 et 30 le week-end.
Stages : contacter le golf.

Chessel
Golf Club les Coullaux

✗

Adresse : 1846 Chessel.
Tél. : (025) 81.22.46.
Accès : de Montreux, prendre la direction de Villeneuve, puis Chessel.
Ouverture : tous les jours.
Parcours : 9 trous - 1 470 m - Par 29.
Tarif : non communiqué.
Accueil : club-house, bar, pro-shop.
Hcp : carte verte.
Stages : contacter le golf.

Crans-sur-Sierre
Golf-Club de Crans-sur-Sierre

✗ ✗ ✗ ✗

Adresse : 3963 Crans-sur-Sierre.
Tél. : (027) 481.21.68.
Accès : autoroute E62 sortie Sion, direction Crans-sur-Sierre.

Ouverture : tous les jours de mai à novembre.
Parcours : 18 trous - 6 165 m - Par 72 + 9 trous - 2 667 m - Par 35 + 9 trous - 1 500 m - Par 27.
Tarifs : 86 FS pour le 18 trous.
Accueil : club-house, bar, restaurant, pro-shop.
Hcp : 36.
Stages : contacter le golf.

Ce club et ce parcours ne sont plus à présenter. Haut lieu du golf suisse, dirigé de main de maître par son incontournable président Gaston Barras, c'est un rendez-vous obligatoire pour les joueurs du circuit européen, grâce à l'organisation chaque année du Canon European Masters.
Des fairways superbement entretenus, des bunkers toujours bien placés, des roughs souvent dangereux et la présence fréquente du vent font de ce parcours une magnifique réussite.
Ajoutez aux 18 trous un 9 trous dessiné par Jack Nicklaus et vous comprendrez alors pourquoi Crans-sur-Sierre fait partie des « musts » du golf en Europe.

Davos
Golf-Club Davos

× ×

Adresse : 7260 Davos-Dorf.
Tél. : (081) 416.56.34.
Accès : autoroute E43, puis prendre la 28 direction Dorf.
Ouverture : tous les jours de juin à octobre.
Parcours : 18 trous - 5 325 m - Par 69.
Tarifs : 75 FS en semaine et 85 FS le week-end.
Accueil : club-house, bar, restaurant, pro-shop.
Hcp : 30.
Stages : contacter le golf.

Chaque année la fine fleur de l'économie mondiale se retrouve pour un symposium éminemment sérieux dans cette célèbre station. Pas question de croiser ces têtes pensantes sur les fairways, mais un détour par le golf vaut la peine. Coincé entre les sommets enneigés et le Land Wasser, la rivière serpentant entre les trous, ce parcours vous offrira la possibilité de passer un agréable moment.

Domat/Ems
Golf Club Domat/Ems

✗ ✗

Adresse : Postfach
7013 Domat/Ems.
Tél. : (081) 633.32.12.
Accès : de Coire, prendre la R.N. 13 vers San Bernardino, sortie Laax, puis directin Domat/Ems et le golf est indiqué.
Ouverture : tous les jours de mars à novembre.
Parcours : 18 trous - 6 200 m - Par 72 + 9 trous - 2 500 m - Par 33.
Tarifs : non communiqués.
Accueil : club-house, bar, restaurant, pro-shop.
Hcp : non communiqué.
Stages : contacter le golf.

Erlen
Golf & Country Club Erlen

✗ ✗

Adresse : Schlossgut Eppishausen,
8586 Erlen.
Tél. : (071) 648.29.30.
Ouverture : d'avril à novembre.
Parcours : 18 trous - 5 913 m - Par 72.
Tarifs : semaine : 90 FS ; week-end : 110 FS.
Accueil : club-house, bar, restaurant, pro-shop.
Hcp : 30.
Stages : contacter le golf.

Genève
Golf-Club de Genève-Cologny

✗ ✗ ✗ ✗

Adresse : 70, route de la Capite,
1223 Cologny.

Tél. : (022) 735.75.40.
Accès : à 4 km de Genève, direction Thonon-les-Bains.
Ouverture : tous les jours sauf le lundi, entre mars et décembre.
Parcours : 18 trous - 6 289 m - Par 72.
Tarif : 80 FS en semaine du mardi au vendredi matin de 8h à 12 h + 30 FS caddy obligatoire.
Accueil : club-house, bar, restaurant, pro-shop.
Hcp : 30.
Stages : non.

> La difficulté de ce golf ne réside pas dans son parcours, car il est tout à fait possible d'y réaliser une bonne carte, mais dans la possibilité de pénétrer dans ce club ! Il vous faudra pour passer les portes de ce Morfontaine suisse avoir de bonnes recommandations. De nombreux Pro-Am très prisés y sont organisés chaque année, comme le « Rolex ».

Gland
Golf-Club du Domaine Impérial

× × ×

Adresse : Villa Prangins
CH 1196 Gland.
Tél. : (022) 364.45.45./46.
Accès : de Genève, prendre l'autoroute N1 direction Lausanne, sortie Gland.
Ouverture : tous les jours sauf le lundi, d'avril à décembre.
Parcours : 18 trous - 6 297 m - Par 72.
Tarif : 90 FS (semaine uniquement).
Accueil : club-house, bar, restaurant, pro-shop.
Hcp : 30.
Stages : non.

> Situé au bord du lac de Genève, ce parcours vous offrira deux types de tracé : le premier, dans une forêt de pins et traversé à plusieurs reprises par un cours d'eau, et le deuxième situé en plaine, au relief légèrement ondulé. Le club-house, ancienne demeure de l'impératrice Eugénie, est superbe et vous réservera un accueil des plus chaleureux.

Gstaad
Golf-Club Gstaad-Saanenland

X X X

Adresse : 3777 Saanenmöser Gstaad.
Tél. : (033) 744.26.36.
Accès : de l'autoroute N9, sortir à Aigle, puis prendre la 11 jusqu'à Saanenmoser. De l'autoroute N12, sortir vers Bulle, prendre la 11 jusqu'à Saanenmöser.
Ouverture : tous les jours, de mai à octobre.
Parcours : 18 trous - 5 580 m - Par 71.
Tarifs : 60 FS en semaine et 70 FS le week-end.
Accueil : club-house, bar, restaurant, pro-shop.
Hcp : 36.
Stages : contacter le golf.

> Ce golf de montagne, situé à 1 400 mètres d'altitude, offre un panorama magnifique sur le massif alpin. Le parcours vous demandera une bonne précision dans vos frappes de balle, car les bunkers, les obstacles d'eau, les hors-limites et la forêt seront là pour vous rappeler à l'ordre. Le golf compte désormais 18 trous... après dix ans de palabres administratives !

Hildisrieden
Golf Club Sempachersee

X X X

Adresse : 6024 Hildisrieden.
Tél. : (041) 462.71.71.
Accès : de Bâle, prendre l'autoroute en direction de Lucerne, sortir à Ausfahrt-Sempach, puis direction hildisrieden, où le golf est indiqué.
Ouverture : de mars à novembre.
Parcours : 18 trous - 6 130 m - Par 72 + 9 trous - 2 020 m - Par 31.
Tarifs : non communiqués.
Accueil : club-house, bar, restaurant, pro-shop.
Hcp : non communiqué.
Stages : contacter le golf.

Voir liste des golfs p. 343

Hittnau
Golf & Country-Club d'Hittnau

✕ ✕

Adresse : 8335 Hittnau.
Tél. : (01) 950.24.42.
Accès : de Zurich prendre direction Pfäffikon, puis Dürstellen.
Ouverture : tous les jours d'avril à octobre (le week-end, seuls les membres du club sont admis à jouer).
Parcours : 18 trous - 5 773 m - Par 71.
Tarif : 90 FS.
Accueil : club-house, bar, restaurant, pro-shop.
Hcp : 30.
Stages : non.

Holzhäusern
Golf Club Ennetsee

✕ ✕

Adresse : Golfpark Holzhäusern,
6343 Holzhäusern.
Tél. : (041) 790.06.56.
Accès : de Lucerne, prendre la R.N. 14, puis la R.N. 4 en direction de Schwyz, Holzhäusern et le golf est indiqué.
Ouverture : toute l'année.
Parcours : 18 trous - 6 110 m - Par 72 + 6 trous - 1 420 m - Par 21.
Tarifs : 18 trous : 60 FS ; 6 trous : 35 FS.
Accueil : club-house, bar, restaurant, pro-shop.
Hcp : 35.
Stages : contacter le golf.

Interlaken
Golf-Club Interlaken-Unterseen

✕ ✕

Adresse : 3800 Interlaken.
Tél. : (033) 823.60.16.

Accès : de Berne, autoroute N6 direction Thun, puis N8 direction Interlaken.
Ouverture : tous les jours d'avril à octobre.
Parcours : 18 trous - 5 980 m - Par 72.
Tarifs : 70 FS en semaine et 80 FS le week-end.
Accueil : club-house, bar, restaurant, pro-shop.
Hcp : 30.
Stages : contacter le golf.

« Naturel » ! Voilà ce qui qualifie ce parcours tracé entre les sommets alpins et les lacs de Thoune et Brienz. Ces 18 trous vous offriront l'occasion d'allier une magnifique promenade avec une belle partie de golf.

Lausanne
Golf-Club de Lausanne

X X X X

Adresse : Route du Golf, 3
1000 Lausanne 25.
Tél. : (021) 784.13.15.
Accès : autoroute Genève-Berne, sortie Lausanne, puis direction Moudon, ensuite Lemont.
Ouverture : tous les jours d'avril à mi-décembre.
Parcours : 18 trous - 6 295 m - Par 72.
Tarifs : semaine : 90 FS ; week-end : 110 FS (obligation d'être membre d'un club).
Accueil : club-house, bar, restaurant, pro-shop, salle de bridge, billard.
Hcp : 24 pour les hommes, 28 pour les femmes.
Stages : non.

Ah le remarquable parcours ! Situé sur les hauteurs de la cité vaudoise, au lieu-dit le Chalet à Gobet, le golf de Lausanne mélange harmonieusement tradition et modernisme. Depuis qu'une nouvelle équipe le dirige, il s'est « ouvert dans l'esprit ». Résultat : 18 trous tout en variété, en pièges aussi parfois, qui vous accueilleront, discrètement certes, mais en souriant. Une heureuse journée en perspective...

Lenzerheide
Golf-Club Lenzerheide-Valbella

✗ ✗

Adresse : 7078 Lenzerheide.
Tél. : (081) 384.13.16.
Accès : autoroute N3, sortie Chur, puis direction Lenzerheide.
Ouverture : tous les jours de juin à octobre.
Parcours : 18 trous - 5 269 m - Par 69.
Tarif : 60 FS en semaine et 80 FS le week-end.
Accueil : club-house, bar, restaurant, pro-shop.
Hcp : 30 pour les hommes et 36 pour les femmes.
Stages : contacter le golf.

Les Bois
Golf Club Les Bois

✗ ✗

Adresse : Les Murs,
2336 Les Bois.
Tél. : (032) 961.10.03.
Ouverture : tous les jours.
Parcours : 18 trous - 6 200 m - Par 72.
Tarif : 60 FS.
Accueil : club-house, bar, restaurant, pro-shop.
Hcp : 36.
Stages : contacter le golf.

Lindau
Bodensee Golf-Club

✗ ✗ ✗

Adresse : Lampertsweiler 51,
D - 88138 Weissensberg.
Tél. : (49) (83.89.) 89.190.
Accès : de l'autoroute E60 direction Bregenz, après Bregenz, prendre la direction de Lindau, puis Weissensberg.

Ouverture : tous les jours.
Parcours : 18 trous - 6 112 m - Par 71.
Tarif : 70 DM en semaine et 90 DM le week-end.
Accueil : club-house, bar, restaurant, pro-shop.
Hcp : 36.
Stages : non.

Lucerne
Golf-Club de Lucerne

× ×

Adresse : 6006 Dietschiberg-Lucerne.
Tél. : (041) 420.97.87.
Accès : 5 km de Lucerne, direction Dietschiberg.
Ouverture : tous les jours. Fermé pour les non-membres de décembre à mars.
Parcours : 18 trous - 6 082 m - Par 73.
Tarif : 80 FS en semaine et 100 FS le week-end.
Accueil : club-house, bar, restaurant, pro-shop.
Hcp : 30.
Stages : non.

Lugano
Golf-Club de Lugano

× × ×

Adresse : 6983 Magliaso
Tél. : (091) 606.15.57.
Accès : de Lugano direction Agno, puis direction Magliaso.
Ouverture : tous les jours.
Parcours : 18 trous - 5 775 m - Par 71.
Tarifs : 85 FS en semaine et 110 FS le week-end.
Accueil : club-house, bar, restaurant, pro-shop.
Hcp : 30.
Stages : contacter le golf.

Tracé de part et d'autre du fleuve Magliasina, ce parcours offre un tracé étroit et boisé. La grande variété des trous et la défense de leurs greens demandent aux joueurs une bonne maîtrise dans la précision des coups. De belles émotions en perspective !

Luterbach
Golf Club Wylihof

X X

Adresse : 4708 Luterbach.
Tél. : (032) 682.28.28.
Accès : de Zurich, prendre la R.N. 1 vers Bern, puis la R.N. 5 vers Zuchwil, puis Luterbach et le golf est ensuite indiqué.
Ouverture : de juillet à novembre.
Parcours : 18 trous - 6 580 m - Par 73.
Tarifs : semaine : 80 FS ; week-end réservé aux membres.
Accueil : club-house, bar, restaurant, pro-shop.
Hcp : 30.
Stages : non.

Montreux
Golf-Club de Montreux-Aigle

X X

Adresse : 54, route d'Evian,
1860 Aigle.
Tél. : (024) 466.46.16.
Accès : de Montreux prendre l'autoroute N9, sortir à Aigle.
Ouverture : tous les jours.
Parcours : 18 trous - 6 143 m - Par 72.
Tarifs : 70 FS en semaine et 90 FS le week-end (sur réservation).
Accueil : club-house, bar, restaurant, pro-shop.
Hcp : 30.
Stages : non.

Planté au milieu d'un décor majestueux que sont les Alpes, le parcours de Montreux relativement plat offre un cadre idéal pour passer un agréable moment de détente. Le golf est une attraction supplémentaire pour une ville déjà riche en événements, avec notamment son festival annuel de jazz, ainsi que sa Rose d'or.

Neuchâtel
Golf & Country-Club de Neuchâtel
✕ ✕ ✕

Adresse : Voens,
2072 Saint-Blaise.
Tél. : (032) 753.55.50.
Accès : du village de Saint-Blaise direction Lignières pendant 2 km.
Ouverture : tous les jours d'avril à novembre.
Parcours : 18 trous - 5 823 m - Par 70.
Tarifs : semaine : 65 FS ; week-end : 85 FS.
Accueil : club-house, bar, restaurant, pro-shop.
Hcp : 30.
Stages : non.

Le Jura suisse et ses conifères offrent un très bel habit au golf de Neuchâtel. Un parcours franc où la précision sera un énorme atout si vous souhaitez rentrer au club la tête haute. Durant l'été, l'open de Neuchâtel réunit les meilleurs joueurs du Challenge Tour pour une épreuve appréciée de tous. L'hospitalité romande y est pour beaucoup !

Niederbüren
Ostschweizerischer Golf-Club

✕ ✕

Adresse : 9246 Niederbüren.
Tél. : (071) 422.18.56.
Accès : autoroute N1 sortie Bischofszell, puis direction Niederbüren.
Ouverture : tous les jours de mars à octobre.
Parcours : 18 trous - 5 951 m - Par 72.
Tarif : 80 FS du lundi au vendredi. Week-end réservé aux membres.
Accueil : club-house, bar, restaurant, pro-shop.
Hcp : 30.
Stages : non.

Oberentfelden
Mittelland Golf-Club

✕

Adresse : Muhenstrasse 52,
5036 Oberentfelden.
Tél. : (062) 723.89.84.
Accès : de Zurich, prendre l'autoroute E60, sortie Aarau, puis direction Oberentfelden.
Ouverture : tous les jours.
Parcours : 9 trous - 1 843 m - Par 31.
Tarifs : 60 FS.
Accueil : club-house, bar, restaurant, pro-shop.
Hcp : 30
Stages : contacter le golf.

Pont-La-Ville
Golf Club de Pont-La-Ville

✕ ✕

Adresse : « Le Château »,
1649 Pont-La-Ville.

Tél. : (026) 419.91.11.
Accès : de Fribourg, prendre l'autoroute en direction de Lausanne-Genève, sortir à Rossens, puis direction Pont-La-Ville et le golf est indiqué.
Ouverture : tous les jours de mars à décembre.
Parcours : 18 trous - 5 058 m - Par 68 + 6 trous compact.
Tarifs : non communiqués.
Accueil : club-house, bar, restaurant, pro-shop, tennis, piscine couverte, sauna, salles de séminaires.
Hcp : demandé.
Stages : contacter le golf.

Dix-huit trous au bord du lac de La Gruyère, cela ne s'invente pas ! Construit à flancs de coteaux, ce parcours n'est sûrement pas le plus reposant des vertes vallées helvètes, mais le panorama et l'environnement touristique, la ville médiévale de Gruyères en particulier, vous feront oublier vos douleurs. « Les framboises double crème » à la carte du club-house devraient vous réconcilier avec le golf et la vie.

Riederalp
Golf-Club Riederalp

Adresse : 3987 Riederalp.
Tél. : (027) 927.29.32.
Accès : prendre l'autoroute N9 jusqu'à Sion, puis la 9 jusqu'à Gamsen, et la 19 jusqu'à Morel.
Ouverture : tous les jours, de juin à octobre.
Parcours : 9 trous - 3 112 m - Par 60.
Tarif : 40 FS.
Accueil : club-house, bar, restaurant, pro-shop.
Hcp : 30.
Stages : non.

Rüdlingen
Golf Club Rheinblick

× ×

Adresse : 8455 Rüdlingen.
Tél. : (49).(7745).51.30.
Accès : de Zurich, prendre la direction de Bülach, puis Eglisau, Zollgrenze.
Ouverture : tous les jours, de février à décembre.
Parcours : 18 trous - 6 492 m - Par 73.
Tarif : semaine : 90 FS (réservation recommandée) ; week-end réservé aux membres.
Accueil : club-house, bar, restaurant, pro-shop.
Hcp : 36.
Stages : non.

Samedan
Engadine-Samedan Golf-Club

× × ×

Adresse : 7503 Samedan.
Tél. : (081) 852.52.26.
Accès : autoroute E43, direction Silvaplana, puis Saint-Moritz.
Ouverture : tous les jours de juin à octobre.
Parcours : 18 trous - 6 350 m - Par 72.
Tarif : 90 FS.
Accueil : club-house, bar, restaurant, pro-shop.
Hcp : 30.
Stages : contacter le golf.

Schinznach
Golf-Club Schinznach Bad

× ×

Adresse : 5116 Schinznach Bad.
Tél. : (056) 443.12.26.
Accès : de Zurich prendre l'autoroute E60, direction

Baden, puis direction Aarau, sortir vers Brugg, puis direction Schinznach Bad.
Ouverture : tous les jours, d'avril à octobre.
Parcours : 9 trous - 2 853 m - Par 35.
Tarif : 40 FS en semaine uniquement.
Accueil : club-house, bar, restaurant, pro-shop.
Hcp : 30.
Stages : non.

Schönenberg
Golf & Country-Club de Schönenberg

✕ ✕ ✕

Adresse : 8824 Schönenberg.
Tél. : (01) 788.16.24.
Accès : autoroute N13 direction Horgen, suivre les panneaux « Zug-Hirzel ».
Ouverture : tous les jours d'avril à novembre.
Parcours : 18 trous - 6 119 m - Par 72.
Tarif : 90 FS en semaine uniquement. Week-end réservé aux membres.
Accueil : club-house, bar, restaurant, pro-shop.
Hcp : 30.
Stages : non.

Sierre
Golf Club de Sierre

✕ ✕

Adresse : 3977 Grange.
Tél. : (027) 458.49.58.
Accès : de Sion, prendre la direction de Sierre où le golf est indiqué.
Ouverture : ouvert de mars à novembre.
Parcours : 9 trous - 2 741 m - Par 35.
Tarif : 45 FS.
Accueil : club-house, bar, restaurant, pro-shop.
Hcp : hommes : 30 ; femmes : 36.
Stages : contacter le golf.

Sion
Golf Club de Sion

✕ ✕

Adresse : route de Vissigen,150,
1951 Sion.
Tél. : (027) 203.79.00.
Accès : situé dans la ville de Sion.
Ouverture : tous les jours.
Parcours : 9 trous - 2 315 m - Par 33.
Tarifs : semaine : 32 FS ; week-end : 40 FS.
Accueil : club-house, bar, pro-shop.
Hcp : 30.
Stages : contacter le golf.

Stühlingen
Golf Club Obere Alp

✕ ✕

Adresse : Panoramastrasse.
D79780 Stühlingen.
Tél. : (49) 7703.92.030.
Accès : de Bâle, prendre la direction de Stühlingen, prendre la Panoramastrasse.
Ouverture : d'avril à novembre.
Parcours : 18 trous - 6 207 m - Par 72 + 9 trous - 3 692 m - Par 60.
Tarifs : semaine : 70 FS ; week-end : 90 FS.
Accueil : club-house, bar, restaurant, pro-shop.
Hcp : 36.
Stages : contacter le golf.

Verbier
Approach Golf-Club de Verbier

✕ ✕

Adresse : 1936 Verbier.
Tél. : (027) 771.53.14.

Accès : autoroute N9, sortie Martigny, dir. Verbier.
Ouverture : tous les jours de juin à novembre.
Parcours : 18 trous - 2 210 m - Par 54 (Approach Golf-Club) + 18 trous - 5 200 m - Par 70.
Tarifs : entre 50 FS et 80 FS.
Accueil : club-house, bar, restaurant, pro-shop.
Hcp : 30 sur le 18 trous.
Stages : contacter le golf.

> Dominant la vallée du Rhône, le golf de Verbier est construit en terrasse, c'est-à-dire que si vous ne quittez pas la piste, vous n'aurez presque jamais les pieds en pente. Le trou n° 1 surplombant le parcours, vous descendrez jusqu'au 14 avant de rejoindre au prix de quelques efforts les derniers trous et le club-house typiquement valaisan.

Villars
Golf-Club de Villars

✕ ✕

Adresse : 1884 Villars.
Tél. : (024) 495.42.14.
Accès : de l'autoroute N9 direction Martigny, sortie Aigle, puis direction Ollon-Villars-sur-Ollon.
Ouverture : tous les jours de juin à octobre.
Parcours : 18 trous - 4 093 m - Par 64.
Tarifs : 50 FS en semaine et 60 FS le week-end.
Accueil : club-house, bar, restaurant, pro-shop.
Hcp : 30.
Stages : contacter le golf.

Vulpera
Golf-Club de Vulpera

✕

Adresse : 7552 Vulpera.
Tél. : (081) 864.96.88.
Accès : sur l'autoroute E43 direction Chur, sortir à

Landquart, puis sur la 28 direction Dorf. A Dorf prendre la 27 jusqu'à Scuol/Schuls, et ensuite direction Vulpera.
Ouverture : tous les jours, du 25 mai au 5 octobre.
Parcours : 9 trous - 1 982 m - Par 31.
Tarifs : entre 50 et 60 FS.
Accueil : club-house, bar, restaurant, pro-shop.
Hcp : 30.
Stages : non.

Wallenried
Golf & Country Club Wallenried

✕ ✕ ✕

Adresse : 1784 Wallenried.
Tél. : (026) 684.84.84.
Accès : de Fribourg, prendre la direction de Morat, puis Courtepin, puis Wallenried et le golf est fléché.
Ouverture : tous les jours.
Parcours : 18 trous - 6 000 m - Par 72.
Tarifs : semaine : 60 FS ; week-end : 80 FS (sur réservation).
Accueil : club-house, bar, restaurant, pro-shop.
Hcp : 30.
Stages : contacter le golf.

Zug
Golf & Country Club Küssnacht am Rigi

✕ ✕ ✕

Adresse : Herrn Heinz Kälin,
Rosenbergst., 18,
6300 Zug.
Tél. : (041) 850.70.60.
Accès : golf situé à 12 km de Lucerne.
Ouverture : de mars à fin octobre.
Parcours : 18 trous - 5 353 m - Par 68.
Tarif : 90 FS.
Accueil : club-house, bar, restaurant pro-shop.

Hcp : 30.
Stages : contacter le golf.

Zürich
Dolder Golf-Club

X X X

Adresse : Kurhausstrasse 66,
8032 Zürich.
Tél. : (01) 261.50.45.
Accès : de Zürich, prendre direction Dolder.
Ouverture : tous les jours, du 30 mars au 15 novembre.
Parcours : 9 trous - Par 30.
Tarifs : 70 FS en semaine ; week-end réservé aux membres.
Accueil : club-house, bar, restaurant, pro-shop.
Hcp : 30.
Stages : non.

Zürich-Zumikon
Golf & Country-Club de Zürich

X X X

Adresse : 8126 Zumikon.
Tél. : (01) 918.00.50.
Accès : de Zürich, prendre direction Grünningen, sortir vers Zumikon.
Ouverture : tous les jours d'avril à octobre.
Parcours : 18 trous - 6 360 m - Par 72.
Tarifs : 100 FS en semaine uniquement.
Accueil : club-house, bar, restaurant, pro-shop.
Hcp : 30.
Stages : non.

> Une superbe réussite pour ce golf de la région alémanique, où paysage et qualité du parcours semblent en parfaite harmonie. La diversité des trous vous obligera à ne pas être trop gourmand dans votre jeu, car cela pourrait se transformer en cauchemar pour votre carte de score.

INDEX DES GOLFS DE FRANCE

ABBAYE DES SEPT FONTAINES, *voir* Charleville-Mézières : p. 67
ABBEVILLE , *voir* Grand Laviers ; p. 109
ABERS, *voir* Plouarzel : p. 210
ABLEIGES, *voir* Cergy : p. 61
ACADEMIE DE GOLF, *voir* Le Tremblay-sur-Mauldre : p. 148
AGEN **(A.S. Golf-Club d'Agen Bon-Encontre)** : p. 13
AGON-COUTAINVILLE, *voir* Coutainville : p. 81
AIGUILLON-SUR-VIE, **(Golf des Fontenelles)** : p.13
AINGERAY, *voir* Nancy : p. 190
AIX-EN-PROVENCE **(Golf international de Château l'Arc)** : p. 14
AIX-EN-PROVENCE **(Set Golf)** : p. 14
AIX-EN-PROVENCE **(Golf des Milles)** : p. 15
AIX-LES-BAINS **(A.S. Golf-Club d'Aix-les-Bains)** : p. 16
ALBI **(Golf d'Albi-Lasbordes)** : p. 16
ALBON **(Albon Golf-Club)** : p. 17
ALBRET, *voir* Nérac : p. 192
ALLAUCH **(Golf d'Allauch)** : p. 17
AMIENS **(Golf d'Amiens)** : p. 18
AMMASCHWIHR **(Golf d'Ammaschwihr Trois Epis)** : p. 18
AMNEVILLE **(Golf d'Amnéville)** : p. 19
ANDAINES, *voir* Bagnoles-de-l'Orne : p. 31
ANGERS **(Golf d'Angers)** : :p. 19
ANGERS-AVRILLE **(Golf du Château de la Perrière)** : p. 20
ANGLET **(Golf de Chiberta)** : p. 21
ANGOULEME **(Golf de l'Hirondelle)** : p. 21
ANJOU, *voir* Champigné : p. 65
ANNECY **(Golf du Lac d'Annecy)** : p. 22
ANNONAY **(Golf de Gourdan)** : p. 22
ANTIBES **(A.S. du Golf de la Bastide-du-Roy)** : p. 23
APREMONT **(Golf d'Apremont)** : p. 23
ARCACHON **(Golf d'Arcachon)** : p. 24
ARCANGUES **(Golf d'Arcangues)** : p. 24
ARC-CHANTEL, *voir* Les Arcs : p. 144
ARC-EN-BARROIS **(Golf-Club d'Arc-en-Barrois)** : p. 25
ARÇONNAIS **(Golf d'Alençon en Arçonnais)** : p. 25
ARDILOUSE, *voir* Lacanau : p. 124
ARDON, *voir* La Ferté-Saint-Aubin : p. 127
ARDREE, *voir* Tours : p. 268
ARIEGE, *voir* La Bastide-de-Sérou : p. 122
ARRAS **(Golf d'Arras)** : p. 26
ARTIGUELOUVE, *voir* Pau : p. 203
AUBAZINE **(Golf d'Aubazine)** : p. 26
AUCH **(Golf des Embats)** : p. 27
AUGERVILLE-LA-RIVIERE **(Golf du château d'Agerville)** : p. 28
AURIAC, *voir* Carcassonne : p. 58
AUTUN **(Golf d'Autun)** : p. 28
AUZIN-SAINT-AUBIN, *voir* Arras : p. 26
AVIGNON, *voir* Vedène : p. 275
AVIGNON **(Golf de Châteaublanc)** : p. 29
AVRILLE, *voir* Angers-Avrillé : p. 20
BADEN **(Golf de Baden)** : p. 30
BAGNERE-DE-LUCHON, *voir* Luchon : p. 156
BAGNIERE-DE-BIGORRE **(Golf de la Bigorre)** : p. 30
BAGNOLES-DE-L'ORNE **(Andaines Golf-Club)** : p. 31
BAILLARGUES **(Golf de Massane)** : p. 31
BAILLET-EN-FRANCE **(Paris International Golf-Club)** : p. 32
BALE-MULHOUSE **(Golf de Bâle-Mulhouse)** : p. 33

BAR-LE-DUC **(Golf de Combles)** : p. 33
BARBAROUX, *voir* Brignoles : p. 51
BARBASTE, *voir* Nérac : p. 192
BASSUSSARY **(Makila Golf Club)** : p.34
BASTIA **(Golf de Bastia)** p. 34
BAUGE **(Golf de Baugé-Poutigné)** : p. 35
BAYARD, *voir* Gap : p. 105
BAYEUX **(Omaha Beach Golf Club)** : p.35
BEAUJOLAIS, *voir* Lucenay-sur-Anse : p. 155
BEAUNE **(Golf de Beaune-Levernois)** : p. 36
BEAUVAIS **(Golf du Vivier)** : p. 36
BEAUVALLON, *voir* Sainte-Maxime : p. 233
BELESBAT, *voir* Boutigny-sur-Essonne : p. 49
BELLEFONTAINE **(Golf de Bellefontaine)** : p. 37
BELLE-ILE-EN-MER **(Golf de Sauzon)** : p. 37
BELLEME **(Golf de Bellême-Saint-Martin)** : p. 38
BELLERIVE-SUR-ALLIER, *voir* Vichy : p. 277
BENODET **(Golf de l'Odet)** : p. 38
BERGUES, *voir* Dunkerque : p. 89
BESANÇON **(Golf de Besançon)** : p. 39
BETHEMONT CHISAN COUNTRY CLUB, *voir* Poissy : p. 211
BEUVILLE, *voir* BIEVILLE-BEUVILLE : p. 42
BEUZEVAL, *voir* Houlgate : p. 116
BEYCHAC ET CAILLAU **(Golf de Teynac)** : p. 39
BEYNAT, *voir* Aubazine : p. 26
BEZIERS **(Golf de Saint-Thomas)** : p. 40
BIARRITZ **(Golf de Biarritz-le Phare)** : p. 40
BIARRITZ-BIDART **(Centre international de Golf d'Ilbarritz)** : p. 41
BIEUZY-LES-EAUX **(Golf de Rimaison)** : p. 41
BIEVILLE-BEUVILLE **(Golf de Caen)** : p. 42
BILLIERE, *voir* Pau : p. 203
BIOT, *voir* Antibes : p. 23
BISCAROSSE **(Golf de Biscarosse)** : p. 42
BITCHE **(Golf de Bitche)** : p. 43
BOIS D'Ô, *voir* Saint-Maixme-Hauterive : p. 243
BOISGELIN, *voir* Lanvollon : p. 134
BOIS-LE-ROI, **(Golf de Bois-le-Roi)** : p. 43
BON-ENCONTRE, *voir* Agen : p. 13
BONDOUFLE, *voir* Evry-Bondoufle : p. 95
BONDUES, *voir* Lille : p. 150
BONIFACIO **(Golf de Spérone)** : p. 44
BORDE HAUTE, *voir* Toulouse : p. 265
BORDEAUX **(Golf Bordelais)** : p. 45
BORDEAUX-CAMEYRAC **(Sporting-club de Cameyrac)** : p. 45
BORDEAUX-LAC **(Golf municipal de Bordeaux)** : p. 46
BOSC-GUERARD **(Golf de la Forêt Verte)** : p. 46
BOSSEY **(Golf Country-Club de Bossey)** : p. 47
BOURG-EN-BRESSE **(Golf de Bourg-en-Bresse)** : p. 48
BOURG-LES-VALENCE **(Golf de Valence-Chanalets)** : p. 48
BOURG-SAINT-MAURICE, *voir* Les Arcs : p. 144
BOURGES **(Golf de Bourges)** : p. 49
BOURGOGNE, *voir* Dijon : p. 84
BOUTIGNY, *voir* Meaux-Boutigny : p. 170
BOUTIGNY-SUR-ESSONNE **(Golf du domaine de Belesbat)** : p. 49
BRAY-ET-LU, *voir* Chaussy : p. 71
BREHAL **(Golf municipal de Bréhal)** : p. 50
BRESSE, *voir* Condeissiat : p. 78
BRESSON, *voir* Grenoble : p. 111
BREST-IROISE **(Golf de Brest-Iroise)** : p. 50
BREVILLE, *voir* Granville : p. 110
BRIGNOLES **(Domaine de Barbaroux)** : p. 51
BRISSAC-QUINCE, *voir* Angers : p. 19
BRIVE **(Golf Club de Brive)** : p. 51
BRUYERES, *voir* Pelves : p. 204
BRUYERES-LE-CHATEL, *voir* Courson-Monteloup : p. 79
BRUZ **(Golf de Cicé-Blossac)** : p. 52
BURGO, *voir*, Bastia : p. 34
BUSSY-SAINT-GEORGES **(Golf de Bussy-Saint-Georges)** : p. 52
BUZET-SUR-TARN, *voir* Toulouse : p. 265

CABOURG **(Golf public de Cabourg)** : p. 53
CABOURG **(Golf de Cabourg-Le Home)** : p. 53
CAEN **(Golf de Caen)** : p. 54
CALVI **(Golf de Spano)** : p. 55
CAMEYRAC, *voir* Bordeaux-Cameyrac : p. 45
CANNES **(Golf-Club de Cannes Mandelieu)** : p. 55
CANNES **(A.S. du Golf de Cannes-Mougins)** : p. 56
CANTELOU, *voir* Clécy-Cantelou : p. 76
CAP-D'AGDE **(Golf du Cap-d'Agde)** : p.57
CARANTEC **(Golf de Carantec)** : p. 57
CARCASSONNE **(Golf d'Auriac)** : p. 58
CARNAC **(Golf de Saint-Laurent-Ploëmel)** : p. 58
CARQUEFOU **(Golf de l'Epinay)** : p. 59
CARTE, *voir* Onzain : p. 199
CASTELJALOUX **(Golf de Casteljaloux)** : p. 59
CASTELNAUD, *voir* Villeneuve-sur-Lot : p. 280
CASTELSARRASIN **(Golf du Château de Terrides)** : p. 60
CASTRES **(Golf de Castres-Gourjade)** : p. 60
CELY-EN-BIERE **(Cély Golf-Club)** : p. 61
CERGY **(Golf d'Ableiges)** : p. 61
CERGY-PONTOISE **(Golf de Cergy-Pontoise)** : p. 62
CERNY-EN-LAONNAIS, *voir* Laon : p. 134
CERON-MARCIGNY **(Golf de la Frédière)** : p. 62
CESSON-SEVIGNE **(Golf de Cesson-Sévigné)** : p. 62
CEYSSAC, *voir* Le Puy-en-Velay : p. 144
CHALAMPE, *voir* Mulhouse : p. 189
CHALON-SUR-SAÔNE **(Golf public de Chalon-sur-Saône, Golf Saint-Nicolas)** : p.64
CHAMBON-SUR-LIGNON, *voir* Le Chambon-sur-Lignon : p. 140
CHAMBOURCY **(Golf de Joyenval)** : p.64
CHAMMET, *voir* Peyrelevade : p. 206
CHAMONIX **(Golf-Club de Chamonix)** : p. 65
CHAMPAGNE, *voir* Fère-en-Tardenois : p. 97
CHAMPIGNE **(Anjou Golf & Country Club)** : p. 65
CHANGE-LES-LAVAL, *voir* Laval : p. 137
CHANTACO, *voir* Saint-Jean-de-Luz : p. .239
CHANTILLY **(Golf de Chantilly)** : p. 66
CHANTILLY **(Golf du domaine de Chantilly)** : p. 67
CHAOURCE, *voir* Troyes : p. 270
CHARLEVILLE-MEZIERES **(Golf-Club de l'Abbaye des Sept-Fontaines)** : p. 67
CHARMEIL, *voir* Grenoble : p. 112
CHASSIEU, *voir* Lyon : p. 158
CHATEAU D'HUMIERES, *voir* Humières : p. 117
CHATEAU DE BERTICHERE, *voir* Chaumont-en-Vexin : p. 70
CHATEAU DE BOURNEL, *voir* Cubry : p. 82
CHATEAU DE CELY, *voir* Cély-en-Bière : p. 61
CHATEAU DE CHAILLY, *voir* Pouilly-en-Auxois : p. 215
CHATEAU DE CHERIZEY, *voir* Metz : p. 173
CHATEAU DE CHEVERNY, *voir* Cheverny : p. 73
CHATEAU DE CREVIN, *voir* Bossey : p. 47
CHATEAU DE LA PERRIERE, *voir* Angers : p. 20
CHATEAU DE LA SALLE, *voir* Mâcon : p. 159
CHATEAU DE LA TOUCHE, *voir* Orléans : p. 200
CHATEAU DE LA TOUCHE, *voir* Tours : p. 269
CHATEAU DE LA VIGNE, *voir* Lille : p. 150
CHATEAU DE NAMPONT-SAINT-MARTIN, *voir* Nampont-Saint-Martin : p. 188
CHATEAU DU RARAY, *voir* Raray : p. 218
CHATEAU DE TERRIDES, *voir* Castelsarrasin : p. 60
CHATEAU DES AGNEAUX, *voir* Ozoir-la-Ferrière : p. 201
CHATEAU DES DAMES DE FRANCE, *voir* Reims : p. 219
CHATEAU DES ORMES, *voir* Dol-de-Bretagne : p. 86
CHATEAU DU CHAMP-DE-BATAILLE, *voir* Le Neubourg : p. 142
CHATEAU DE L'ARC, *voir* Aix-en-Provence : p. 14
CHATEAUBLANC, *voir* Avignon : p. 29
CHATEAUNEUF-DE-GRASSE **(Golf de la Grande Bastide)** : p. 68
CHATEAU-THIERRY **(Golf du Val Secret)** : p. 68
CHATELLERAULT **(Golf du Connétable)** : p. 69

CHATENOY-EN-BRESSE, voir Chalon-sur-Saône : p. 64
CHATOU **(Golf de l'Ile Fleurie)** : p. 69
CHAUMONT-EN-VEXIN **(Country-Club de Chaumont-en-Vexin)** : p. 70
CHAUMONT-EN-VEXIN **(Golf de Rebetz)** : p. 70
CHAUSSY **(Golf de Villarceaux)** :p. 71
CHERBOURG **(Golf-Club de Cherbourg)** : p. 72
CHERIZEY, voir Metz : p. 173
CHEVANNES **(Golf de Chevannes-Mennecy)** : p. 72
CHEVERNY **(Golf du Château de Cheverny)** : p. 73
CHEVRY **(Golf public de Chevry)** : p. 73
CHEVRY-COSSIGNY **(Golf de la Marsaudière)** : p. 74
CHIBERTA, voir Anglet : p. 21
CHOLET **(Golf de Cholet)** : p. 74
CIBOURE, voir Saint-Jean-de-Luz : p. 239
CICE-BLOSSAC, voir Bruz : p. 52
CIVRY-LA-FORET **(Golf-Club de la Vaucouleurs)** : p. 75
CLANSAYES **(Golf de la Drôme Provençale)** : p. 75
CLECY **(Golf de Clécy)** : p. 76
CLEMENT ADER, voir Gretz : p. 113
CLERMONT-FERRAND **(Golf-Club des Volcans)** : p. 77
COGNAC **(Golf du Cognac)** : p. 77
COMBLES-EN-BARROIS, voir Bar-le-duc : p. 33
COMPIEGNE **(Golf de Compiègne)** : p. 78
CONDEISSIAT **(Golf-Club de la Bresse)** : p. 78
CORNOUAILLE, voir Quimper : p. 218
CORRENÇON-EN-VERCORS **(Golf de Corrençon-en-Vercors)** : p. 79
CÔTE DES ISLES, voir Saint-Jean-de-la-Rivière : p. 238
COUDEKERQUE-VILLAGE, voir Dunkerque : p. 89
COUDRAY, voir Le Coudray-Monceaux : p. 140
COULONDRES, voir Montpellier : p. 183
COURSON-MONTELOUP **(Stade Français - Golf de Courson)** : p. 79
COURTISOLS **(Golf de la Grande Romanie)** : p. 80
COUTAINVILLE **(Golf de Coutainville)** : p. 81
CRAINTILLEUX, voir Montrond-les-Bains : p. 184
CRECY-LA-CHAPELLE **(Léon's Lodgz Golf)** : p. 81
CREVIN, voir Bossey : p .47
CROS-DU-LOUP, voir Le Puy-en-Velay : p. 145
CUBRY **(Château de Bournel)** : p. 82
DAMPIERRE-SUR-LE-DOUBS, voir Montbéliard : p. 177
DEAUVILLE **(New-Golf de Deauville)** : p. 82
DEAUVILLE **(Golf de Saint-Gatien)** : p. 83
DIEPPE **(Golf de Dieppe)** : p. 84
DIJON **(Golf de Bourgogne)** : p. 84
DINARD **(Golf de Dinard)** : p. 85
DIVONNE-LES-BAINS **(Golf-Club de Divonne-les-Bains)** : p. 85
DOL-DE-BRETAGNE **(Golf du Château des Ormes)** : p. 86
DOLE **(Golf Club du Val-d'Amour)** : 87
DOMAINE DE BEAUVOIR, voir Poitiers : p. 211
DOMAINE DE BELESBAT, voir Boutigny-sur-Essonne : p. 49
DOMAINE DE LA VALDAINE, voir Montboucher-sur-Jabron : p. 178
DOMAINE DES BOIS FRANCS, voir Verneuil-sur-Avre : p. 276
DOMAINE DE ROCHEBOIS, voir Vitrac : p. 283
DOMAINE DES ROCHES, voir Cherbourg : p. 72
DOMONT **(Golf de Domont-Montmorency)** : p. 87
DORMANS **(Golf du Country-Club de la Vitarderie)** : p. 87
DOUAI **(A.S. du Golf de Thumeries)** : p. 88
DRÔME PROVENCALE, voir Clansayes : p. 75
DUCLAIR, voir Mesnil-sous-Jumièges : p. 172
DUNKERQUE **(Golf public de Dunkerque)** : p. 89
EAUZE **(Golf de Guinlet)** : p. 90
ECHENEVEX **(Golf de Maison Blanche)** : p. 91
ECOLE DE L'AIR, voir Salon-de-Provence : p. 251
EMBATS, voir Auch : p. 27
EPHERRA, voir Souraïde : p 258
EPINAL **(Golf-Club des Images d'Epinal)** : p. 91
EPINIAC, voir Dol-de-Bretagne : p. 87
ESERY **(Golf-Club d'Esery)** : p. 92
ESPALAIS, voir Valence-d'Agen : p. 273
ESSE **(Golf de la Roche-aux-Fées)** : p. 92

ETIOLLES **(Golf d'Etiolles)** : p. 92
ETRETAT **(Golf d'Etretat)** : p. 93
EVIAN-LES-BAINS **(Royal Golf-Club d'Evian)** : p. 94
EVREUX **(Golf municipal d'Evreux)** : p. 95
EVRY-BONDOUFLE **(Golf -Club de Bondoufle)** : p. 95
FAULQUEMONT **(Golf de Faulquemont)** : p. 96
FAVERGES-DE-LA-TOUR **(Golf de Faverges-de-la-Tour)** : p. 96
FAY-AUX-LOGES, voir Orléans : p. 200
FERE-EN-TARDENOIS **(Golf de Champagne)** : p. 97
FERRIERES **(Golf de Vaugouard)** : p. 97
FEUCHEROLLES **(Golf de Feucherolles)** : p.98
FIAC, voir Lavaur : p. 139
FLAINE-LES-CARROZ **(Golf de Flaine-lès-Carroz)** : p. 98
FLEURANCE **(Golf de Fleurance)** : p. 99
FLORENTIN, voir Marssac-sur-Tarn : p. 168
FONTAINEBLEAU **(Golf de Fontainebleau)** : p. 99
FONTCAUDE, voir Montpellier : p. 182
FONTENAILLES **(Golf de Fontenailles)** : p. 100
FONTENAY-SUR-LOING, voir Ferrières : p. 97
FONTENAY-SUR-MER **(Golf de Fontenay-en-Cotentin)** : p. 101
FONTENELLES, voir Aiguillon-sur-Vie : p. 13
FONT-ROMEU **(Golf de Font-Romeu)** : p. 101
FORET D'ORIENT, voir Rouilly-Sacé : p. 224
FORET VERTE, voir Bosc-Guérard : p. 46
FORGES-LES-BAINS **(Golf de Forges-les-Bains)** : p. 102
FORT-MAHON **(Golf de Belle-Dune)** : p. 103
FOURQUEUX **(Golf de Fourqueux)** : p. 103
FREDIERE, voir Céron-Marcigny : p. 62
FREHEL, voir Sables-d'Or-les-Pins : p. 227
FUVEAU, voir Aix-en-Provence : p. 14
GADANCOURT **(Golf de Gadancourt)** : p. 104
GAILLON **(Golf-Club de Gaillon)** : p. 105
GARCELLES-SECQUEVILLE **(Golf de Garcelles)** : p. 105
GASCOGNE, voir Masseube : p. 168
GAP **(Golf de Cap-Bayard)** : p. 105
GARCHES, voir Saint-Cloud : p. 230
GENEVREY **(Golf de Luxeil-Bellevue)** : p. 106
GERMIGNY-L'EVEQUE **(Golf du lac de Germigny)** :p.106
GIEZ **(Golf de Giez-lac d'Annecy)** : p. 107
GIF-SUR-YVETTE, voir Chevry : p. 73
GIGORS **(Golf de Sagnol)** : p. 107
GONESSE **(Golf de la Grande Vallée)** : p. 108
GOURDAN, voir Annonay : p. 22
GOUVERNEUR, voir Monthieux : p. 181
GOUZON **(Golf de la Jonchère)** : p. 108
GRANDE BASTIDE, voir Châteauneuf-de-Grasse : p. 68
GRANDE VALLEE, voir Gonesse : p. 108
GRAND LAVIERS **(Golf d'Abbeville)** : p. 109
GRANGE AUX ORMES, voir Marly : p. 165
GRANVILLE **(Golf de Granville)** : p. 110
GRASSE **(Golf de Grasse Country Club)** : p. 110
GRENOBLE **(Golf international de Bresson)** : p. 111
GRENOBLE **(Golf Hôtel du Charmeil)** : p. 112
GRENOBLE **(Golf de Grenoble-Seyssins)** : p. 112
GRETZ ARMAINVILLIERS **(Golf Clément Ader)** : p. 113
GUERVILLE-MANTES-LA-JOLIE **(Golf-sur-Seine)** : p. 113
GUEUX, voir Reims : p. 219
GUIGNICOURT **(Golf de Menneville)** : p.114
GUINLET, voir Eauze : p. 90
GUJAN-MESTRAS **(Golf de Gujan-Mestras)** : p. 114
GUYANCOURT, voir Saint-quentin-en-Yvelines : p. 247
HAGENTHAL-LE-BAS, voir Bâle-Mulhouse : p. 33
HARDELOT **(Golf d'Hardelot)** : p. 115
HAUT-POITOU, voir Poitiers : p. 212
HIRONDELLE, voir Angoulême : p. 21
HOSSEGOR **(A.S. du Golf d'Hossegor)** : p. 116
HOUDAIN, voir Olhain : p. 197
HOULGATE **(Golf de Beuzeval)** : p. 116
HUMIERES **(Masako Ohya Golf Club)** : p. 117

HYERES **(Golf de Valcros)** : p. 117
ILBARRITZ, voir Biarritz-Bidart : p. 41
ILE-DE-RE **(Golf de Trousse-Chemise)** : p. 119
ILE DU RHIN, voir Mulhouse : p. 188
ILLIE **(Golf de Vert Parc)** : p. 118
ILLKIRCH-GRAFFENSTADEN, voir Strasbourg : p. 259
ISABELLA, voir Plaisir : p. 207
ISLE-D'ABEAU **(Golf public de l'Isle-d'Abeau)** : p. 119
ISLE-ADAM **(Golf de L'Isle-Adam)** : p. 119
ISLE JOURDAIN **(Golf Las-Martines)** : p. 120
ISOLA 2000 **(Golf d'Isola 2000)** : p. 120
ISSOUDUN **(Golf-Club des Sarrays)** : p. 121
IVRY-LE-TEMPLE **(Golf des Templiers)** : p. 121
JANVRY **(Golf de Marivaux)** : p. 122
JUVIGNAC, voir Montpellier : p. 182
KERNIC, voir Baden : p. 30
KERVER, voir Saint-Gildas-de-Rhuys : p. 237
L'ESTEREL, voir Saint-Raphaël : p. 248
LA BAROUGE, voir Mazamet : p. 169
LA BASTIDE DU ROY, voir Antibes : p. 23
LA BASTIDE-DE-SEROU **(Golf-Club de l'Ariège)** : p. 122
LA BAULE **(Golf de La Baule)** : p. 123
LA BOSSE, voir Vendôme : p. 275
LA BOULIE, voir Versailles : p. 276
LABOURGADE, voir Castelsarrasin : p. 60
LA BRETESCHE-MISSILLAC **(Golf de la Bretesche)** : p. 123
LACANAU **(Golf de l'Ardilouse)** : p. 124
LACANAU-OCEAN **(Golf de la Méjane)** : p. 125
LA CANOURGUE **(Le Sabot)** : p. 125
LA CHAPELLE-EN-SERVAL, voir Mortefontaine : p. 185
LA CHAPELLE-EN-VERCORS **(Golf-Club de la Chapelle-en-Vercors)** : p. 126
LA CHARADE, voir Royat : p. 225
LA COMMANDERIE, voir Mâcon : p. 160
LA CORDELIERE, voir Troyes : p. 270
LA CÔTE D'ARGENT, voir Moliets : p. 176
LA CRINIERE, voir Lamballe : p. 130
LA CROIX DE MORTEMART, voir Périgueux : p. 205
LA CROIX DES ANGES, voir Réau : p. 219
LA DATHEE, voir Vire : p. 282
LA DOMANGERE, voir La-Roche-sur-Yon : p. 135
LA DOMBES, voir Mionnay : p. 175
LA-FERTE-SAINT-AUBIN **(Golf des Aisses)** : p. 126
LA-FERTE-SAINT-AUBIN **(Golf de Sologne)** : p. 127
LA FORET-FOUESNANT, voir Quimper : p. 218
LA FORTERESSE, voir Thoury-Ferrottes : p. 262
LA FRESLONNIERE, voir Rennes-le-Rheu : p. 220
LA GARDE **(Golf de Valgarde)** : p. 127
LA GLACERIE, voir Cherbourg : p. 72
LA GRANDE-MOTTE, voir Montpellier : p. 183
LAGUIOLE **(Association sportive du Golf de Mézeyrac)** : p. 128
LA JONCHERE, voir Gouzon : p. 108
LA LARGUE, voir Mooslargue : p. 185
LA LONDE-LES-MAURES, voir Hyères : p. 117
LALOUBERE-TARBES **(Golf des Tumulus)** : p. 128
LALOUBERE, voir Tarbes : p. 261
LAMALOU-LES-BAINS **(Golf de Lamalou-les-Bains)** : p. 129
LA MARTRE **(Golf de Taulane)** : p. 129
LAMBALLE **(Golf-Club de la Crinière)** : p. 130
LAMORLAYE **(International Golf-Club du Lys-Chantilly)** : p. 130
LA MOTTE **(Golf de Saint-Endréol)** : p.131
LANDERNEAU, voir Brest-Iroise : p. 50
LANDOUZY-LA-VILLE **(Domaine du Tilleul)** : p. 131
LANGOGNE **(Golf Club de Langogne-Barres)** : p.132
LANGON **(Golf des Graves et du Sauternais)** : p. 132
LANNEMEZAN **(Golf de Lannemezan)** : p. 133
LANN-ROHOU, voir Brest-Iroise : p. 50
LANRIVOARE **(Golf de Pen-Ar-Bed)** : p.133
LANVOLLON **(Golf du Boisgelin)** : p. 134

LAON **(Golf de l'Ailette)** : p. 134
LA NIVELLE, voir Saint-Jean-de-Luz : p. 239
LA PINEDE, voir Leucate : p. 149
LA PORCELAINE, voir Limoges : p. 152
LA PREZE, voir Montbron : p. 179
LA QUEUE-LEZ-YVELINES **(Golf des Yvelines)** : p. 135
LA RAMEE, voir Toulouse : p. 267
LA ROCHELLE **(Golf des Prées de La Rochelle)** : p. 136
LA ROCHE-POSAY, voir Châtellerault : p. 69
LA ROCHE-SUR-YON **(Golf de la Domangère)** : p. 135
LA SALLE, voir Mâcon : p. 159
LA-SELLE-LA-FORGE **(Golf du Houlme)** : p.136
LA TESTE-DE-BUCH, voir Arcachon : p. 24
LA TOUCHE, voir Orléans : p. 200
LA TOUCHE, voir Tours : p. 269
LA TOUR-DE-SALVAGNY **(Golf de la Tour-de-Salvagny)** : p. 137
LA TURBIE, voir Monte-Carlo : p. 180
LAVAL **(Golf-Club de Laval)** : p. 137
LA VALDAINE, voir Montboucher-sur-Jabron : p. 178
LAVAUR **(Golf des Etangs de Fiac)** : p. 140
LA VILLETTE-SUR-AIN **(Golf de la Sorelle)** : p. 138
LA VITARDERIE, voir Dormans : p. 88
LAS-MARTINES, voir Isle-Jourdain : p. 120
LA WANTZENAU **(Golf de la Wantzenau)** : p. 139
L'ILE D'OR, voir Ligné : p. 149
LE BUGUE, voir Périgueux : p. 205
LE CELLIER, voir Ligné : p. 149
LE CHAMBON-SUR-LIGNON **(Golf du Chambon-sur-Lignon)** : p. 140
LE COUDRAY-MONCEAUX **(Golf du Coudray)** : p. 140
LE CHAMP DE BATAILLE, voir Le Neubourg : p. 142
LE CLOU, voir Villars-les-Dombes : p. 279
LE HARAS LUPIN, voir Vaucresson : p. 274
LE HAVRE **(Golf du Havre)** : p. 141
LE HOME, voir Cabourg : p. 53
LE JARIEL, voir Laval : p. 137
LE KEMPFERHOF GOLF CLUB, voir Strasbourg : p. 258
LE MANS **(Golf-Club du Mans)** : p. 141
LE NEUBOURG **(Golf-Club du Champ-de-Bataille)** : p. 142
LE NIVERNAIS, voir Nevers : p. 193
LE PERCHE, voir Nogent-le-Rotrou : p. 195
LE PIAN MEDOC **(Golf du Médoc)** : p. 142
LE PLESSIS, voir Luzarches : p. 157
LE PRIEURE **(Golf du Prieuré)** : p. 143
LE PUY-EN-VELAIS **(Golf-Club du Cros-du-Loup)** : p. 144
LE REVEILLON, voir Lésigny : p. 146
LE RHEU, voir Rennes : p. 220
LE ROCHAT, voir Les Rousses : p. 147
LE SABOT, voir La Canourgue : p. 125
LE SART, voir Lille : p. 151
LE TILLEUL, voir Landouzy-la-Ville : p. 131
LE TOUQUET **(Golf-Club du Touquet)** : p. 148
LE TREMBLAY-SUR-MAULDRE **(Académie de Golf)** : p. 148
LE TRONCHET, voir Saint-Malo : p. 243
LE VAL-DE-CHER, voir Montluçon : p. 182
LE VAUDREUIL, voir Louviers : p. 154
LE VIVIER-D'ANGER, voir Beauvais : p. 36
LES AGNEAUX, voir Ozoir-la-Ferrière : p. 201
LES AJONCS-D'OR, voir Saint-Brieuc : p. 229
LES ARCS **(Golf d'Arc-Chantel)** : p. 144
LES ARDENNES, voir Villers-le-Tilleul : p. 282
LES AVENELLES, voir Moulins : p. 187
LES BAUX-DE-PROVENCE **(Golf des Baux-de-Provence)** : p. 145
LES BORDES, voir Saint-Laurent-Nouan : p. 242
LES CHENES VERTS, voir Vedène : p. 275
LES DAMES DE FRANCE, voir Reims : p. 219
LES DEUX-ALPES **(Golf des Deux-Alpes)** : p. 145
LES DRYADES, voir Pouligny-Notre-Dame : p. 215
LES FLANDRES, voir Marcq-en-Barœul : p. 164
LES GETS **(Golf des Gets)** : p. 146

LES MEAULNES, *voir* Nançay : p. 189
LES MILLES, *voir* Aix-en-Provence : p. 15
LES OLLERIES, *voir* La Ferté-Saint-Aubin : p. 127
LES PRAZ-DE-CHAMONIX, *voir* Chamonix : p. 65
LES PREES, *voir* La Rochelle : p. 136
LES ROUCOUS, *voir* Sauveterre : p. 254
LES ROUSSES **(Golf du Mont-Saint-Jean)** : p. 147
LES ROUSSES **(Golf du Rochat)** : p. 147
LES SABLONS, *voir* Bellême : p. 38
LES TEMPLIERS, *voir* Ivry-le-Temple : p. 121
LES VOLCANS, *voir* Clermont-Ferrand : p. 77
LESCAR, *voir* Pau : p. 203
LERY, *voir* Poses : p. 214
LESIGNY **(Golf du Réveillon)** : p. 146
LEUCATE **(Golf de la Pinède)** : p. 149
LEVERNOIS, *voir* Beaune : p. 36
LIGNE **(Golf de l'Ile d'Or)** : p. 149
LILLE **(Golf de Bondues)** : p. 150
LILLE **(Golf du Sart)** : p. 151
LIMOGES **(Golf de la Porcelaine)** : p. 152
LIMOGES **(Golf municipal de Limoges-Saint-Lazare)** : p. 151
LIXY **(Golf des Ursules)** : p. 152
LOLIVARIE, *voir* Sagelat : p. 227
LONS-LE-SAUNIER **(Golf du Val de Sorne)** : p. 153
LOUDUN **(Golf public Saint-Hilaire)** : p. 153
LOURDES **(Golf de Lourdes)** : p. 154
LOUVIERS **(Golf du Vaudreuil)** : p. 154
LUCENAY-SUR-ANSE **(Golf-Club du Beaujolais)** : p. 155
LUCHON **(Golf de Luchon)** : p. 156
LUMBRES **(A.A. Saint-Omer Golf Club)** : p. 156
LUXEIL-BELLEVUE, *voir* Genevrey : p. 106
LUZARCHES **(Golf de Mont Griffon)** : p. 157
LYON **(Golf de Lyon-Chassieu)** : p. 158
LYON **(Golf de Lyon-Verger)** : p. 159
LYON **(Golf de Lyon-Villette-d'Anthon)** : p. 158
LYS-CHANTILLY, *voir* Lamorlaye : p. 130
L'AILETTE, *voir* Laon : p. 134
MACON **(Golf de la Commanderie)** : p. 160
MACON **(Golf de la Salle)** : p. 159
MADINE **(Golf de Madine)** : p. 160
MAGNY-COURS, *voir* Nevers : p. 193
MAINTENON **(Golf du château de Maintenon)** : p. 161
MALLEMORT **(Pont-Royal Country Club)** : p. 162
MAMIROLLE, *voir* Besançon p. 39
MANDELIEU **(Riviera Golf-Club)** : p. 162
MANDELIEU, *voir* Cannes : p. 55
MANOSQUE **(Golf de Pierrevert)** : p. 163
MANTES-LA-JOLIE, *voir* Guerville : p. 113
MARCILLY, *voir* La Rochelle : p. 136
MARCILLY-EN-VILLETTE **(Golf de Marcilly-en-Villette)** : p. 163
MARCQ-EN-BARŒUL **(Golf des Flandres)** : p. 164
MARCQ-EN-BARŒUL **(Golf du Septentrion)** : p. 164
MARECHAUX, *voir* Sargé-lès-Le Mans : p. 252
MARLY **(Golf de la Grange-aux-Ormes)** : p. 165
MARLY-LES-VALENCIENNES, *voir* Valenciennes : p. 273
MARMANDE **(Golf de Marmande)** : p. 165
MARNE-LA-COQUETTE **(Golf Départemental du Haras de Jardy)** : p. 166
MARNE-LA-VALLEE **(Golf de Disneyland Paris)** : p. 167
MAROLLES-EN-BRIE **(Golf de Marolles-en-Brie)** : p. 166
MARSAC, *voir* Périgueux : p. 204
MARSAUDIERE, *voir* Chevry-Cossigny : p. 74
MARSEILLE, *voir* Aix-en-Provence : p. 15
MARSEILLE **(Golf Country-Club de la Salette)** : p. 167
MARSSAC-SUR-TARN **(Golf de Florentin-Gaillac)** : p. 168
MASSANE, *voir* Baillargues : p. 31
MASSEUBE **(Golf de Gascogne)** : p. 168
MAZAMET **(Golf de la Barouge)** : p. 169
MAZIERES-EN-GATINES **(Golf du Petit-Chêne)** : p. 169

MEAUX-BOUTIGNY **(Golf de Meaux-Boutigny)** : p. 170
MEDOC, *voir* Le Pian-Médoc : p. 142
MEGEVE **(Golf du Mont-d'Arbois)** : p. 170
MENIGOUTE **(Golf du Château des Forges)** : p. 171
MERIBEL **(A.S. du Golf de Méribel-Les Allues)** : p. 171
MESNIL-SAINT-LAURENT **(Golf de Saint-Quentin-Mesnil)** : p. 172
MESNIL-SOUS-JUMIEGES **(Golf de Jumièges)** : p. 172
METZ **(Golf de Metz-Chérizey)** : p. 173
METZ-TECHNOPOLE **(Golf de Metz-Technopole)** : p. 174
MEZEYRAC, *voir* Laguiole : p. 128
MIJOUX **(Golf de la Valserine)** : p. 174
MINIAC-MORVAN, *voir* Saint-Malo : p. 243
MIONNAY **(Golf Club de la Dombes)** : p. 175
MIRAMAS **(Golf de Miramas)** : p. 175
MISSILLAC, *voir* La Bretesche-Missillac : p. 123
MOISSON **(Golf de Moisson)** : p. 176
MOLIETS **(Golf de la Côte d'Argent)** : p. 176
MONCHY-HUMIERES, *voir* Humières : p. 117
MONESTIER **(Golf du Château des Vigiers)** : p. 177
MONTFORT-L'AMAURY, *voir* le Tremblay-sur-Mauldre : p. 148
MONTGENEVRE **(Golf de Montgenèvre)** : p. 180
MONTLUCON **(Golf du Val-de-Cher)** : p. 182
MONT D'ARBOIS, *voir* Megève : p. 170
MONTBELIARD **(Golf de Prunevelle)** : p. 177
MONTBOUCHER-SUR-JABRON **(Golf de la Valdaine)** : p. 180
MONTBRON **(Golf de la Prèze)** : p. 179
MONTEBOURG, *voir* Fontenay-sur-Mer : p. 101
MONTE-CARLO **(Monte-Carlo Golf-Club)** : p. 180
MONTHIEUX **(Golf du Gouverneur)** : p. 181
MONTMEYRAN, *voir* Valence : p. 272
MONTMORENCY, *voir* Domont : p. 87
MONTPELLIER **(Golf-Club de Fontcaude)** : p. 182
MONTPELLIER **(Golf de Coulondres)** : p. 183
MONTPELLIER **(Golf de la Grande-Motte)** : p. 183
MONTRABE, *voir* Toulouse : p. 264
MONTROND-LES-BAINS **(Golf du Forez)** : p. 184
MONT-DE-MARSAN **(Golf de Mont-de-Marsan)** : p. 179
MONT-DORE **(Golf du Rigolet)** : p. 180
MONT-GRIFFON, *voir* Luzarches : p. 157
MONT-SAINT-AIGNAN, *voir* Rouen : p. 223
MONT-SAINT-JEAN, *voir* Les Rousses : p. 147
MOOSLARGUE **(Golf de la Largue)** : p. 185
MORIERES-LES-AVIGNON, *voir* Avignon : p. 29
MORIEUX, *voir* Lamballe : p. 130
MORTFONTAINE **(Golf de Mortfontaine)** : p. 185
MORTEMART, *voir* Périgueux : p. 205
MORZINE-AVORIAZ **(Golf de Morzine-Avoriaz)** : p. 186
MOUGINS, *voir* Cannes : p. 56
MOUGINS **(Golf du Royal Mougins)** : p. 186
MOULIN, *voir* Orange : p. 199
MOULINS **(Golf-Club des Avenelles)** : p. 187
MOURIES **(Golf-Club de Servanes)** : p. 187
MULHOUSE, *voir* Bâle-Mulhouse : p. 33
MULHOUSE **(Golf du Rhin)** : p. 188
NAMPONT SAINT-MARTIN **(Golf de Nampont Saint-Martin)** : p. 188
NANÇAY **(Country Golf-Club de Nançais)** : p. 189
NANCY **(Golf de Nancy-Aingeray)** : p. 190
NANCY-PULNOY **(Golf de la Mirabelle)** : p. 190
NANS-LES-PINS **(Golf de la Sainte-Baume)** : p. 190
NANTES **(Golf de Nantes)** : p. 191
NANTES **(Golf de Nantes Erdre)** : p. 191
NERAC **(Golf d'Albret)** : p. 192
NERIS-LES-BAINS **(Golf de Sainte-Agathe)** : p. 192
NESMY, *voir* La Roche-sur-Yon : p. 135
NEUCHATEL-HARDELOT, *voir* Hardelot : p. 115
NEUVIC-D'USSEL **(Golf de Neuvic-d'Ussel)** : p. 193
NEVERS **(Golf public du Nivernais)** : p. 193
NIMES **(Golf de Nîmes-Campagne)** : p. 194
NIMES **(Golf des Hauts de Nîmes Vacquerolles)** : p. 194

NIORT **(Golf-Club Niortais)** : p. 195
NOGENT-LE-ROTROU **(Golf du Perche)** : p. 195
NONANT-LE-PIN **(Golf des Haras)** : p. 196
NONSARD **(Golf de Madine)** : p. 196
NORGES-LA-VILLE, *voir* Dijon : p. 84
OCTEVILLE-SUR-MER, *voir* Le Havre : p. 141
OLERON **(Golf d'Oléron)** : p. 197
OLHAIN **(Golf public d'Olhain)** : p. 197
OLONNE-SUR-MER **(Golf des Olonnes)** : p. 198
OMAHA BEACH, *voir* Bayeux : p. 35
ONET LE CHÂTEAU **(Golf du Grand Rodez)** : p. 198
ONZAIN **(Golf de la Carte)** : p. 199
OPIO, *voir* Valbonne : p. 271
ORANGE **(Golf du Moulin)** : p. 199
ORCINES, *voir* Clermont-Ferrand : p. 77
ORLEANS **(Golf d'Orléans-Donnery)** : p. 200
ORLEANS **(Golf de Limere Orléans)** : p. 202
ORMESSON **(Golf d'Ormesson)** : p. 202
OUCQUES, *voir* Vendôme : p. 275
OZOIR-LA-FERRIERE **(Golf d'Ozoir-la-Ferrière)** : p. 201
PALMOLA, *voir* Toulouse : p. 265
PANAZOL, *voir* Limoges : p. 152
PARCEY, *voir* Dole : p. 87
PARIS, *voir* Baillet-en-France : p. 32
PAU **(Golf de Pau)** : p. 203
PAU **(Golf de Pau-Ariguelouve)** : p. 203
PELVES **(Golf des Bruyères)** : p. 204
PENTHIEVRE, *voir* Sables-d'Or-les-Pins : p. 227
PEN-GUEN, *voir* Saint-Cast : p. 229
PERIGUEUX **(Golf public de Périgueux)** : p. 204
PERIGUEUX **(Golf de la Croix de Mortemart)** : p. 205
PERPIGNAN **(Golf de Saint-Cyprien)** : p. 205
PERRIERE, *voir* Angers-Avrillé : p. 20
PESSAC **(Golf de Pessac)** : p. 206
PEYRELEVADE **(Golf du Chammet)** : p. 206
PICARDIERE, *voir* Vierzon : p. 278
PIERREVERT, *voir* Manosque : p. 163
PLAISIR **(Golf d'Isabella)** : p. 207
PLAN-DE-GRASSE **(Golf de Saint-Donat)** : p. 207
PLEHEDEL, *voir* Lanvollon : p. 134
PLELAN-LE-PETIT **(Golf du Corbinais)** : p. 208
PLENEUF-VAL-ANDRÉ **(Golf de Pléneuf-Val-André)** : p. 208
PLEUMEUR-BODOU **(A.S. du Golf de Saint-Samson)** : p. 209
PLOBSHEIM, *voir* Strasbourg : p. 258
PLOEMEL, *voir* Carnac : p. 58
PLOEMEUR **(Golf Ploemeur Océan)** : p. 209
PLOËRMEL **(Golf du Lac au Duc)** : p. 210
PLOUARZEL **(Golf des Abers)** : p. 210
POISSY **(Béthemont Chisan Country-Club)** : p. 211
POITIERS **(Golf de Mignaloux-Beauvoir)** : p. 211
POITIERS **(Centre Golfique des Chalons)** : p. 212
POITIERS-SAINT-CYR **(Golf-Club du Haut-Poitou)** : p. 212
PONT-L'EVEQUE **(Golf de Saint-Julien)** : p. 213
PORNIC **(Golf de Pornic)** : p. 213
PORT-BOUGENAY, *voir* Talmont-Saint-Hilaire : p. 260
PORT-EN-BESSIN, *voir* Bayeux : p. 35
POSES **(Golf de Léry-Poses)** : p. 214
POUILLY-EN-AUXOIS **(Golf-Club du Château de Chailly)** : p. 215
POULIGNY-NOTRE-DAME **(Golf des Dryades)** : p. 215
POUZAC, *voir* Bagnères-de-Bigorre : p. 30
PREUX-AU-SART **(Golf de Mormal)** : p. 216
PRUNEVELLE, *voir* Montbéliard : p. 177
PULNOY, *voir* Nancy : p. 190
QUERRIEU, *voir* Amiens : p. 18
QUETIGNY **(Golf de Quétigny-Bourgogne)** : p. 217
QUEVEN **(Golf du Val Quéven)** : p. 217
QUIMPER, **(Golf de Cornouaille)** : p. 218
RACING CLUB-DE-FRANCE, *voir* Versailles : p. 276
RARAY, **(Golf du Raray)** p. 218

REAU **(Golf de la Croix des Anges)** : p. 219
REBETZ, *voir* Chaumont-en-Vexin : p. 70
REIGNER, *voir* Esery : p. 92
REIMS **(Golf de Reims-Champagne)** : p. 219
RENNES **(Golf de Rennes)** : p. 220
RENNES-LE-RHEU **(Golf de la Freslonnière)** : p. 220
RIGOLET, *voir* Mont-Dore : p. 180
RIVIERA, *voir* Mandelieu : p. 162
ROCHEFORT **(Golf de Rochefort-en-Yvelines)** : p. 221
ROIFFE, *voir* Loudun : p. 153
ROQUEBRUNE-SUR-ARGENS **(Golf de Roquebrune)** : p. 222
ROSNY-SOUS-BOIS **(Golf de Rosny-sous-Bois)** : p. 222
ROUEN **(Golf de Rouen-Mont-Saint-Aignan)** : p. 223
ROUFFACH **(Golf d'Alsace)** : p. 223
ROUGEMONT-LE-CHATEAU **(Golf de Rougemont-le-Château)** : p. 224
ROUILLY-SACE **(Golf de la Forêt d'Orient)** : p. 224
ROYAN **(Golf de Royan)** : p. 225
ROYAT **(Golf de la Charade)** : p. 225
RUEIL-MALMAISON **(Golf de Rueil-Malmaison)** : p. 226
SABLE **(Golf de Sablé-Solesmes)** : p. 226
SABLES-D'OR-LES-PINS **(Golf des Sables-d'Or-les-Pins et de Penthièvre)** : p. 227
SAGELAT **(Golf de Lolivarie)** : p. 227
SAILLY, *voir* Le Prieuré : p. 143
SAINT-ANDRE-DES-EAUX, *voir* La Baule : p. 123
SAINT-ANTOINE-DU-ROCHER, *voir* Tours : p. 268
SAINT-ARNOULT, *voir* Deauville : p. 82
SAINT-AUBIN **(Golf public de Saint-Aubin)** : p. 228
SAINT-AVIT, *voir* Mont-de-Marsan : p. 179
SAINT-BRIAC-SUR-MER, *voir* Dinard : p. 85
SAINT-BRIEUC **(Golf public des Ajoncs d'Or)** : p. 229
SAINT-CAST **(Golf de Pen-Guen)** : p. 229
SAINT-CERE **(Golf Club des Trois Vallées du Haut-Quercy)** : p.
SAINT-CLAIR, *voir* Annonay : p. 22
SAINT-CLAUDE **(Golf de Saint-Claude)** : p. 230
SAINT-CLOUD **(Golf de Saint-Cloud)** : p. 230
SAINT-CLOUD **(Golf du Paris Country Club)** : p. 231
SAINT-CYPRIEN, *voir* Perpignan : p. 205
SAINT-CYR, *voir* Poitiers : p. 212
SAINT-CYR-SUR-MER **(Golf de la Frégate)** : p. 232
SAINT-DIDIER-DE-CHARPEY, *voir* Valence : p. 273
SAINT-DONAT, *voir* Plan-de-Grasse : p. 207
SAINTE-AGATHE, *voir* Néris-les-Bains : p. 192
SAINTE-BEAUME, *voir* Nans-les-Pins : p. 190
SAINTE-MAXIME **(Golf de Sainte-Maxime)** : p. 233
SAINTE-MAXIME **(Golf de Beauvallon)** : p. 234
SAINTES **(Golf de Fontcouverte)** : p. 234
SAINT-ETIENNE **(Golf public de Saint-Etienne)** : p. 234
SAINT-ETIENNE-DE-FOREZ, *voir* Montrond-les-Bains : p. 184
SAINT-FELIX-DE-REILLAC, *voir* Périgueux : p. 205
SAINT-FIRMIN, *voir* Chantilly : p. 67
SAINT-GABRIEL, *voir* Toulouse : p. 264
SAINT-GELY-DU-FESC, *voir* Montpellier : p. 183
SAINT-GENIS-POUILLY **(Golf des Serves)** : p. 235
SAINT-GERMAIN-EN-LAYE **(Golf de Saint-Germain)** : p. 235
SAINT-GERMAIN-LES-CORBEIL **(Golf de Saint-Germain-lès-Corbeil)** : p. 236
SAINT-GILDAS-DE-RHUYS **(Golf du Rhuys)** : p. 237
SAINT-HILAIRE, *voir* Loudun : p. 153
SAINT-HILAIRE-DE-GONDILLY **(Golf de la Vallée de Germigny)** : p. 237
SAINT-JACQUES-DE-LA-LANDE, *voir* Rennes : p. 220
SAINT-JEAN-DE-GONVILLE **(Golf du Domaine de Gonville)** : p. 238
SAINT-JEAN DE LA RIVIERE **(Golf de la Côte des Isles)** : p. 238
SAINT-JEAN-DE-LUZ **(Golf de Chantaco)** : p. 239
SAINT-JEAN-DE-LUZ **(Golf de la Nivelle)** : p. 239
SAINT-JEAN-DE-MAUVRETS, *voir* Angers : p. 19
SAINT-JEAN-DE-MONTS **(Golf de Saint-Jean-de-Monts)** : p. 240
SAINT-JULIEN, *voir* Pont-L'Evêque : p. 213
SAINT-JULIEN-EN-GENEVOIS, *voir* Bossey : p. 47

SAINT-JUNIEN **(Golf de Saint-Junien)** : p. 241
SAINT-LAURENT-DE-CERDANS **(Golf de Falgos)** : p. 241
SAINT-LAURENT-NOUAN **(Golf des Bordes)** : p. 242
SAINT-LAURENT-NOUAN **(Golf de Ganay)** : p. 242
SAINT-LAURENT-PLOEMEL, voir Carnac : p. 58
SAINT-LAZARE, voir Limoges : p. 151
SAINT-LOUBES, voir Bordeaux-Cameyrac : p. 45
SAINT-MAIXME-HAUTERIVE **(Golf du Bois d'Ô)** : p. 243
SAINT-MALO **(Saint-Malo Golf-Club)** : p. 243
SAINT-MARCEL, voir Chalon-sur-Saône : p.
SAINT-MARTIN, voir Bellême : p. 38
SAINT-MARTIN-D'AUBIGNY **(Golf de centre Manche)** : p. 244
SAINT-MAUVIEN, voir Vire : p. 282
SAINT-MICHEL (Domaine), voir Pau : p. 203
SAINT-NICOLAS, voir Chalon-sur-Saône : p. 64
SAINT-NOM-LA-BRETECHE **(Golf de Saint-Nom-la-Bretèche)** : p. 244
SAINTONGE, voir Saintes : p. 234
SAINT-PALAIS, voir Royan : p. 225
SAINT-PARDON-DE-CONQUES, voir Langon : p. 132
SAINT-PAUL-TROIS-CHATEAUX, voir Clansayes : p. 75
SAINT-PIERRE-D'OLERON, voir Oléron : p. 197
SAINT-PIERRE-DU-PERRAY **(Golf de Greenparc)** : p. 245
SAINT-PIERRE-DU-PERRAY **(Golf de Villeray)** : p. 245
SAINT-POURÇAIN-SUR-SIOULE **(Golf de la Briaille)** : p.246
SAINT-QUENTIN-MESNIL, voir Mesnil-Saint-Laurent : p. 172
SAINT-QUENTIN-EN-YVELINES **(Golf National)** : p. 247
SAINT-QUENTIN-EN-YVELINES **(Golf public de Saint-Quentin-en-Yvelines)** : p. 247
SAINT-RAMBERT-D'ALBON, voirAlbon : p. 17
SAINT-RAPHAEL **(Golf de l'Esterel-Latitudes)** : p. 248
SAINT-RAPHAEL **(Golf de Valescure)** : p. 249
SAINT-ROMAIN-LE-PUY **(Golf de Superflu)** : p. 249
SAINT-SAENS **(Golf de Saint-Saëns)** : p. 250
SAINT-SAMSON, voir Pleumeur-Bodou : p. 209
SAINT-SYMPHORIEN-D'OZON, voir Lyon : p. 159
SAINT-THOMAS, voir Béziers : p. 40
SALIES-DE-BEARN **(Golf de Salies-de-Béarn)** : p. 250
SALIVES **(Golf de Salives)** : p. 251
SALON-DE-PROVENCE **(Golf de l'Ecole de l'Air)** : p. 251
SAONE, voir Besançon : p. 39
SARGE-LES-LE-MANS **(Golf des Maréchaux)** : p. 252
SARLAT, voir Vitrac : p. 283
SARRAYS, voir Issoudun : p. 121
SAUMANE **(Provence Golf Country-Club)** : p. 253
SAUMUR **(Golf du Saumurois)** : p. 253
SAUVETERRE **(Golf des Roucous-Sauveterre)** : p. 254
SAUZON, voir Belle-Ile-en-Mer : p. 37
SAVENAY **(Golf de Savenay)** : p. 254
SAVIGNEUX **(Golf de Savigneux-les-Etangs)** : p. 255
SAVIGNY-SUR-CLAIRIS **(Golf de Clairis)** : p. 255
SEIGNOSSE **(Golf de Seignosse)** : p. 256
SEILH, voir Toulouse : p. 266
SEINE, voir Guerville : p. 113
SEPPOIS-LE-BAS **(Golf de la Largue)** : p. 256
SERAINCOURT **(Golf de Seraincourt)** : p. 257
SERVANES, voir Mouriès : p. 187
SET GOLF, voir Aix-en-Provence : p. 14
SEYSSINS, voir Grenoble : p. 112
SORELLE, voir La Villette-sur-Ain : p. 138
SOUANCE-AU-PERCHE, voir Nogent-le-Rotrou : p. 195
SOUFFLENHEIM **(Golf de Soufflenheim Baden-Baden)** : p. 257
SOURAIDE **(Golf de Epherra)** : p. 258
SPERONE, voir Bonifacio : p. 44
STRASBOURG **(Golf de Strasbourg-Illkirch)** : p. 259
STRASBOURG **(Le Kempferhof Golf-Club)** : p. 258
SULLY-SUR-LOIRE **(Golf de Sully-sur-Loire)** : p. 259
TALLOIRES, voir Annecy : p. 22
TALMONT-SAINT-HILAIRE **(Golf de Port-Bougenay)** : p. 260
TANLAY **(Golf de Tanlay)** : p. 261

TARBES **(Golf de l'Hippodrome)** : p. 261
TEOULA, *voir* Toulouse : p. 266
TERRIDES, *voir* Castelsarrasin : p. 60
THOURY-FERROTTES **(Golf de la Forteresse)** : p. 262
THUMERIES, *voir* Douai : p. 88
TIGNES **(Golf de Tignes)** : p. 263
TILLAC **(Golf du Château de la Pallane)** : p.263
TIR NA N'OG, *voir* Trémargat : p. 269
TOULON-SUR-ALLIER, *voir* Moulins : p. 187
TOULOUSE **(Golf de Saint-Gabriel)** : p. 264
TOULOUSE **(Golf de Toulouse)** : p. 264
TOULOUSE **(Golf de Toulouse Borde Haute)** : p. 265
TOULOUSE **(Golf-Club de Toulouse Palmola)** : p. 265
TOULOUSE **(Golf de Téoula)** : p. 266
TOULOUSE **(Golf international de Toulouse Seilh)** : p. 266
TOULOUSE **(Golf de Toulouse la Ramée)** : p. 267
TOURGEVILLE **(Golf de l'Amirauté)** : p. 267
TOURNEFEUILLE, *voir* Toulouse : p. 267
TOURS **(Golf d'Ardrée-Tours)** : p. 268
TOURS **(Golf de Touraine)** : p. 269
TRAPPES, *voir* Saint-Quentin : p. 247
TREMARGAT **(Golf de Tir Na N'Og)** : p. 269
TROYES **(Golf de la Cordelière)** : p. 270
TUMULUS, *voir* Laloubère : p. 128
URIAGE **(Golf-Club d'Uriage)** : p. 270
VACQUEROLLES, *voir* Nîmes : p. 194
UZES **(Golf-Club d'Uzès)** : p. 271
VAL-D'AMOUR, *voir* Dôle : p. 87
VAL-DE-L'INDRE, *voir* Villedieu-sur-Indre : p.280
VAL SECRET, *voir* Château-Thierry : p. 68
VAL-DE-SORNE, *voir* Lons-le-Saunier, p. 153
VALBONNE **(Golf d'Opio-Valbonne)** : p. 271
VALBONNE **(Victoria Golf Club)** p : 272
VALCROS, *voir* Hyères : p. 117
VALENCE **(Golf du Bourget)** : p. 272
VALENCE **(Golf Saint-Didier)** : p. 273
VALENCE-CHANALETS, *voir* Bourg-lès-Valence : p.
VALENCE D'AGEN **(Golf-Club d'Espalais)** : p. 273
VALENCIENNES **(Golf de Valenciennes)** : p. 273
VALESCURE, *voir* Saint-Raphaël : p. 249
VAL-MARTIN, *voir* Valbonne : p. 272
VARAVILLE, *voir* Cabourg : p. 53
VAUCOULEURS, *voir* Civry-la-Forêt : p. 75
VAUCRESSON **(Golf du Haras Lupin)** : p. 274
VAUGOUARD, *voir* Ferrières : p. 97
VAULNAVEYS-LE-HAUT, *voir* Uriage : p. 270
VAUREAL, *voir* Cergy-Pontoise : p. 62
VEDENE **(Golf du Grand Avignon)** : p. 275
VENDOME **(Golf de la Bosse)** : p. 275
VERNEUIL-SUR-AVRE **(Golf de Center Parcs)** : p. 276
VERNY, *voir* Metz : p. 173
VERSAILLES **(Golf du Racing-Club de France)** : p. 276
VERVINS, *voir* Landouzy-la-Ville : p. 131
VEZAC-AURILLAC **(Golf de Vézac-Aurillach)** : p. 277
VICHY **(Golf de Vichy)** : p. 277
VIERZON **(Golf de la Picardière)** : p. 278
VIGLAIN, *voir* Sully-sur-Loire : p. 259
VIGNEULLES, *voir* Madine : p. 160
VIGNEUX-DE-BRETAGNE, *voir* Nantes : p. 191
VILLACOUBLAY **(Golf-Club de Villacoublay)** : p. 278
VILLARS-LES-DOMBES **(Golf du Clou)** : p. 279
VILLEBRET, *voir* Néris-les-Bains : p. 192
VILLEDIEU-SUR-INDRE **(Golf du Val de l'Indre)** : p. 280
VILLENEUVE-D'ASCQ, *voir* Lille : p. 151
VILLENEUVE-SUR-LOT **(Golf de Castelnaud-de-Gratecambe)** : p. 280
VILLENNES-SUR-SEINE **(Golf public de Villennes-sur-Seine)** : p. 281
VILLEREST **(Golf de Champlong)** : p. 281
VILLERS-LE-TILLEUL **(Golf des Ardennes)** : p. 282
VILLETTE-D'ANTHON, *voir* Lyon : p. 158

VINEUIL-SAINT-FIRMIN, *voir* Chantilly : p. 67
VIRE **(Golf de Vire-la-Dathée)** : p. 282
VITRAC **(Golf du domaine de Rochebois)** : p. 283
VITRE **(Golf des Rochers-Sévigné)** : p. 284
VITTEL **(Golf-Club de Vittel)** : p. 284
WIMEREUX **(Golf de Wimereux)** : p. 285
WITTELSHEIM **(Golf Club des Bouleaux)** : p. 285
YSPES, *voir* Biscarosse : p. 42
YVELINES, *voir* La Queue-lez-Yvelines : p. 135

INDEX DES GOLFS D'OUTRE-MER

ATIMAONO, *voir* Papeete-Tahiti : p. 289
BASSIN BLEU, *voir* Saint-Gilles : p. 289
BOURBON, *voir* La Réunion : p. 286
COLORADO, *voir* La Réunion : p. 287
DUMBEA, *voir* Nouméa-Nouvelle-Calédonie : p. 288
ETANG-SALE-LES-BAINS, *voir* La Réunion : p. 286
GUADELOUPE, *voir* Saint-François-Guadeloupe : p. 286
LA MARTINIQUE, *voir* Les Trois-Ilets-Martinique : p. 287
LA MONTAGNE-LA REUNION, *voir* La Réunion : p. 287
LA REUNION **(Golf de Bourbon)** : p. 286
LA REUNION **(Golf du Colorado)** : p. 287
LES TROIS-ILETS-MARTINIQUE **(Golf de la Martinique)** : p. 287
NOUMEA-NOUVELLE-CALEDONIE **(Golf municipal de Dumbea)** : p. 288
NOUMEA **(Golf de la Ouenghi)** : p. 288
NOUMEA **(Golf de Tina)** : p. 288
NOUVELLE-CALEDONIE, *voir* Nouméa-Nouvelle-Calédonie : p. 288
PAPEETE-TAHITI **(Golf-Club d'Atimaono)** : p. 289
SAINT-FRANÇOIS-GUADELOUPE **(Golf international de Saint-François)** : p. 286
SAINT-GILLES LES HAUTS **(Golf Club du Bassin Bleu)** : p. 289
TAHITI, *voir* Papeete-Tahiti : p. 289
TINA, *voir* Nouméa : p 288

INDEX DES GOLFS DE BELGIQUE

AARTSELAAR **(Cleydael Golf-Club)** : p. 292
ANDENNE **(Golf-Club d'Andenne)** : p. 292
ANDERLECHT **(Royal Amicale Anderlecht Golf-Club)** : p. 293
ANTWERP, voir Anvers : p. 293
ANTWERP INTERNATIONAL GOLF & COUNTRY-CLUB « RINKVEN », voir Schilde : p. 314
ANVERS **(Royal Antwerp Golf-Club)** : p. 293
ANVERS **(Ternesse Golf & Country-Club)** : p. 294
ARDENNES **(Golf-Club du Château Royal d'Ardennes)** : p. 294
AVERNAS, voir Hannut : p. 302
BARVAUX-SUR-OURTHE **(Golf de Durbuy)** : p. 295
BAUDOUR **(Golf du Mont Garni)** : p. 295
BELGIQUE, voir Bruxelles : p. 298
BERCUIT **(Golf du Bercuit)** : p. 296
BERNALMONT, voir Liège : p. 307
BOSSENSTEIN, voir Broechem : p. 297
BRABANTSE, voir Melsbroek : p. 310
BRAINE-L'ALLEUD **(Golf-Club des Sept Fontaines)** : p. 296
BRASSCHAAT **(Brasschaat Golf Club)** : p. 297
BROECHEM **(Bossenstein Golf & Polo-Club)** : p. 297
BRUXELLES **(Brussels Golf Club)** : p.298
BRUXELLES **(Royal Golf-Club de Belgique)** : p. 298
BRUXELLES **(Royal Waterloo Golf-Club)** : p. 299
BRUXELLES, voir Anderlecht : p. 293
BRUYERE, voir Genappe : p. 301
CHATEAU DE LA BAWETTE, voir Wavre : p. 317
CHATEAU DE RAVENSTEIN, voir Bruxelles : p. 298
CHATEAU ROYAL D'ARDENNES, voir Ardennes : p. 294
CLEYDAEL GOLF-CLUB, voir Aartselaar : p. 292
DAMME GOLF & COUNTRY CLUB, voir Sijsele-Damme : p. 314
DE HAAN, voir Ostende : p. 311
DUISBOURG **(Duisbourg Military Golf-Club)** : p. 299
EMPEREUR, voir Ways : p. 317
ERBISOEUL **(Royal Golf-Club du Hainaut)** : p. 300
FALNUEE, voir Mazy : p. 309
GAND/GENT **(Royal Latem Golf-Club)** : p. 300
GEMMENICH **(Golf de Mergelhof)** : p. 300
GENAPPE **(Golf de la Bruyère)** : p. 301
GENK **(Spiegelven Golf-Club Genk)** : p. 301
GOMZE **(International Gomzé Golf-Club)** : p. 302
GOMZE ANDOUMONT, voir Gomzé : p. 302
GREZ-DOICEAU, voir Bercuit : p. 296
HAINAULT, voir Erbisoeul : p. 300
HANNUT **(Avernas Golf-Club)** : p. 302
HASSELT **(Vlaams-Japanese [Flandres-Nippon] Golf & Business Club V.Z.W.)** : p. 303
HENRI CHAPELLE **(Golf & Business Club d'Henri Chapelle)** : p. 303
HOLLEBEKE-LEPER **(Golf & Country Club de Palingbeek)** : p. 304
HOUTHALEN **(Limburg Golf & Country-Club)** : p. 304
HOUYET, voir Ardennes : p. 294
HULENCOURT, voir Vieux-Genappe : p. 316
KAMPENHOUT **(Golf & Business Club Kampenhout)** : p. 305
KAPELLEN, voir Anvers : p. 293
KEERBERGEN **(Keerbergen Golf-Club)** : p. 305
KEMPENSE GOLF-CLUB, voir Mol : p. 310
KNOKKE-LE-ZOUTE **(Royal Zoute Golf-Club)** : p. 306
KONINKLIJKE, voir Ostende : p. 311

LATEM, *voir* Gand/Gent : p. 300
LA TOURNETTE, *voir* Nivelles : p. 310
LE SART-TILMAN, *voir* Liège : p. 307
LES-BONS-VILLIERS **(Golf Club de Pierpont)** : p. 306
LES FAGNES, *voir* Spa : p. 315
LES GOTTES, *voir* Bercuit : p. 296
LES SEPT FONTAINES, *voir* Braine-l'Alleud : p. 296
LIEGE **(Golf de Bernalmont)** : p. 307
LIEGE **(Royal Golf-Club du Sart-Tilman)** : p. 307
LILLE **(Lilse Golf-Club)** : p. 308
LILSE, *voir* Lille : p. 308
LIMBURG, *voir* Houthalen : p. 304
LOUVAIN-LA-NEUVE **(Golf de Louvain-la-Neuve)** : p. 308
LUMMEN **(Golf de Golforum)** : p. 309
MAZY **(Gold de Falnuee)** : p. 309
MELSBROEK **(Brabantse Golf V.Z.H.)** : p. 310
MERGELHOF, *voir* Gemmenich : p. 300
MOL **(Kempense Golf Club)** : p. 310
MONT-GARNI, *voir* Saint-Ghislain : p. 313
NIVELLES **(Golf-Club de la Tournette)** : p. 310
OHAIN, *voir* Bruxelles : p. 299
OLEN GOLF CLUB, *voir* Westerlo : p. 318
OSTENDE **(Koninklijke Golf-Club Ostende)** : p. 311
OUDENAARDE **(Golf Country-Club Oudenaarde)** : p. 311
OVERIJSE **(Overijse Golf-Club)** : p. 312
PALINGBEEK, *voir* Hollebeke : p. 304
PIERPONT, *voir* Les-Bons-Villiers : p. 306
POSTEL-MOL **(Steenhoven Country-Club)** : p. 312
PROFONDEVILLE **(Golf de Rougemont)** : p. 313
RAVENSTEIN, *voir* Bruxelles : p. 298
RIGENEE, *voir* Villers-la-Ville : p. 316
ROYAL AMICALE ANDERLECHT GOLF-CLUB, *voir* Anderlecht : p. 293
ROYAL WATERLOO, *voir* Bruxelles : p. 299
ROYAL ZOUTE GOLF-CLUB, *voir* Knokke-le-Zoute : p. 306
ROUGEMONT, *voir* Profondeville : p. 313
SAINT-GHISLAIN **(Golf du Mont-Garni)** : p. 313
SCHILDE **(Antwerp International Golf & Country-Club « Rinkven »)** : p. 314
SIJSELE-DAMNE **(Damne Golf & Country Club)** : p.314
SINTJORIS WINGE **(Winge Golf & Country-Club)** : p. 315
SINT-MARTENS-LATEM, *voir* Gand/Gent : p. 300
SPA **(Royal Golf-Club des Fagnes)** : p. 315
STEENHOVEN COUNTRY-CLUB, *voir* Postel-Mol : :p. 312
SPIEGELVEN GOLF-CLUB GENK, *voir* Genk : p. 301
TERNESSE, *voir* Anvers : p. 294
TERVUREN, *voir* Bruxelles : p. 298
TILMAN, *voir* Liège : p. 307
VIEUX-GENAPPE **(Golf-Club d'Hulencourt)** : p. 316
VILLERS-LA-VILLE **(Golf de Rigenée)** : p. 316
VLAAMS-JAPANESE GOLF & BUSINESS CLUB V.Z.W., *voir* Hasselt : p. 303
WAREGEM **(Waregem Happy Golf-Club)** : p. 316
WAVRE **(Golf du château de la Bawette)** : p. 317
WAYS **(Golf de l'Empereur)** : p. 317
WESTERLO **(Olen Golf Club)** : p. 318
WINGE, *voir* Sintjoris Winge : p. 314
WOMMELGEM, *voir* Anvers : p. 294
WORTEGEM-PETEGEM, *voir* Oudenaarde : p. 311
YPRES **(Ieper Open Golf-Club)** : p. 318

INDEX DES GOLFS DE SUISSE

AIGLE, *voir* Montreux : p. 333
AROSA **(Golf-Club d'Arosa)** : p. 321
ASCONA **(Golf-Club Patriziale Ascona)** : p. 321
BAD-RAGAZ **(Bad Ragaz Golf-Club)** : p. 322
BASSERSDORF, *voir* Breitenloo : p.
BLUMISBERG **(Golf & Country-Club Blumisberg)** : p. 322
BODENSEE, *voir* Lindau : p. 331
BONMONT **(Club de Bonmont)** : p. 322
BREITENLOO **(Golf-Club de Breitenloo)** : :p. 323
BÜRGENSTOCK **(Golf-Club de Bürgenstock)** : p. 324
CHESEREX, *voir* Bonmont : p. 322
CHESSEL **(Golf Club les Coullaux)** : p.324
COLOGNY, *voir* Genève : p. 326
CRANS-SUR-SIERRE **(Golf-Club de Crans-sur-Sierre)** : p. 324
DAVOS **(Golf-Club Davos)** : p. 325
DIETSCHIBERG-LUCERNE, *voir* Lucerne : p. 332
DOLDER, *voir* Zürich : p. 342
DOMAT-SUR-EMS **(Golf Club domat-sur-Ems)** : p. 326
DÜRSTELLEN-PFÄFFIKON, *voir* Hittnau : p. 329
ENGADINE, *voir* Samedan : p. 337
ERLEN **(Golf & Country Club Erlen)** : p. 326
GENEVE **(Golf-Club de Genève-Cologny)** : p. 326
GLAND **(Golf & Country-Club du Domaine Impérial)** : p. 327
GSTAAD **(Golf-Club Gstaad-Saanenland)** : p. 328
HILDIESRIEDEN **(Golf Club Sempachersee)** : p. 328
HITTNAU **(Golf & Country-Club d'Hittnau)** : p. 329
HOLZHAUSERN **(Golf Club Ennetsee)** : p. 329
INTERLAKEN **(Golf-Club Interlaken-Unterseen)** : p. 329
LAUSANNE **(Golf-Club de Lausanne)** : p. 330
LENZERHEIDE **(Golf de Lenzerheide-Valbella)** : p. 331
LES BOIS **(Golf Club Les Bois)** : p. 331
LINDAU **(Bodensee Golf-Club)** : p. 331
LUCERNE **(Golf-Club de Lucerne)** : p. 332
LUGANO **(Golf-Club de Lugano)** : p. 332
LUTERBACH **(Golf Club Wylihof)** : p. 333
MAGLIASO, *voir* Lugano : p. 332
MITTELLAND, *voir* Oberentfelden : p. 335
MONTREUX **(Golf-Club de Montreux-Aigle)** : p. 333
NEUCHATEL **(Golf & Country-Club de Neuchâtel)** : p. 334
NIEDERBÜREN **(Ostschweizerischer Golf-Club)** : p. 335
NUZENSDORF, *voir* Breitenloo : p. 323
OBERENTFELDEN **(Mittelland Golf-Club)** : p. 335
OSTSCHWEIZERISCHER, *voir* Niederbüren : p. 335
PATRIZIALE, *voir* Ascona : p. 321
PFÄFFIKON, *voir* Hittnau : p. 329
PONT-LA-VILLE **(Golf Club de Pont-La-Ville)** : p. 335
RIEDERALP **(Golf-Club de Riederalp)** : p. 336
RUDLINGEN **(Golf Club Rheinblick)** : p. 337
SAANENLAND, *voir* Gstaad : p. 328
SAANENMOSER, *voir* Gstaad : p. 328
SAINT-BLAISE, *voir* Neuchâtel : p. 334
SAMEDAN **(Engadine-Samedan Golf-Club)** : p. 337
SCHINZACH **(Golf-Club Schinznach Bad)** : p. 337
SCHÖNENBERG **(Golf & Country de Schönenberg)** : p. 338
SIERRE **(Golf Club de Sierre)** : p. 338
SION **(Golf Club de Sion)** : p. 339
STUHLINGHEN **(Golf Club Obere Alp)** : p. 339

UNTERSEEN, *voir* Interlaken : p. 329
VALBELLA, *voir* Lenzerheide : p. 331
VERBIER **(Approach Golf-Club de Verbier)** : p. 339
VILLARS **(Golf-Club de Villars)** : p. 340
VULPERA **(Golf-Club de Vulpera)** : p. 340
WALLENRIED **(Golf & Country Club Wallenried)** : p. 341
WEISSENSBERG, *voir* Lindau : p. 331
WÜNNEWIL, *voir* Blumisberg : p. 322
ZUG **(Golf & Country Club Küssnacht am Rigi)** : p. 341
ZÜRICH **(Dolder Golf-Club)** : p.342
ZÜRICH-ZUMIKON **(Golf & Country-Club de Zürich)** : p. 342
ZUMIKON, *voir* Zürich : p. 342

Achevé d'imprimer
sur les presses de l'imprimerie
Pozzo Gros Monti à Turin, Italie,
en avril 1997